文化遺産としての巡礼路

熊野参詣道伊勢路の価値と活用

伊藤文彦

春風社

文化遺産としての巡礼路
——熊野参詣道伊勢路の価値と活用

目 次

はじめに 5

序章　**文化遺産の活用をどのように考えるか**　7
　1　なぜ今、文化遺産の価値と活用を考えるのか　8
　2　文化遺産の価値と活用　11

第Ⅰ章　**文化遺産としての巡礼路**　17
　1　研究の背景　18
　2　研究目的　23
　3　既往研究からみる本研究の位置づけ　25
　4　研究対象　26
　5　熊野参詣道伊勢路の歴史的背景　28
　6　熊野参詣道伊勢路の現況　32
　7　本書の構成と方法　36

第Ⅱ章　**近世の巡礼者からみた「熊野参詣道伊勢路」**　39
　1　熊野参詣道伊勢路の空間　40
　2　熊野参詣道伊勢路沿道の礼拝施設と見所　108
　3　近世の巡礼者が熊野参詣道伊勢路に見出した価値　172

第Ⅲ章　**近世の地域住民からみた「熊野参詣道伊勢路」**　187
　1　はじめに　188
　2　道標の定義　189
　3　確認された近世にさかのぼる道標の状況　190
　4　考古学的調査　192
　5　碑文調査　195
　6　近世の地域住民が「熊野参詣道伊勢路」に見出した価値　200

第Ⅳ章　**近代以降の地域住民からみた「熊野参詣道伊勢路」**　203
　1　はじめに　204
　2　道中日記と道中案内からみた巡礼の変化　204
　3　石仏庵　207

- 4 荒神堂　222
- 5 清水寺　228
- 6 近代以降の地域住民が「熊野参詣道伊勢路」に見出した価値　237

第Ⅴ章　現代の研究者からみた「熊野参詣道伊勢路」　241
- 1 はじめに　242
- 2 熊野参詣道の位置づけと内容　242
- 3 国史跡「熊野参詣道」として見出した価値　249
- 4 世界遺産「紀伊山地の霊場と参詣道」として見出した価値　250
- 5 現代の研究者が「熊野参詣道伊勢路」に見出した価値　254

第Ⅵ章　現代の行政、地域住民、観光者からみた「熊野参詣道伊勢路」　257
- 1 はじめに　258
- 2 文化遺産保護行政が保護対象とする文化遺産「熊野参詣道伊勢路」の空間と諸要素　258
- 3 行政・地域住民がともに行う管理運営　268
- 4 現代の観光者による観光行動　286
- 5 行政が設置したガイダンス施設による事業　303
- 6 現代の観光者や地域住民、行政が「熊野参詣道伊勢路」に見出した価値　319

終章　巡礼路に対する価値認識の変遷　323
- 1 巡礼路に対する価値の認識モデル　324
- 2 巡礼路に対する価値認識の変遷　325
- 3 文化遺産の保護に関する評価　329
- 4 主観的価値に基づく活用の構築　332
- 5 文化遺産の価値と活用〜活用の方法論の深化〜　333

おわりに　337

初出一覧　339

図表一覧　341

索引　347

はじめに

　本書は、日本を代表する巡礼路であり、世界遺産に登録されている「熊野参詣道伊勢路」を事例に、文化遺産の価値と活用の関係性について論じたものである。

　従来、日本の文化遺産（文化財）は保護の文脈で取り扱われてきた。文化遺産の「保護」は「保存」と「活用」を含んでおり、文化財保護法もその両者にかかる規定を示しているが、戦後の経済発展にともなう社会状況の大きな変化の中で危機に瀕する文化遺産が多くあったことから、保護は「保存」を中心に展開してきた経緯がある。一方で、平成20（2008）年頃から、観光振興による経済発展が国の重要施策に位置づけられ、文化遺産を観光対象とみなし、文化遺産への集客を目的とした施策が文化庁や観光庁によって進められている。こうした施策は文化財の「活用」であるとされ、現在日本各地で文化財の「活用」が進められている状況にある。

　このように文化遺産の活用が大きく注目を集める状況にあって、本書は、「文化遺産の価値」を改めて問い直し、そのうえで、「価値を見出した人々の体験」に基づく活用の構築方法について提示するものであり、管見の限り、文化遺産の価値と活用を学術的に結び付けて論じた日本では初めての著作である。そして、まさに今、全国で文化遺産の保護に従事する行政内の文化遺産保護担当者、文化遺産活用の設計者、あるいは文化観光の実行者らが手にし、参考にすることのできる書籍であると考えている。

　また、本書はこれまでの筆者の研究成果を集成した学術書であって、文化遺産の保存と活用について研究対象としている、遺跡学会、造園学会、建築学会、社会学会などの諸学会や、事例として取り上げた巡礼を研究対象とする人類学会、宗教学会、巡礼学会などに所属する諸賢も読者として想定している。むろん、研究対象地である世界遺産「紀伊山地の霊場と参詣道」、「熊野参詣道伊勢路」でさまざまな取り組みを進める方々にも一読いただきたい内容となっている。

　本書の刊行が、日本における世界遺産学（文化遺産学）の領域における研究全体の進展に寄与し、さらに、文化遺産の保存と活用のいっそうの進展に貢献するものとなることを祈念している。

序章

文化遺産の活用をどのように考えるか

1 なぜ今、文化遺産の価値と活用を考えるのか

1. 世界における文化遺産の活用

　文化遺産の活用は、いま世界中で人々が取り組むべき大きな事業として認識されている。それは、文化遺産を活用することで、「持続可能な発展」に寄与できると考え、それに基づき観光開発をはじめとしたさまざまな開発事業が文化遺産の内側や周辺で行われているためである。日本においても、たとえばユネスコの世界遺産に登録された資産の周辺において、観光施設や駐車場が整備され、多くの観光客の来訪に備える開発が行われている。これらは文化遺産を観光資源とみなして、集客を図るものといえる。特に、伝統的な一次産業を基盤とし、大都市からの交通が不便な地域において、文化遺産を核とした観光振興は、地域振興の手段として今日ひろく認識されるようになってきている。

　これに対して、文化遺産の内側や周辺で行う開発行為が文化遺産に悪影響を与える、あるいは文化遺産の価値を毀損するという論も見られる。たとえば、文化遺産を保護する世界的枠組みである世界遺産においては、2018年の世界遺産委員会マナマ会合において、カザフスタンのシャフリサブズが世界遺産リストからの削除を勧告された。それは、歴史都市シャフリサブズにおいて、町の中心街にのこる中世の町並みが撤去され、現代的な開発を行ったことを諮問機関であるイコモスが重く見たことによるものだった[1]。また、2021年にイギリスのリバプールが世界遺産から登録を抹消されたのも、都市開発により、世界遺産としての価値が失われるとされたからだった[2]。

　このように文化遺産の活用は、「持続可能な発展」という世界的な人類の発展戦略のもと、その実施方法に関してさまざまな議論を引き起こしている。

2. 日本における文化遺産の活用

　日本において、文化遺産の活用とそこから得られる効果は、文化遺産を保存する根拠とされてきた経緯がある[3]。それは「活用」という語が文化財保護法にお

1　箆島大悟・伊藤文彦（2018）：第42回世界遺産委員会からみる世界遺産条約履行上の問題点の分析　世界遺産学研究 No.6
2　箆島大悟・伊藤文彦（2018）：第44回世界遺産委員会福州拡大会合からみる世界遺産条約の履行上の問題点　世界遺産学研究 No.9
3　伊藤文彦・箆島大悟（2022）：文化財活用概念の成立　遺跡学研究 19号

いて法律用語として成立した昭和25（1950）年よりもはるか以前、明治30（1897）年の古社寺保存法にまでさかのぼる。当時、活用という概念は未だ登場していない[4]が、工芸品や建造物に対して美術の模範としての価値を見出し、それを模倣することで、新しい創造物を生み出すという効果や、学術の資料としての価値を見出し、それを研究することで、学術研究の発展を促すという効果が期待され、これらが文化遺産保存の根拠とされていたのである。また、模倣するためにも研究するためにも、こうした工芸品や建造物は公開することが必要で、文化遺産を「公開」することが、その後今日に至るまで活用方法の基本となった。一方で、文化遺産活用に期待される効果は時代の要請に従って変化し、戦前期においては、国体維持や国民性涵養が追加されていくが、戦後の文化財保護法の議論においては、国民の文化的素養の向上や、世界文化の進歩への貢献が謳われ、文化財保護法の条文にも明記された。

その後、平成の後半に入ってから大きく注目されるようになったのが、地域振興や観光振興の効果である。特に観光振興については、政府が平成18（2006）年12月に観光立国推進基本法を成立させて文化財を観光資源として位置づけるとともに、平成25（2013）年には観光立国推進閣僚会議において「国宝、重要文化財の呼称も含めた検討のほか、世界文化遺産を目指すものについて「日本遺産（仮称）」として位置づけるなど、地域の文化財等の保存・整備を図るとともに、観光資源として積極的に国内外へ発信するなど、活用を図る。」[5]と決定した。これを受けて文化庁は2020年に開催される予定だった東京オリンピックを念頭に、平成28（2016）年、「文化財活用・理解促進戦略プログラム2020」[6]を策定して文化財を観光資源として位置づけ、その後の日本遺産事業等につなげた。さらに平成30（2018）年、令和2（2020）年、令和3（2021）年の国会における総理大臣の施政方針演説では、文化遺産（文化財）を観光資源として利用することに言及があり、文化庁や観光庁は、令和2年に文化観光拠点施設を中核とした地域における文化観光の推進に関する法律、いわゆる文化観光推進法を制定した。このように、平成27（2015）年頃から文化遺産の活用をめぐる日本政府の動きは極めて

---

4 ここでは活用の概念を活用の対象となる文化遺産の「対象物」、文化遺産に対して見出した「価値」、活用の「方法」、そこから得られる「効果」の4要素に分解して把握する。
5 平成25年6月11日付け観光立国推進閣僚会議「観光立国実現に向けたアクション・プログラム」
6 平成28年4月26日付け文化庁プレスリリース「文化財活用・理解促進戦略プログラム2020」

活発となった。

3. 保存と活用のバランス論

　一方で、こうした日本政府による文化遺産を観光資源として利用する施策は、所有者や地域のコミュニティ、文化遺産をこれまで取り扱ってきた地方自治体の文化遺産保護部局の担当者らに対し、大きな戸惑いももたらしている。

　そもそも、長く、文化遺産の保護は一種の道徳的な行為であるととらえられてきた[7]。文化財保護法の法律提案者の一人で、当時文部委員長だった山本勇三は、その法律制定の趣旨についての説明の中で、「我々の遠い祖先が作り上げたところの古い文化財ですらも放任して置いて、碌々保存の途も講じないというようなことで、どこに文化国家の面目があるのでございましようか・・・実に歎かわしい状態になつておるのであります。若しこのままでありますならば、上はそれを築き上げたところの祖先に対し、下はこれを受継ぐべきところの次の時代の国民に対しまして申訳がないばかりではなしに、世界に対しましても恥かしいことだと思うのであります。」[8]と述べており、この趣旨は文化財保護法第4条「一般国民は、政府及び地方公共団体がこの法律の目的を達成するために行う措置に誠実に協力しなければならない。」とする条文に帰結している。こうした背景から、日本における文化遺産の活用にあたっては、文化遺産の保存に影響を及ぼさない限りにおいて、その効果を享受するという、保存と活用のバランス論が主張されてきたのである。

　ところが、この10年間で急速に進展してきた文化遺産の利用は、これまでの文化遺産の道徳論に基づく保護に、大きな変容を迫るものとなった。狭義には、「文化財」（文化遺産）とは、重要な価値を認められる遺産を特に指定し、国家が予算や技術を投じて保護を行う対象（法的保護の対象）とした物件のことを指す。そのため、すでに文化財として指定等されているものは、いずれもその保護すべき価値を有していることになる。しかし、近年の文化遺産を観光資源や地域資源として利用することを前提とした在り方は、文化遺産として保護すべき価値やその所在をかならずしも意識したものではなかった。また、いかなる利用の方法が、文化遺産の価値の保存に有益なのかについて、議論されてこなかった。そのため、

7　伊藤文彦（2024）：文化財の「価値」の再整理　遺跡学研究20号
8　昭和25年4月26日 第7回国会参議院本会議第46号

文化遺産保護の現場に大きな混乱をもたらしたものと思われる。

今、保護すべき文化遺産の価値と、文化遺産を利用して効果を得ようとする活用の関係を構築していく方法論が求められているのである。

2 文化遺産の価値と活用
1. 文化遺産の「価値」をいかに認定するか

ここまで見てきたように、文化遺産というものは、特定の対象物を行政(国連・国・自治体等)が特別な取り扱いをすると決定したものである。たとえば世界遺産に登録されれば、危機遺産に登録された際に基金から予算が拠出され、専門家が派遣されるなどの、金銭的・技術的支援が供与される。日本国内でも国・自治体文化財に指定等されれば、修理や整備が必要な際には、その費用が国や自治体から補助金として拠出され、専門家による技術支援が行われる。こうした他とは違う特別な取り扱いをすることで、対象物を保護しようとするものである。

また、文化遺産の「価値付け」は、行政が特別な取り扱いができるようにするため、特定の文化遺産を他の文化遺産から区別するために行政が実施する学術的な手続きである。そのため対象となる文化遺産を他の文化遺産と比較し、時間的・空間的位置づけを行うことを特徴とする。世界遺産が新規登録の推薦にあたって、すでに世界遺産に登録されている他の資産等との比較を義務付けていることを想起すると理解しやすい。

このような文化遺産の「価値付け」は学術的な手続きであるため、研究機関や行政に所属する専門家が研究をとおして価値を特定し、その価値は文書によって公表される。世界遺産であれば、各国から提出された登録推薦書を専門家集団であるイコモスが審査し、評価して、世界遺産委員会での登録等の勧告文書を作成し公表する。日本の国指定等文化財であれば、自治体が意見具申書を作成して提出する場合もあれば、文化庁の調査官が自ら記述する場合もあるが、文化審議会が審査し、それらの文書を評価して、指定等の適合性の判断を行い、その価値に関する文書は、文化庁が発行に関与する『月刊文化財』で公表されることが慣例となっている。つまり、文化遺産は、従来文化遺産として認識されていなかったものが「価値付け」をとおして文化遺産として認識されるプロセスを経る[9]。以上から、文化遺産の「価値づけ」によって見出された価値は、専門家が学術的調査研究により他者と比較して見出した「俯瞰的価値」としてとらえることが可能

であろう。

　一方、こうした文化遺産に対しては、文化遺産として認識される以前から、さまざまな価値が見出されてきた。文化遺産として認識される以前、その対象物は人々になんらかの価値を見出され、その価値を提供するために存在していたのである。たとえば、民家は居住の用に供するために存在しており、居住する場所という機能の価値を見出されることで存在していた。あるいは、我が一族を象徴する建物という意味の価値が見出されることで存在していた。つまり、こうした対象物に対して、所有者らは、本来の役割や意味を見出していたと考えられる。こうした人々が日常的に見出してきた価値は「主観的価値」としてとらえることが出来るだろう。この主観的価値は、同じ時代であっても立場が異なれば見出す価値は異なり（たとえば、民家であれば、民家を所有する者とその周囲に居住する者では見出す価値が異なる）、時代が異なれば見出す価値は異なる（たとえば、地域住民は対象物に対して、近世、近代、戦後、世界遺産登録後などによって見出す価値が変化する）と考えられる。

　では、この主観的価値はこれまで文化遺産の価値として把握されてきたのだろうか。たとえば、民俗文化財や伝統的建造物群保存地区、文化的景観など、いわゆる「活きている文化遺産（Living Heritage）」においては、一定認められてきたとも考えられる。たとえば、民俗文化財の中でも祭礼行事であれば、祭礼の執行者がいつ、どこで、何を目的とし、どのような踊り等をするのかを特定する。このうち、何を目的とするのか、は祭礼に込められた「願い」であって、これは民俗文化財における「主観的価値」としてとらえうる。しかし、それら祭礼を指定文化財とする場合には、日本を代表するもの、地域を代表するもの、他に例のない希少なものといった価値付けが行われる。これは「俯瞰的価値」としてとらえられる。

　主観的価値は、あらゆる対象に対して、あらゆる人々が有するものである。そのため、主観的価値によって、文化遺産を保護の対象とするか否かを決定することは出来ない。あくまでも他者と比較し、学術的な調査に基づいて特別な取り扱いをすることを決定したものだけが、文化遺産として行政的な保護の対象となるのである。このことから、主観的価値はこれまで文化遺産の価値として重視され

9　このプロセスを「遺産化」と呼ぶ場合も見られる。例として以下の文献等がある。木村至聖（2020）:〈遺産化〉とは　遺産研究と社会学的アプローチ：社会学で読み解く文化遺産：新曜社

ることがなかったものと思われる。

2. 主観的価値に基づく文化遺産の構成要素の特定

　しかし、俯瞰的価値は、必ずしもそれだけで保護が実現できる価値観ではない。

　まず、俯瞰的価値に基づく文化遺産の価値付けは、他の文化遺産と比較による学術的な研究によって行われる。そのため、学術研究は文化遺産の「空間」やそこで行われる人々の「行為」を概念的で比較可能な情報として取り扱うことになる。結果として、俯瞰的価値（学術的価値）を有するとみなすことが出来るのは、歴史的事象の発生した概念的な場であって、具体的な空間や対象物とはなりがたい（第Ⅰ章第1節）。

　そこで、ここに主観的価値を導入することによって、具体的な空間や対象物である構成要素の特定が可能になる。たとえば、巡礼路であれば、巡礼者を導く道中案内（ガイドブック）や、巡礼者の遺した日記から、巡礼者の体験を精査し、そこで巡礼者が巡礼体験の中で価値を見出していた諸要素を特定することができる。こうして特定された諸要素が、文化遺産としての巡礼路の構成要素となるのである。つまり、俯瞰的価値を導くことになった人々（巡礼路の場合は巡礼者）の見出していた主観的価値を特定することは、文化遺産として保護すべき対象を特定することを可能にするのである。

　さらに、主観的価値への自覚がもたらすのは文化遺産の構成要素の特定に限られるのではない。主観的価値を見出すことになった空間・対象物・行為に即した「活用」を行うことは、文化遺産の顕在化に寄与する（第Ⅵ章第5節）。

　熊野参詣道伊勢路（以下、伊勢路）であれば、実際に伊勢路で行われていた巡礼旅と同様の空間・対象物・行為に即して、伊勢から熊野まで徒歩で旅をする巡礼旅の追体験を行うよう活用を設計すれば、その旅の途中で重要な礼拝施設に立ちより、見所で立ち止まることで、それらが巡礼に関与するものであるということを、体験を通して知ることができる。同時に、そうした行為を目撃する人々は、それらが巡礼に関係するものであると実感することもできる。すなわち、往時の巡礼者が巡礼路に対して見出していた価値と同様の価値を見出すことが可能になることで、特定された構成要素が文化遺産全体の中で果たす役割を顕在化し、文化遺産の全体像のなかに位置づけることを可能とする。いわば、文化遺産の全体像の再構成に寄与するのである。これは文化遺産の「見える化」といっても良い。

3. 主観的価値に基づく文化遺産活用の設計

　一方で、こうした文化遺産の構成要素の中には、その後の社会状況の変化の中で今日良好に遺存していないものも存在する。また、その性質から今日においては往時のようにその対象を利用することが困難な場合もあるだろう。そのため、それらに代わる新たな事物を準備することで、本来それらが提供していた体験に近接した体験をできるようにすることもできる。これがいわゆる「整備」である。

　これを念頭に考えれば、文化遺産の整備も含めた活用は、正しく文化財の主観的価値を顕在化することに効果があり、文化遺産の構成要素を再度結合することによって、保存に資するものとして位置づけることができる。このような活用を主観的価値の享受に基づく活用として定義することにしよう。

　この主観的価値の享受に基づく活用は、本書で扱う、情報・空間・対象物・行為の4要素に注目することで有効に行われる。その手順は以下のとおりとなろう。

① 人々が文化遺産に対して本来の主観的価値を見出していた際の情報・空間・対象物・行為を特定する。
② 特定された情報・空間・対象物・行為に則した体験を設計する。
③ 社会の変化に伴い、すでに失われている要素については、それに代替するものを新たに設定し、補完する。
④ 価値の享受の方法は、文化遺産に対して主観的価値を見出していた人々に即して設計することが出来ることから、多様な人々に即した「活用」を設計する。

　かくして、文化遺産の活用は、文化遺産の諸要素を再結合させ、その諸要素を顕在化させることを可能とする。伊勢路であれば、近世の巡礼者の行動に即して体験を設計することで、巡礼にまつわる諸要素を再度顕在化させることを可能にする。同時に、地域住民が熊野参詣道で行っていた行動（街道の維持管理や道標の整備など）に即して体験を設計することで、巡礼路を歩行する巡礼体験とは異なった体験を考えることも可能になるのである。

4. 俯瞰的価値に基づく活用と主観的価値に基づく活用

　では、俯瞰的価値に基づく文化遺産の活用とはどういったものだろうか。俯瞰的価値は学術研究によって見出される。そのため俯瞰的価値に基づく活用は、通常、専門家や行政担当者が学術研究の成果を講演会や展覧会で紹介し、参加者はそれを見聞きして知るという形をとることになる。一方で、こうした講演会や展

覧会は「見る」「聞く」形をとることから、いわゆる「体験型」の活用事業とはなりにくい。また、展覧会は多くの人々が観覧することが可能だが、講演会等は一度に参加できる人数にも制約がある。こうしたことから、特に講演会等の活用事業は、地域住民を対象として自治体等が実施する活用事業には向いていても、大量の観光客を対象に事業者が実施する活用事業にはそれ単体では向かない。

一歩進めて、見る・聞くにとどまらない「体験型」の活用もありうる。それは、参加者が自ら学術研究に参加し、俯瞰的価値の解明に貢献するという形をとる場合である。たとえば、古文書の解読に参加したり、遺跡の発掘調査に参加したりする[10]という方法がそれである。ただし、これらは学術研究への参画という体験をともなうものであっても、ただちに俯瞰的価値を明快に理解することにつながるものではない。俯瞰的価値は長年の専門家による研究成果の上に成立しているものであって、同様の研究成果を短期間で得られるものではないからである。

このように、俯瞰的価値に基づく活用方法は、大量の人々を対象とした事業には成り難いものもあるが、一方で文化遺産の重要性(さまざまな文化遺産の中における位置づけ)を参加者が知る場合にはきわめて有効であり、その中には体験型の活用として成立するものも存在するのである。

5. まとめ

以上のことは、次のようにまとめることができる。

まず、これまで文化遺産に対して見出されてきた俯瞰的価値は、学術研究の成果によって見出されるものであり、特定の文化遺産を特に差別化して保護を与える根拠となるものである。そのため、文化遺産として存続させていくにあたっては、この価値認識は十分に保護されなければならない。また、それに基づく活用は、その研究成果を知ることによって得られることから、展覧会や講演会の形態をとる。そのことによって、活用の参加者は俯瞰的価値を理解し、文化遺産の学術上の重要性を理解することになる。

一方、人々が対象に対して文化遺産となる前に見出していたさまざまな主観的価値は、人々と対象との関係性から見出されるものであり、文化遺産を構成する

---

10 この先駆的かつ代表的事例が月の輪古墳での取り組みであろう。月の輪古墳刊行会(1978):増補・復刻月の輪教室

諸要素を特定する根拠となるものである。そのため、文化遺産の保護の範囲（構成要素）を確定するにあたっては、この価値は十分に検討されなければならない。また、それに基づく活用は、価値の追体験を設計するものであり、体験型の活動の形態をとる。そのことによって、活用の参加者は主観的価値を実感し、文化遺産の重要性を実感することになる。

　このように、文化遺産においては、俯瞰的価値と主観的価値の二者が存在することに自覚的となり、それら価値に基づく保存と活用を進めることが求められる。文化遺産の価値に基づかない「利用」が日本のみならず世界中で行われている今日にあって、文化遺産の活用を文化財の価値の体系の中に位置づけることが、今求められている。そのひとつの解決方法がこの主観的価値に基づく活用の設計なのである。

　次章から、巡礼路のひとつである伊勢路を事例に、こうした価値と活用の関係を見ていくことにしよう。

第 I 章

文化遺産としての巡礼路

1　研究の背景

1.　文化遺産としての「道」の保護

　巡礼路を文化遺産として見たときに、われわれは巡礼路をどのような存在として認識するのであろうか。文化遺産としてとらえるということは、それを継承すべき文化的価値を有する資産としてとらえるということであり、あるいは法的な保護を与える存在、「文化財」として認識するのかもしれない。では巡礼路の保護とはどのような形をもって行われるべきなのであろうか。

　本書で対象とする巡礼路の検討を行うにあたって、まずは、そもそも「道」に関する文化遺産としての保護の歴史から眺めてみることにしよう。実は、日本において、「道」にかかる文化遺産[11]が法的保護[12]の対象となったのは、決して新しいことではない。大正8（1919）年に制定された史蹟名勝天然紀念物保存法（大正八年四月十日法律第四十四号、以下「旧法」）に基づき翌年に告示された「史蹟名勝天然紀念物保存法保存要目」（大正9（1920）年2月16日付官報告示、以下「保存要目」）においては、「七、古關阯、一里塚、窯阯、市場阯其ノ他産業交通土木等ニ關スル重要ナル史蹟」が挙げられ、交通施設の保護の制度が開始した。旧法下においては、主に関跡や一里塚の指定が進められたが、一方で日光杉並木街道や箱根旧街道など、街道そのものの指定も行われた[13]。第二次世界大戦後の昭和25（1950）年に制定された文化財保護法[14]においても交通にかかる史跡の指定は継続しており、その中には街道そのものの指定も含まれている。

11　「文化財」は文化財保護法に定義される法律用語である。文化財と類似する用語として「文化遺産」が存在する。文化財と文化遺産の間に厳密な区別は存在せず、たとえば、文化財保護法においては文化財の語を用い、世界遺産条約の邦訳文においては文化遺産の語を用いることが多い。一方、文化財を法的保護の対象となった文化的所産に限定し、文化遺産をひろく未指定物件も含めた文化的所産に広げて解釈する場合もある。本書においては、文化財と文化遺産の語に厳密な区別は与えず、引用文など除き、原則として「文化遺産」の語を用い、指定等文化財については「文化財」の語を用いることとする。

12　文化遺産の保護の方法には法律・条例等に基づく制度的措置によって保護を図る方法のほか、慣習など伝統的手法によって保護が図られる場合がある。本稿における法的保護とは立法措置に基づく制度的措置によって文化遺産の保護が図られることをさす。

13　佐藤正知（2015）：平成の歴史街道を往く──歴史の道調査報告書を踏まえて（第1回）「歴史の道」辿り、地域の未来を考える 道路誌上での連載企画開始にあたって：道路 = road engineering & management review 892、pp.56-59

14　昭和二十五年法律第二百十四号

また、昭和 53（1978）年には文化庁の「歴史の道事業」が開始した。「歴史の道事業」は、「歴史の道」と呼ぶべき古道や水路、及びそれに沿う地域に残された各種文化財、さらには周囲の環境をも含めて、総合的、集約的に保存、整備し、国民一般が広くこれを文化財として活用できるようにすることを目的とするもので[15]、この事業の開始以降、関、本陣、一里塚などの道関連遺産ではなく、中山道や熊野参詣道など、「道」そのものの文化財指定が急速に進んだ[16]。

　一方、ヨーロッパにおいては、欧州評議会による「文化の道」の登録制度が 1980 年代から開始する。欧州評議会が定義する「文化の道」は物理的な道路そのものではなく、ある特定の文化的な文脈の中で選択される特定の順序だった行程を物語るより幅広い個々の都市の集合体とされる[17, 18]。

　さらに、遺産保護の世界的枠組みの一つである世界遺産条約[19]においては、平成 5（1993）年にサンティアゴ・デ・コンポステーラへの巡礼路が登録され、その後も平成 16（2004）年には日本の「紀伊山地の霊場と参詣道」が、平成 26（2014）年には中国、カザフスタン、キルギスタンによる「シルクロード：長安－天山回廊の交易路網」が登録されるなど、「道」にかかる遺産の登録が続いている。「世界遺産条約履行のための作業指針」（2005 年版～ 2019 年版）の付属資料 3 には、「遺

15　伊藤延男（1977）：「歴史の道」の整備について：月刊文化財（通号 170）：文化庁文化財部監修、pp.3-7
16　佐藤正知（2015）：平成の歴史街道を往く――歴史の道調査報告書を踏まえて（第 1 回）「歴史の道」辿り、地域の未来を考える 道路誌上での連載企画開始にあたって：道路 = road engineering & management review 892、pp.56-59
17　西村幸夫（2017）：文化の道――信仰・人やモノの往来・交易に関する道：世界文化遺産の思想、pp.150-157
18　欧州評議会が発行する『文化の道の管理運営～理論から実践まで』における文化の道の定義は「物理的な道に限られるのではなく、より概念的で一般的な意味で、あるテーマを共有する遺跡網もしくは、地理的範囲を指し、それぞれの遺跡や地域のアイデンティティにより異なる形態をとる。」としている。
　　"The complex and inclusive character of Cultural Routes has been underlined since the beginning of the programme. The word "route" is to be understood not only in the restricted sense of physical pathways: it is used in a more conceptual and general sense, meaning a network of sites or geographical areas sharing a theme, taking different forms according to the "identity" of each site or area."
　　Eleonora Berti（2015）：DEFINING THE CULTURAL ROUTES OF THE COUNCIL OF EUROPE: CULTURAL ROUTES MANAGEMENT: from theory to practice: Council of Europe、p.14
19　外務省ホームページ：世界遺産条約　www.mofa.go.jp/mofaj/gaiko/culture/kyoryoku/unesco/isan/world/isan_1.html［2015 年 9 月 27 日閲覧］

産の道」についての記述が掲載され、『「遺産の道」は、文化的意義が国や地域の交流や多次元的な対話からもたらされ、経路に沿った空間的時間的相互作用を示す有形の要素で構成されている。』とされている[20]。

また、国際記念物遺跡会議（ICOMOS/ International Council on Monuments and Sites、以下イコモス）は、「文化の道憲章（THE ICOMOS CHARTER ON CULTURAL ROUTES）[21]」を制定して、文化の道について、有形の文化遺産だけでなく、無形の文化遺産も含めて把握することを提唱している。憲章では続けて、構成要素の特定方法、文化の道の類型、文化の道を特定するための方法論等を示している。

このように、道にかかる文化遺産の保護は、国の内外において、進展を見せている状況にある。

2. 文化遺産としての「道」の保護の課題

しかし、道に関する文化遺産の保護について課題がないとは言えない。その1つが、道に関する構成要素をいかに把握するのかという問題である。

日本の史蹟／史跡保護制度においては、旧法下の保存要目の「交通に関する史蹟」において「古關阯」と「一里塚」が例示され、昭和25（1950）年までに、新居関跡、箱根関跡や須賀川一里塚、小金井一里塚など、関跡や一里塚の指定が進められた。これらは、近世の交通を示す史蹟として指定され、必ずしも東海道など街道の構成要素として指定されたものではないが、旧法下における文化遺産としての道の構成要素に関する認識を端的に示していると考えられる。また、道そのものが史蹟に指定されたものとして、箱根旧街道、日光杉並木街道があるが、実際には並木が保存対象であったという指摘がある[22]。

一方、「歴史の道事業」においては、調査の対象として、「歴史の道」と呼ぶべき古道や水路など道そのもの、宿場など道に直接的な関連をもつもの、そのほか

20　UNITED NATIONS EDUCATIONAL, SCIENTIFIC AND CULTURAL ORGANIZATION INTERGOVERNMENTAL COMMITTEE FOR THE PROTECTION OF THE WORLD CULTURAL AND NATURAL HERITAGE（2017）：WHC.17/01 12 July 2017 Operational Guidelines for the Implementation of the World Heritage Convention: WORLD HERITAGE CENTRE, pp.85-86

21　ICOMOS（2008）：THE ICOMOS CHARTER ON CULTURAL ROUTES：https://www.icomos.org/charters/culturalroutes_e.pdf［2018年10月20日閲覧］

22　丸山雍成、服部英雄（1988）：「歴史の道」調査・整備事業10年を回顧して：日本歴史／日本歴史学会編（通号479）、pp.95-104

個々の建造物や美術工芸品である有形文化財、無形文化財あるいは民俗文化財、史跡・名勝・天然記念物などの各種文化財、さらに周囲の環境も含めて総合的、集約的に保存、整備するとしており[23]、これらが歴史の道の構成要素としてみなされていると考えられる。より具体的には、「両側 1 km幅の街道等文化圏に残る遺跡」として「関、番所（口留番所、遠見番所、烽等）、一里塚、宿場、本陣、脇本陣、庄屋等屋敷、御茶屋、詰所、御仮屋、城館、陣屋、奉行所、古戦場、会所、並木、石畳、橋梁、隧道、常夜燈、道標、地蔵、道祖神、井戸、河岸、渡船場、渡止、湊津、港湾施設等、及び歴史的名所（社寺・札所・霊場・温泉・宿坊等）・名勝（庭園）・伝統的建造物群（街並）」等の分布保存状況について調査するとされており、これらが道の構成要素としてみなされていると考えられる[24]。

　また、イコモスの「文化の道憲章」においては、文化の道の存在を決定する不可欠な物理的要素として、「経路そのもの」を挙げ、さらに、その他の基本的な実質的要素としては、「歴史的道としての機能に関連する有形遺産（中継地、税関、保管場所、休息所、宿泊施設、病院、市場、港湾、守備要塞、橋梁、通信手段など交通と輸送の手段。産業、鉱業その他の事業所、並びに製造業及び貿易に関連するものであって、そのさまざまな時代における技術的、科学的及び社会的適用並びに進歩を反映するもの。都市の中心、文化的景観、神聖な場所、崇拝と献身の場所など）と、その道に沿って関係する人々の間の交流と対話の過程を証する無形遺産の要素[25]」を挙げている。

　しかし、こうした構成要素と「道」との関係性は一般論にとどまっており、個別に検討すべきと考えられる。なぜなら、同じ「道」という文化遺産に分類されても、その対象となる「道」に、これまでの歴史学的、人類学的研究によっていかなる歴史的意義、文化的意義が見出されてきたかによって、構成要素は変化すると考えられるからである。たとえば、日本の近世の「街道」と古代の「官道」とを比較すれば、近世の街道にあっては、「宿場」や「本陣」などが構成要素となると予想されるのに対して、古代の官道にあっては「官衙」や「駅家」が構成要素になると予想され[26]、歴史的意義が見出される時代によって構成要素は異な

23　伊藤延男（1977）:「歴史の道」の整備について：月刊文化財（通号170）:文化庁文化財部監修、pp.3-7
24　丸山雍成、服部英雄（1988）:「歴史の道」調査・整備事業10年を回顧して：日本歴史／日本歴史学会編（通号479）、pp.95-104
25　ICOMOS（2008）: THE ICOMOS CHARTER ON CULTURAL ROUTES：https://www.icomos.org/charters/culturalroutes_e.pdf ［2018年10月20日閲覧］

ることが予想される。あるいは、同時代に利用されたとしても、近世の五街道のように幹線道路として大名の参勤交代など政治的な目的等で利用されたことに意義が見出される道と、伊勢参宮や西国巡礼など巡礼目的で利用されたことに意義が見出される道とでは、同様に「道」を構成する要素は異なることが予想される。このように、ある「道」に関する構成要素を特定する方法論の確立は、文化遺産としての「道」を保護するうえで大きな課題であるといえる。

　もう一つの課題は、保護の手法である。日本の「歴史の道事業」は、歴史の道を中心として、周囲の環境をも含め、総合的、集約的に保存、整備し、国民一般が広くこれを文化財として活用できるようにすることを目的としている。これは、「多くの人々に歩いてもらい、その雰囲気に浸ってもらうことに価値」があり、「歩く場所という道本来の機能の復活を目指す」[27]ことになるとされている。

　しかし、文化財への指定という観点では、古道はすでに開発事業などの影響によって改変が甚だしく、昔の面影が失われている箇所も少なくないことや、利用が途絶え、人々に忘れられた道も存在するため、そもそも当初から古道全区間の指定を目指すことは困難と文化庁は認識しており[28]、法的保護の対象は、文化遺産としての「道」の構成要素の全体に及んでいない可能性がある。

　また、道を「多くの人々に歩いてもらい、その雰囲気に浸ってもらうことに価値がある」としながらも、道にかかる文化遺産の一つで、世界遺産にも登録されている熊野参詣道について、「世界遺産登録前後から飛躍的に増加したおびただしい観光客のほとんどは、資産価値を理解していない」という指摘[29]や、「巡礼の道という雰囲気からあまりにはずれるようなイベントやスポーツ登山のような利用は好ましくない」という指摘[30]があるなど、観光者等の利用者が文化遺産と

26　考古学や歴史地理学においては、宮都や国衙をはじめとした官衙や、駅馬の乗継ぎ、食料の支給、宿泊所の提供などの便宜をあたえる施設としての駅家などと古代官道との間に強い関連性が認められている。山中敏史（2003）：道：日本考古学事典、pp.842-843

27　佐藤正知（2015）：平成の歴史街道を往く：歴史の道調査報告書を踏まえて（第1回）「歴史の道」辿り、地域の未来を考える 道路誌上での連載企画開始にあたって：道路：road engineering & management review 892、pp.56-59

28　西川亮、西村幸夫、窪田亜矢（2015）：文化庁「歴史の道」事業による地域への影響に関する研究：1970年代〜1980年代前半の事業策定初期の動向に注目して：日本建築学会計画系論文集 80（710）、pp.895-905

29　小田誠太郎（2010）：世界遺産「紀伊山地の霊場と参詣道」——その足跡と課題：ECPR えひめ地域政策研究センター、pp.24-30

しての「道」を十分に利用できていない状況もあるものとみられる。

このように、文化遺産としての道については、保護の手法についても解決すべき課題をはらんでいる。

2 研究目的

このような文化遺産としての「道」の保護にかかる課題のうち、まず、「道」の構成要素はいかにして明らかにしうるだろうか。

道にかかる研究手法としては歴史学的研究が挙げられる。これは、道の歴史的意義について、文献史料などから解明するものである[31]。しかし、概念上、ある土地とある土地を結ぶ「道」が何らかの歴史的役割を果たしたことを指摘しえても、地理上のどの位置に「道」があるか、さらにその構成要素を具体的に指摘することは文献史料に基づく研究のみでは難しい。

また、歴史学的研究とならんで、道における人々の行為を扱う人類学的研究・社会学的研究も行われている。主に巡礼研究で多く見られるもので、今日において、道で行われている行為のもつ意義を明らかにするものである[32]。これは、道の文化的意義を解明する研究ととらえることができる。しかし、今日行われている行為から人間の特性を解明する研究であっても、人と道との関係性を具体的に特定する研究では必ずしもない。

これら歴史的意義や文化的意義の研究に対し、道という空間が人に影響を及ぼすと考え、その影響を及ぼす諸要素を解明する研究がある。

たとえば、参道空間の研究[33]においては、今日存在する参道が、参拝者に何らかの影響を与えている空間であるととらえ、人に影響を与える諸要素を解明している。人に影響を与える諸要素を「道」の構成要素ととらえるのならば、このよ

---

30 西村幸夫（2016）：熊野古道をめぐる議論「顕著で普遍的な価値」と今後の論点：神々が宿る聖地 世界遺産熊野古道と紀伊山地の霊場、pp.157-174
31 代表的なものとして、新城常三（1964）：社寺参詣の社会経済史的研究：塙書房、五来重（1988）：遊行と巡礼：角川選書、小山靖憲（2000）：熊野古道：岩波新書などが挙げられる。
32 近年の研究としては、森正人（2014）：四国遍路：中公新書、土井清美（2015）：途上と目的地――スペイン・サンティアゴ徒歩巡礼路 旅の民族誌：春風社などが挙げられる。
33 代表的なものに、船越らの一連の研究がある。船越徹（1988）：参道空間の分節と空間構成要素の分析（分節点分析 物理量分析）参道空間の研究（その1）：日本建築学会計画系論文報告集384、pp.53-61 ほか

うな人に影響を与える諸要素が文化遺産としての「道」の構成要素として把握できる可能性がある。しかし、参道空間の研究は今日存在する参道に対する研究であり、歴史上の人の行為に基づく研究ではなく、ただちに文化遺産としての「道」の構成要素の解明に応用できるわけではない。

道にかぎらず、過去において、移動する過程において空間が人にどのような影響を与えていたかを明らかにする研究もある。たとえば、近世の遊楽空間の研究[34]では、現代まで残されている絵図を用いて芝居町や遊里の空間構成を把握し、その空間が人々の気持ちに変化を与えていたことを解明し、これを「空間の装置性」という語で把握している。この場合、人に影響を与えていた諸要素すなわち装置性を有する空間を構成する諸要素が、文化遺産の構成要素として把握されることになるだろう。

特定の区域において、過去の空間を当時の人々がどのように認識していたかを明らかにする研究もある。たとえば、松島における眺めの研究[35]においては、過去の旅行記から人々が、何を、どこから、どのように眺めていたかを把握し、松島という空間に対する認識の変遷を明らかにしている。この場合、当時の人々が眺めの対象とし、価値を見出していた空間の諸要素を文化遺産の構成要素として把握することが可能になると思われる。

本書は、今日、文化遺産として把握されうる過去の道の構成要素は、道が機能していた段階において、当時の人々が価値を見出し、影響を受けていた道という空間の諸要素として把握されるという立場をとる。特に、巡礼路という特定の目的に沿った道では、その傾向は顕著と考えられる。

同様の観点から、文化遺産としての道の保護は、「歩く場所という道本来の機能の復活を目指す」という指摘を踏まえ、巡礼路という特定の目的に沿った道が機能していた段階において、当時の人々が価値を見出し、影響を受けていた空間の諸要素に対し、今日においても道を歩く人々が価値を見出し、影響を受ける状況にあるという状態を保護されている状態と見做す立場をとる。

以上を踏まえ、本書においては、以下の5点を研究目的とする。

34　下村彰男、江頭俊昭（1992）：近世における結良空間の装置性に関する考察：造園雑誌 55（5）、pp.307-312

35　伊藤弘（2011）：近代の松島における風景地の整備と眺めの関係：ランドスケープ研究 74（5）、pp.769-772

(1) 巡礼路が巡礼路として機能していた時に、人々が巡礼路とその諸要素にいかなる価値を見出していたのかを解明する。
(2) 巡礼路が巡礼路としての機能を喪失したのち、人々が巡礼路とその諸要素にいかなる価値を見出していたのかを解明する。
(3) 巡礼路を文化遺産として法的保護の対象とするとき、人々が巡礼路とその諸要素にいかなる価値を見出したのかを解明する。
(4) 巡礼路が文化遺産として法的保護の対象となって以降に、巡礼路とその諸要素にいかなる価値を見出したのかを解明する。
(5) 以上の4点の比較を踏まえ、人々が巡礼路に対していかなる価値を見出していたか、道に対する価値認識の変遷を解明し、そのことから巡礼路の価値と文化遺産としての保存および活用の関係について考察する。

3 既往研究からみる本研究の位置づけ

　文化遺産としての巡礼路を含む「道」の保護についての研究は決して多くはない。
　まず、「道」の文化遺産の保護の政策的枠組みを研究したものとして、ヨーロッパで行われている「文化の道」政策の特徴を明らかにし、広域に分布する文化遺産群を保護する枠組みを明らかにした論考[36]、文化庁の「歴史の道」事業の展開を整理し、古道は歴史的象徴性が乏しいことなどから地域住民の保存に対する熱意を促すことができず、その結果整備事業が全国的に進展しなかったことを指摘した研究[37]、三重県の「熊野古道」を事例に、行政施策の整理から、行政と地域住民の遺産保護を取り巻く関係を整理した研究[38]がある。
　また、日本における「道」の文化遺産の法的保護の課題を指摘する研究として、熊野参詣道を事例に、史跡の保護の歴史的経緯から、歴史の道事業において保護の対象となった範囲と世界遺産としての「参詣道」との間では齟齬があることを

36　西川亮、西村幸夫、窪田亜矢（2010）：欧州評議会による「文化の道」政策に関する研究――政策の仕組みと史的変遷：都市計画論文集（45）、pp.103-108
37　西川亮、西村幸夫、窪田亜矢（2015）：文化庁「歴史の道」事業による地域への影響に関する研究　1970年代～1980年代前半の事業策定初期の動向に注目して：日本建築学会計画系論文集 第80巻 第710号、pp.895-905
38　西川亮（2014）：三重県における熊野古道の保全と活用に関する研究：観光文化 = Tourism culture 38（2）：日本交通公社、pp.38-41

指摘した研究[39]、自然災害による被害と復旧事業の実情から、「道」という文化遺産は可動的で史跡指定範囲が不十分であることを指摘した論考[40]がある。

さらに、「道」の文化遺産の構成要素の評価基準の研究として、近世の土木遺産について価値判断の評価基準を作成することをめざし、道路遺産を構成する要素の抽出を行い、評価基準の作成を試みたものがある[41]。この研究で示された構成要素は、(1) 道路の通行を容易にしたり、維持管理の便を図るためのもの、(2) 旅人の道案内、(3) その他に分類されており、道との関係性が明示されている。ただし、この研究では、道の構成要素はあくまで物理的な道に付属する土木工作物に限定されており、これまで文化庁やイコモスが示してきた構成要素とは大きな開きがある。

このように、文化遺産としての「道」について、道が機能していた段階において、人々が影響を受け、価値を見出していた諸要素という視点から構成要素を特定し、「道」が保護されているかについて検討する研究は見られない。

4　研究対象

研究対象は、熊野参詣道伊勢路（以下、伊勢路）とする。伊勢路は、主に17世紀以降に利用された巡礼路である。これまでの歴史学的研究により、近世以前に巡礼路として利用されていたことが明らかになっており、道の利用目的が明確である。また、その区間は伊勢神宮の外宮が鎮座する伊勢山田（現在の三重県伊勢市）と、熊野三山の一座である熊野速玉大社が鎮座する熊野新宮（現在の和歌山県新宮市）の間であり、起点と終点が明確で限定的な区間である。さらに、近世の巡礼者は、伊勢山田から熊野新宮へ向かって一方通行の巡礼を行っていたことが判明している。このように、きわめて長大な距離をもつ巡礼路の中にあって、空間に対する人々の認識を研究しやすい条件が整っている巡礼路といえる。

39　峯俊智穂（2014）：文化財「記念物」保護の歴史から世界遺産「参詣道」の保護の在り方を探る——和歌山県田辺市本宮町を対象として：日本観光研究学会全国大会学術論文集 29、pp.317-320
40　豊岡卓之（2016）：史跡大峯奥駈道・史跡熊野参詣道小辺路の現状と保存管理：奈良県立橿原考古学研究所紀要考古学論攷第 39 冊、pp.13-20
41　馬場俊介、樋口輝久、山元亮、島田裕介、横井康佑、木田将浩（2012）：近世以前の道路遺産（道標・町石・常夜灯）の本質的価値判断に関わる評価基準：土木学会論文集 D2（土木史）68 巻 1 号、pp.107-122

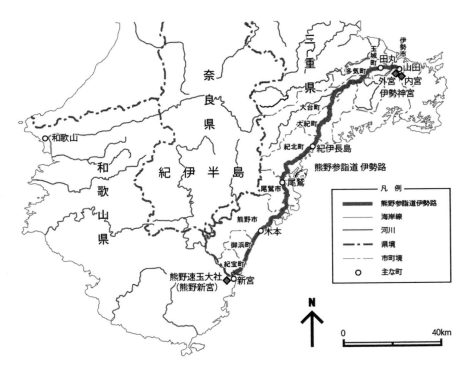

図1　熊野参詣道伊勢路位置図

　さらに保護の状況としては、平成 14（2002）年に文化財保護法に基づき史跡に指定され、平成 16（2004）年に世界遺産条約に基づき世界遺産に登録された文化遺産であり、国内法である文化財保護法と国際条約である世界遺産条約の双方により保護が図られている。また、指定・登録されたのは巡礼路の一部であり[42]、保護や利用に関して多様な状況が発生していることが予想される。こうしたことから、道が文化財として指定・登録されて以降に、人々が何をもって道の諸要素とみなし、それらに対してどのような価値を見出したかを解明するのに適している。

　以上の理由から、伊勢路（図1）を本研究における事例として取り上げる。

42　巡礼路に該当する資産に限っても伊勢山田から熊野新宮約 160 キロメートルのうち世界遺産に登録されたのは 27.6 キロメートルの区間にとどまる。（V章第2節参照）

5 　熊野参詣道伊勢路の歴史的背景

　次に、本研究の前提となる伊勢路の歴史的経緯について整理をしておこう[43]。

　熊野は古代より一種の霊場として認識されていた。平安時代初期に成立したとされる『日本霊異記』には、ある修行僧が熊野の山中で自らの身を捨てる「捨身行」を行ったが、亡骸になってもなお経文を読む声を発していた、という説話が紹介されている[44]。もちろん、亡骸が声を発するのは事実ではないにしても、少なくとも熊野はこのような修行を行う場として当時の人々に認識されていたことが理解できよう。こうした霊場としての性格を背景に熊野三山が登場する。9世紀半ばには、熊野三山でも熊野速玉大社に朝廷が授ける位階が急速に昇進することが知られ、この頃には熊野三山は重要な神社として都の人々に知られるようになっていったと考えられる。神仏習合も早くから進んだ。11世紀の熊野への旅を記した「いほぬし」には、熊野本宮で仏教の経典を読む姿が描かれる[45]。熊野本宮は阿弥陀如来の西方浄土、新宮は薬師如来の東方瑠璃浄土、那智は観世音菩薩の補陀落浄土にそれぞれ見なされた。こうしたなか、12世紀には、皇族や貴族がこぞって熊野詣を行った。加えて、熊野は庶民の参詣も受け入れていたことが藤原宗忠の『中右記』の記述からも知られる[46]。このように、熊野は広く庶民を受け入れ、仏教も受容する参詣地として成立する。

　この時期、京都から熊野へ向かうメインルートは現在の和歌山県を経由するものだった。京都を出発し、現在の大阪、和歌山、紀伊田辺へと進み、中辺路を経由して熊野本宮にいたる。『中右記』の藤原宗忠もこのルートで熊野へ参詣して

43　本節の執筆にあたっては、次の文献を基本文献として参照した。個別の個所については、別途注記をしている。
　　小山靖憲（2000）：熊野古道：岩波新書
　　世界遺産「紀伊山地の霊場と参詣道」三県協議会（三重県　奈良県　和歌山県）（2005）：世界遺産紀伊山地の霊場と参詣道
　　田中智彦（2004）：聖地を巡る人と道：岩田書店
　　塚本明（2005）：江戸時代の熊野街道・伊勢路と巡礼たち：『山岳修験』三十六：日本山岳修験学会
　　塚本明（2008）：熊野街道『伊勢路』の特質〜江戸時代の道中記から〜：第9回全国歴史の道会議三重県大会報告書
　　三重県教育委員会（1981）：歴史の道調査報告書Ⅰ　熊野街道
44　「法華経を憶持する者の舌、曝りたる髑髏の中に著きて朽ち不る縁第一」（日本古典文学大系七〇（1976）：日本霊異記：岩波書店、p.316）
45　増基法師：いほぬし：『群書類従』第十八輯紀行部　塙保己一編

いる。しかし、同じ頃、京都から伊勢を経由して熊野へ向かうルートも成立していた。伊勢路である。伊勢路に関する最も古い記録は10世紀末のもので、長保元（999）年に花山上皇が修行のため伊勢国を経て熊野へ参ることを計画したとする記事である。伊勢路を実際に旅したもっとも古い記録は、11世紀とみられる「いほぬし」である。筆者の増基法師は和歌山回りで熊野本宮に参詣した後、熊野市にある花の窟（いわや）に立ち寄り、さらに伊勢へ抜けて京都へ帰っている。このとき花の窟について、詳しい記述を残している。平安時代の終わりには、歌人として知られる西行も、熊野から伊勢へ旅している[47]。西行は熊野から「みき島」で舟渡しを利用し、伊勢へ抜けている。「みき島」は現在の熊野市二木島もしくは尾鷲市三木里であろう。同じ時期に、後白河上皇が編纂した『梁塵秘抄』には、「熊野へまゐるには　紀路と伊勢路のどれ近しどれ遠し　広大慈悲の道なれば紀路も伊勢路も遠からず」という当時の歌謡が収められている[48]。このように、遅くとも平安時代の終わりまでには、熊野詣への経路として伊勢路が存在したことは間違いない。

　平安時代以前、伊勢神宮は一般の人が参詣することを禁じられた場所だった。伊勢神宮は天皇を代表とする朝廷が、毎年の例祭のほか、災害や旱害、疫病、反乱などに際し、幣帛を奉って祈願する場所であり、未婚の皇女を斎王として伊勢へ送り仕えさせていた。伊勢神宮の性格が変化し、広く武士や庶民の信仰を受け入れていくのは鎌倉時代以降のことである。室町時代になると、伊勢神宮に参詣した人々の中には、引き続き熊野へ向かう人が出てくるようになる。この伊勢と熊野を結びつける役割を果たしたのが西国三十三所巡礼だった。西国三十三所巡礼は、一番札所の那智山青岸渡寺から三十三番札所谷汲山華厳寺まで、近畿一円の観音霊場を旅する巡礼である。そもそも三十三所巡礼が成立したとみられる平安時代後期には、奈良県の長谷寺を起点とし、京都府の三室戸寺を終点とする都を中心とした巡礼だった[49]。しかし室町時代に入り、東国からの旅人が伊勢参宮の後に引き続き三十三所巡礼を行うようになると、伊勢を起点に熊野、近畿一円

46　戸田芳實（1979）：中右記：躍動する院政時代の群像：そしえて
47　西行『山家集』「新宮より伊勢の方へ罷りけるに、みき島に舟の沙汰しける浦人の、黒き髪は一筋もなかりけるを呼び寄せて　年経たる浦の海士人言問はん波を潜きて幾世過にき　黒髪は過ぐると　見えし白波をかづき果てたる身には知れ海人」（日本古典文学大系二十九（1961）：山家集　金槐和歌集：岩波書店、p.241）
48　日本古典文学大系七十三（1965）：和漢朗詠集　梁塵秘抄：岩波書店

の札所の順に巡り最後に岐阜の華厳寺に至る現在の巡礼路が確立していく。この経路は、東国へ帰るのに適していた順序であり、巡礼の名称に「西国」が付されるのも、東国から見た「西国」の意味であった。さらに、室町時代には「巡礼」の文字が「順礼」へと変化し、ここに「西国三十三所順礼」が江戸時代を通じて盛んに行われるようになった[50]。こうして伊勢参宮と熊野詣が、西国三十三所巡礼を媒介として結びつき、伊勢路は伊勢から熊野へ向かう巡礼者が多く通る道となったのである。江戸時代後半の享和年間（1801～1804）、伊勢から熊野へ向かった旅人は年間3万人に達したとされる。

　江戸時代の巡礼者はどのような旅をしていたのだろうか。彼らは伊勢参宮ののち、外宮の所在する伊勢山田を起点として旅を始め、熊野三山の一座、熊野速玉大社の所在する熊野新宮を目指した。距離はおよそ140キロメートルである。この道はかなりの難路だったことが当時の道中案内などの記述からうかがえる。特に、瀧原宮から荷坂峠までの、蛇行する大内山川を連続して越えていく区間や、紀伊長島から熊野市木本までの峠越えが連続する区間は難所であり、その道のりは決して楽ではなかった。

　しかし、宿や食事などの心配はあまりなかったようだ。街道は集落をつないで延び、集落には宿があり、道中案内にも紹介されていた。お金をあまりもたない巡礼者には、無料で宿泊できる善根宿というものもあり、現在の熊野市大泊町には、善根宿に巡礼者がお礼として残していったお札約5,500枚が遺されている[51]。また、峠などには茶店があり、酒や餅が売られていた。ただ、山道をひたすら歩く区間も多く、飯行李（弁当箱）を持参し、宿で昼食を用意してもらうことも多かった。このほか、当時の書物には鰹節を作る様子や、軒先でマグロの切り身を商う様子を紹介するものがあり[52]、現代と同様、海産物が沿道の集落では食べられていたことが分かる。また、旅の様子を記した道中日記の中には、浜で鯛を買って宿で料理してもらったという記事もあり[53]、旅の途中で料理を楽しむ人もいたようだ。もっとも、巡礼旅という性格から、魚を口にせず精進して旅を

49　寺門高僧記：『続群書類従』巻第八百十一第二十八輯上　釈家部：続群書類従完成会
50　田中智彦（2004）：聖地を巡る人と道：岩田書店
51　三重大学人文学部塚本明研究室、熊野古文書同好会（2010）：若山家所蔵　熊野街道善根宿納札調査報告書
52　暁鐘成（1853）：西国三十三所名所図会：臨川書店（復刻版）

続ける人もいた[54]。

　このように、江戸時代の巡礼者は、伊勢から熊野へ向かう西国巡礼者として伊勢路を旅していたのである。

　明治時代に入り、伊勢路は大きく姿を変えていくことになった。伊勢神宮はその性格を変え、神仏分離は千年の神仏習合の歴史を誇った熊野三山にも影響を与えた。明治31（1898）年、伊勢から志摩半島を回って熊野へ向かった田山花袋は、途中の紀伊長島から熊野速玉大社と熊野那智大社の中間に位置する三輪崎港（現在の新宮港）まで汽船に乗船した。さらに、那智瀑の威容や雨上がりの熊野川の輝きは筆を尽くして記述しても、熊野那智大社参詣については、一切記述を行わなかった[55]。明治時代に入り、熊野は神仏の聖地から、自然の風景が美しい景勝地へと性格を変えていくのである。熊野の観光の中心は那智の滝や瀞峡といった自然物へと移った[56]。こうした動きは昭和11（1936）年の吉野熊野国立公園の指定へとつながり、その後の熊野の観光に大きな影響を与えた。また、近代交通の出現は、古代から続く徒歩による参詣・巡礼を根底から覆した。汽船は、熊野に参詣客を直接送り込んだのである。こうして、千年間続いた伊勢路を徒歩で旅する人は急速にその数を減らしていった。

　戦後の高度経済成長を経た昭和56（1981）年、三重県教育委員会から熊野街道の調査報告書が刊行された[57]。これは、近世の街道のルートや沿道の石造物などを詳細に調査したもので、のちの熊野参詣道研究の基礎となった。その後、地域住民を中心としたボランティアによって埋もれた旧街道の発掘や整備が進められ、平成11（1999）年には東紀州体験フェスタにおいて熊野古道ウォークが行われた。旧街道が道としての機能を取り戻し、人が再び歩くようになったのである。地域住民の取り組みはその後も継続し、峠道の見回りや日常の維持管理を行う「熊野古道保存会」の結成へと進んだ。さらに観光ガイドとして「熊野古道語り部友の会」も結成され、活動は広がりを見せてゆく。この間、伊勢路の価値についての調査・研究も進められ、平成16（2004）年、伊勢路の一部は「紀伊山地の霊場

53　鈴木牧之：西遊記神都詣西国順礼
54　塚本明（2008）：熊野街道『伊勢路』の特質——江戸時代の道中記から：『第9回全国歴史の道会議三重県大会報告書』
55　田山花袋（1899）：南船北馬：博文館
56　天田顕徳（2012）：熊野〜霊場と観光地のはざまに揺れ動く聖地:『聖地巡礼ツーリズム』：弘文堂
57　三重県教育委員会（1981）：歴史の道調査報告書Ⅰ熊野街道

と参詣道」として世界遺産に登録された[58]。

6 熊野参詣道伊勢路の現況

　上述のように、伊勢路の一部は、平成14（2002）年に総延長32.9キロメートルの区間が文化財保護法によって史跡に指定され、平成16（2004）年に世界遺産に登録された。その後、平成18（2006）年には『世界遺産「紀伊山地の霊場と参詣道」保存管理計画』[59]が策定され、伊勢路は三重県を管理団体として、日本の国内法のもと保護が図られてきた。しかし、令和6（2024）年には登録後20年が経過するにあたり、伊勢路の課題が次第に明らかとなってきている。

1. 巡礼者の状況

　まず、「伊勢神宮」から「熊野三山」へ向かう巡礼者は、ほとんど見られない状況が続いている。17世紀から19世紀まで盛んであった伊勢参詣と西国巡礼が結合した巡礼旅は、近代に入り急速に衰退した。これは、西国巡礼の道中案内から、伊勢の記述が消滅することや、沿道の寺院の石造物調査などからも明らかである[60]。その後、今日まで伊勢から熊野まで徒歩巡礼をする者はほぼ皆無であり、徒歩旅行をするものも極めて少ない。今日、「伊勢神宮」から「熊野三山」まで徒歩旅行をする者は年間100人程度[61]と推定される。

2. 来訪者数と利用状況

　一方、世界遺産登録区間への訪問者数は世界遺産登録前の平成13（2001）年の約68,000人から、世界遺産登録10周年の平成26（2014）年の428,698人へと急激

58　ユネスコ世界遺産センターホームページ　http://whc.unesco.org/en/list/1142［2015年12月23日閲覧］
59　世界遺産「紀伊山地の霊場と参詣道」三県協議会（2006）：世界遺産「紀伊山地の霊場と参詣道」保存管理計画
60　管見の限りでは、明治12（1879）年以降、西国巡礼の道中案内に伊勢の記述が見られなくなる。また、三重県度会郡多気町所在の石仏庵では、近世の絵図に巡礼者の接待茶所が示されている地点に、現在日清戦争戦没者供養塔がたつ。このことから19世紀末には巡礼者を接待する状況は失われていたと考えられる。その背景には、近世初頭の神祇官制度の改革にともなう伊勢神宮の性格の変化や、蒸気船による沿岸航路の整備にともなう「旅」の形態の変化などが存在すると考えられる（Ⅳ章2節参照）。

に増加した。つまり、世界遺産に登録された32.9キロメートルの、いわゆる「熊野古道[62]」に対してのみ関心が集中している状況が発生していると考えられる。そもそも、三重県や関係自治体が構成する地域振興公社が発行する「熊野古道ガイドマップ」は、世界遺産登録区間のみを紹介しており、非登録区間は必要最小限に抑えられ、バス停や駅を起点、終点としている。また、町中に設置されている道標はバス停や駅などを示し、巡礼道の方向である熊野の方向を示さないものも見られる。一方、訪問者数は「馬越峠道」や「松本峠道」に集中していることから、その主たる観光対象は、峠道の石畳や、その周囲に聳える杉や桧の美林であると考えられる[63]。さらに、世界遺産登録区間のみをコースとしたマラソン大会（トレイルランニング大会）がスポーツ用品メーカーや観光庁によって企画され実施される[64]など、巡礼路としては必ずしもふさわしくない利用状況も発生している。

3. 地域住民の活動

さらに、熊野参詣道で活動を行うボランティア団体（熊野古道保存会）の活動も、世界遺産登録区間に集中している。そのため、世界遺産の登録資産区間とその周囲の緩衝地帯の維持管理に大きな関心を払うあまり、資産の所有者である自治体

61　三重県多気郡大台町栩原所在の熊野参詣道沿道の旅館岡島屋での聞き取りに基づく。岡島屋の年間宿泊客数は2014年に約50人であり、その大半は歩き旅客であるという。三重県度会郡玉城町田丸から多気郡大台町三瀬谷までの区間で宿泊施設が存在するのは、田丸、栩原、三瀬谷しかなく、歩き旅客は、田丸もしくは栩原のいずれかに宿泊しなければ三瀬谷にたどり着くことが出来ない。そのため、栩原の宿泊客数を2倍した人数を推定歩き旅客数とした。なお、この推定客数は、三重県尾鷲市と熊野市の市境にまたがる曽根次郎坂太郎坂で熊野古道保存会の会長を務める大川善士氏の観察結果とも一致しており、一定程度の蓋然性が認められよう。
62　国の指定名称は「熊野参詣道」であるが、愛称として「熊野古道」の名称が使われることは極めて多い。たとえば伊勢路に限っても、地方公共団体、地域振興公社などのパンフレットのほとんどで熊野古道の名称が用いられている。
63　地域は異なるが、中辺路で観光客の視対象を分析した飯田義彦・落合知帆は、その前提として、熊野参詣道における視対象を周囲の森林景観としてとらえている。なお、中辺路にはほとんど石畳は存在しないので、主な視対象からは欠落している。飯田義彦・落合知帆（2009）：「熊野古道のシークエンス景観に対する歩行者の着眼点と撮影注視動機：（社）日本都市計画学会　都市計画報告集 No.8
64　伊勢路におけるトレイルランニング大会としては2010年11月27日〜28日に行われたものが最初で、これはスポーツ用品メーカーとプロのトレイルランナーが企画したものであった。2012年3月10日〜11日にはプロトレイルランナーと観光庁が関係自治体（三重県・大紀町・紀北町・尾鷲市・熊野市）の反対を押し切って「熊野古道伊勢路・トレイルランニングの旅」を実施した。以降、三重県内の世界遺産登録区間においてトレイルランニングの大会は行われていない。

や緩衝地帯の所有者である個人、あるいは管理団体である三重県との間で活動費や行政の関与をめぐって、しばしば軋轢を生んでいる。

　世界遺産に登録されても、かつての巡礼者が戻ってきたわけではなく、熊野参詣道の集客は沿道集落で営業する民宿などの宿泊客数の増加には結びついていない[65]。つまり沿道集落に世界遺産の「恩恵」が行き渡らない状況が続いている。こうした結果、熊野古道保存会をはじめとしたボランティア団体に新規参加者が加入しないなど、今後の持続可能な地域住民と世界遺産の関係が危ぶまれる状況になっている。

4. 自然災害の脅威

　加えて、世界遺産登録区間である道の遺構の保護も自然災害などの脅威にさらされている。平成23（2011）年に発生した紀伊半島大水害では、世界遺産登録区間の風伝峠道と横垣峠道で斜面崩落が発生した。このうち、横垣峠道では山腹が大規模に崩落し、これに約200メートルの参詣道が巻き込まれ遺構が毀損した。遺構の毀損は従来の史跡保護の考え方に基づけば史跡指定の解除の可能性があり、これは世界遺産登録範囲の変更へとつながりかねない事態である。しかし、世界遺産の登録範囲の「変更」は登録の部分的な「解除」と受け取られかねず、地域住民と伊勢路に乖離が見られる現在、その傾向に拍車がかかることも考えられる。

5. 調査事業の進展

　一方で、伊勢路の調査事業は三重県教育委員会などによって、着実に進められてきた[66]。三重県教育委員会による調査は昭和56（1981）年の『歴史の道調査報告書Ⅰ　熊野街道』を嚆矢とし、世界遺産登録後にも、平成19（2007）年の『熊

65　新鹿の民宿美砂荘での聞き取りに基づく。
66　これまでに行われた伊勢路に関する学術調査は管見の限り以下のとおりである。
　三重県教育委員会（1981）：歴史の道調査報告書Ⅰ　熊野街道
　三重県・三重県教育委員会（2007）：熊野古道と石段・石畳
　三重県教育委員会（2009）：三重県石造物調査報告Ⅰ
　三重大学人文学部塚本明研究室、熊野古文書同好会（2010）：若山家所蔵　熊野街道善根宿納札調査報告書
　三重県教育委員会（2013）：三重県石造物調査報告Ⅱ
　三重大学（2013）：東紀州地域における眺望景観保全の手法に関する共同研究——熊野古道地域（紀北地域）をケーススタディとして

野古道と石段・石畳』、平成21（2009）年の『三重県石造物調査報告Ⅰ』、平成25（2013）年の『三重県石造物調査報告Ⅱ』と、成果を重ねてきている。また、地元大学による調査も少しずつ進展している。三重大学による、巡礼者が残した納札調査の結果をまとめた平成22（2010）年『若山家所蔵　熊野街道善根宿納札調査報告書』はその代表的なものである。さらに、景観の観点からの研究も進められており、同じく三重大学の平成25（2013）年『東紀州地域における眺望景観保全の手法に関する共同研究——熊野古道地域（紀北地域）をケーススタディとして』は伊勢路沿道における初めての本格的な景観調査の成果と言えるだろう。

6. 徒歩巡礼復活への取り組み

　こうした状況に対する新たな動きが、伊勢路の徒歩巡礼復活に関する取り組みである。この取り組みは、世界遺産登録直後にすでにその試みられていたが、その後具体的な進展はなかった。平成24（2012）年に、地域住民や行政関係者などが集まって熊野参詣道の保全について協議をする熊野古道協働会議において三重県教育委員会職員[67]から改めて提案が行われた。翌平成25（2013）年には福元ひろこ氏が伊勢から熊野まで歩き旅をした様子をまとめたエッセイを出版[68]、さらに平成26（2014）年の世界遺産登録10周年に際しては、お笑い芸人による伊勢路踏破実況中継や、一般参加者による踏破ウォークの実施など、三重県など行政が中心となって伊勢神宮から熊野三山までの徒歩巡礼を意識した記念事業を展開した。平成27（2015）年には、伊勢神宮から熊野三山までの詳細な歩き旅用のガイドブック[69]が出版され、平成30（2018）年には、地域住民が伊勢から熊野までの統一目印設置を目指すセーフティネット伊勢路を立ち上げた。さらに、令和5（2022）年には、大杉谷自然学校が近世の巡礼装束で実際に伊勢から那智山まで踏査する旅を実行するとともに、アウトドア旅行を企画するハートランドジャパンが伊勢路の歩き旅をパッケージング化した旅を外国人向けに販売するに至っている。このように、徒歩巡礼復活の取り組みは着実に進展を見せている。ただし、復活した徒歩巡礼によって人々が巡礼路にどのような価値を見出し、また影響を受けるのかについて、また、近世の巡礼者が見出していた価値や受けていた影響

67　筆者である。
68　福元ひろこ（2013）：歩く旅の本　伊勢から熊野まで：東洋出版
69　伊藤文彦（2015）：熊野古道伊勢路歩き旅〜熊野参詣道伊勢路巡礼〜：サンライズ出版

とどのような違いがあるのかについて、学問的検証は行われてはいない。

7　本書の構成と方法

　本書は7章から構成する。
　第Ⅰ章　文化遺産としての巡礼路においては研究の背景、研究目的、研究の位置づけを整理し、研究対象を選定し、本書の全体構成を提示する。
　第Ⅱ章　近世の巡礼者からみた「熊野参詣道伊勢路」においては、まず、伊勢から熊野へ至る伊勢路の経路の空間的位置の特定を行う。文献史料、地理資料、考古資料を主な検討資料とし、文献史料としては主に当時のガイドブックである「道中案内」を、地理資料としては近代以降に刊行された地形図と航空写真を、考古資料としては、現地に遺存する道路遺構や巡礼関連遺物の分布状況、遺物の銘文等をそれぞれ検討する。調査方法は文献調査と現地踏査による。さらに、伊勢路が巡礼路として機能していた段階において、巡礼者が影響を受け、また価値を見出していた諸要素を特定する。主な史料には道中案内を用いて文献調査を行い、特定された諸要素と巡礼との関係性の把握のために、史料や自治体史からそれぞれの礼拝施設、見所の性格を明らかにするとともに、巡礼路の縦断図を作成し、立地の特性や配列を明らかにして、巡礼者の礼拝施設・見所のもつ機能を明らかにする。くわえて、近世の巡礼者が実際に巡礼空間からどのような影響を受けていたのかについても言及する。
　第Ⅲ章　近世の地域住民から見た「熊野参詣道伊勢路」では、これまでの文献史学における先行研究の成果をふまえたうえで、巡礼路沿道に遺る道標を取り上げ、地域住民からみた伊勢路の認識を明らかにする。研究方法は、文献調査と現地踏査、考古学的調査による。
　第Ⅳ章　近代以降の地域住民からみた「熊野参詣道伊勢路」では、第Ⅱ章において特定された重要な礼拝施設から資料の入手しやすい3か所を取り上げ、近代以降の展開について地域住民との関係性に焦点を当てて把握し、地域住民がもっていた認識がどのように変化していくのかについて明らかにする。
　第Ⅴ章　現代の研究者から見た「熊野参詣道伊勢路」では、伊勢路に対して、国の文化財指定、世界遺産登録への過程において研究者や行政担当者が見出した価値や文化遺産保護制度が保護対象とする空間と諸要素について指定や登録にかかる文献の調査から明らかにする。

第Ⅵ章　現代の行政、地域住民、観光者からみた「熊野参詣道伊勢路」では、現代の文化遺産「熊野参詣道伊勢路」に対して、地域住民や行政が管理運営の対象と見做す空間と諸要素、観光者が観光対象と見做す空間と諸要素、ガイダンス施設が文化遺産とみなす諸要素を明らかにする。管理運営の対象の解明にあたっては、熊野古道アクションプログラム、新聞記事、自治体の予算資料を対象に文献調査を行う。また、観光対象の解明にあたっては、行政関係機関、大手出版社、その他が発行するガイドブックの文献調査を行い、テキストマイニングとクラスター分析の統計的な処理とその結果の読み取りによる。さらにガイダンス施設については、熊野古道センターの活用事業の文献調査を行い、その結果から把握する。

　終章　巡礼路に対する価値認識の変遷では、以上の各章の検討に基づき、伊勢路および文化遺産「熊野参詣道伊勢路」の空間と諸要素を整理し、人々がそれぞれの時代や立場によって巡礼路に対しいかなる価値を見出してきたかについて、その変遷を整理する。そのうえで、文化遺産の価値を我々はどのようにとらえれば良いのか、文化遺産の活用は価値とどのような関係性をもつのかについて考察する。

第Ⅱ章

近世の巡礼者からみた「熊野参詣道伊勢路」

1 熊野参詣道伊勢路の空間

1. 本節の目的

　本節では近世において西国巡礼路の一部として熊野参詣道伊勢路（以下、伊勢路）が機能していた段階における、伊勢から熊野までの巡礼路の経路について検討を行い、その位置の特定を行う。

　伊勢路の経路については、昭和56（1981）年に三重県教育委員会による調査報告が刊行されている[70]。この調査では、現地踏査や地域住民への聞き取り調査の結果に基づき、今日まで遺存している近世の道路遺構や関連する石造物等遺物についてまとめ、経路と遺構・遺物を地図上に示している。今日に至るまで伊勢路に関する最も基礎的な調査成果と言えよう。

　このほか、伊勢路の経路について、複数の経路が存在することを指摘したのが、塚本明である[71]。塚本は田中智彦の西国巡礼における調査方法[72]を援用しながら、道中日記の通行経路を調査し、梅ヶ谷－古里間、相賀－尾鷲間、三木里－曽根間、波田須－大泊間に複数経路が存在することを指摘している。

　しかし、伊勢から熊野までの巡礼路の経路については、管見の限りこれら以外に調査・研究は存在しない。またこれら先行調査についての検証も行われていない。そこで、本節においては、これら先行研究の成果を基礎に、伊勢から熊野までの巡礼路の経路の特定を行うことを目的とする。

2. 研究方法

　過去に行われた巡礼の巡礼経路特定方法としてもっともすぐれた成果を示したのは田中智彦の研究であろう[73]。田中は近世における西国巡礼の経路を対象に研究を行い、巡礼者による旅の実態に即した行程を明らかにした。史料として当時のガイドブックである道中案内を用い、巡礼路を既存の道を利用して札所間を最短距離で結ぶ基本的経路と、名所旧跡への立ち寄り、寺社参詣、危険回避などを

70　三重県教育委員会（1981）：歴史の道調査報告書I熊野街道：三重県教育委員会
71　塚本明（2008）熊野街道『伊勢路』の特質──江戸時代の道中記から：第9回全国歴史の道会議三重県大会報告書
72　田中智彦（2001）：巡礼の成立と展開：日本の宗教文化：高文堂出版
73　田中智彦（1987）：愛宕越えと東国の巡礼者──西国巡礼路の復元：人文地理39（6）
　　田中智彦（1988）：石山より逆打と東国の巡礼者──西国巡礼路の復元：歴史地理学142
　　田中智彦（2001）：巡礼の成立と展開：日本の宗教文化：高文堂出版

目的として基本的経路から分岐する発展的経路に分類した。このうち、発展的経路については、文政年間刊行の「道中案内」とそれ以前の「道中案内」とを比較し、発展的経路がいつ頃、どのような必要性によって発生したのかを明らかにした。この田中の研究方法は必ずしも単線的ではない巡礼路の複雑な経路を明らかにするのに極めて有効であったと考えられる。さらに、田中は個別の経路復元を行う際に現地踏査を実施して現存する道標の確認も行うなど、現地との照合を行い、経路特定の蓋然性を高めている。

そこで本研究においてはこの田中の調査手法を参考に調査を実施する。経路の把握に当たっては、「基本的経路」と「選択的経路」の2者により把握を行う。田中が提唱したのは、「基本的経路」と「発展的経路」の2者であった。しかし、発展的経路の呼称は基本的経路の成立後に経時的に徐々に成立していく歴史的過程を重視した呼称である。また、発展という語は、よりよい方向という意味をも包含しており、発展的経路はより好ましい経路という意味にもとらえられうる。しかし、巡礼旅において、複数の経路が存在する際に、何をもってより好ましいとするのか決定することは本来かなり困難であろう。そこで、本研究においては、基本的経路から分岐する経路のことを選択的経路と呼称することとする。そのうえで、田中の調査手法を参考にしながら基本的経路と選択的経路を明らかにする。

次に本研究では田中の調査手法を用いながらも、資史料は、文献史料、地理資料、考古資料の3者を用いることとする。まず、文献史料としては主に「道中案内」を用いる。田中は「17世紀半ば以後、木版刷りの順礼関連出版物が多数刊行され」、それらの中に「巡礼のガイドブックである巡礼案内記」があるとし、巡礼路の経路については「巡礼案内記」に基づき実態解明を行っている。一方、「道中記は「旅行の日記。紀行」以外に「旅路の宿駅・里数・名所・旧跡などを記した書籍。旅行の案内記」という意味もある。前者は旅人が記した肉筆の記録であり、後者は巡礼案内記のような木版刷りガイドブック類に相当する。道中記ではこの両者が混同される恐れがあるので、ここでは敢えて実際の旅の記録を道中日記と表現する」とし、「道中日記」と版本である「巡礼案内記」を分離している。また、塚本は、「道中記と呼ばれる史料には、旅人が実際に著したものと、書店などが刊行・販売し、旅の便宜に供された物とがある。（中略）前者を道中日記、後者を道中案内記と区別して表記し、両者を合わせて道中記と呼ぶことにする」とし、田中の見解を踏襲している[74]。これら先行研究を踏まえ、本研究では近世に刊行され、旅の便宜に供された道中記を「道中案内」と呼称し、これを史料として経路の検

討を行う。

　次いで、地理資料としては、近代以降に刊行された地形図と航空写真を用いる。近代以降の地形図は、近代測量技術を用いて調製されていることから、現代の地図と照合することが容易である。また、地図には集落などの名称と、道路が示されており、地図刊行時点での道路状況を把握することができる。加えて、明治・大正期に測量・刊行された地図の場合、近世以前の道路状況を反映している可能性があり、資料的価値が高いと考えられる。一方、今日利用可能な航空写真には、1940年代にアメリカ軍によって撮影された白黒写真をはじめ、その後日本の国土地理院等によって1960〜70年代に撮影されたものがある。これら航空写真は現在では失われてしまった地形や地割りの判読から、地図には反映されない近世以前の道路状況を推定できる可能性がある。これ以外に、三重県教育委員会の調査報告書掲載の経路図については基本図として参照する。

　さらに、考古資料としては、現地踏査を実施して遺構と遺物の分布状況を確認する。主な考古資料としては、現地に遺存する道路遺構や、巡礼関連遺物の分布状況、遺物の銘文等があげられ、これらと、その他の資史料の記述・記載内容とを照合して巡礼経路を推定する。

　本研究では、以上の3資史料をもとに巡礼路の経路の特定を行うものとする。

3. 基本的経路の把握

(1) 文献史料の分析

　現在までに収集できた以下の道中案内（**表1**）を用いて検討を行うこととする。これら文献は、いずれも書店などが刊行・販売し、あるいは配布されて旅の便宜に供された旅行の案内書であり、その旅行の目的は西国巡礼である。このことから、これら文献に記される基本的経路は西国巡礼路として記述され、読者である巡礼者にも西国巡礼路として認識されていたものと考えられる。

74　塚本明（2008）：道中記研究の可能性：三重大史学　第8号

表 1　分析対象の道中案内一覧[75]

書名	発行年	
	和暦	西暦
『西国三十三所道しるへ』	元禄 3 年	1690
『巡礼案内記』	享保 13 年	1728
『西国順礼細見記』	安永 5 年	1776
『巡礼道中指南車』	天明 2 年	1782
『西国順礼道中細見増補指南車』	文化 3 年	1806
『新増補細見指南車』	文政 12 年	1829
『天保新増　西国順礼道中細見大全』	天保 11 年	1840

　上記の文献においては、記述の方法に若干の違いはあるものの、いずれも途中に通過する集落と、集落間相互の距離を記述し、行程を紹介する方法をとっている。そこで、これら道中案内から、通過する集落名について抽出し、現在の地名と比較整理を行った（**表 2**）。

75　本書で分析に利用した道中案内は以下のとおりである。
　　養流軒一箪子 元禄 3 年（1690）：西国三十三所道しるへ：国立国会図書館蔵
　　笠屋五郎兵衛 享保 13 年（1728）：巡礼案内記：三重県教育委員会（1981）歴史の道調査報告書Ⅰ熊野街道 所収
　　西川氏 安永 5 年（1776）：西国順礼細見記：国文東方仏教叢書 第 1 輯 第 7 巻（紀行部）所収
　　大坂屋長三郎 天明 2 年（1782）：巡礼道中指南車：三重県教育委員会（1981）歴史の道調査報告書Ⅰ熊野街道所収
　　左楽斎 文化 3 年（1806）：西国順礼道中細見増補指南車：青樹堂大坂屋長三郎、和歌山県立図書館蔵
　　沙門某 文政 12 年（1829）：新増補細見指南車：玉樹堂田辺屋新四郎・青樹堂大坂屋長三郎、国立国会図書館蔵
　　俣野通尚・池田東籬 天保 11 年（1840）：天保新増　西国順礼道中細見大全：平野屋茂平、斎宮歴史博物館蔵

表2　道中案内記載の伊勢山田から熊野新宮までの地名表

西国三十三所道しるへ 元禄3年 1690	巡礼案内記 享保13年 1728	西国順礼細見記 安永5年 1776	巡礼道中指南車 天明2年 1782	西国順礼道中細見増補指南車 文化3年 1806	新増補細見指南車 文政12年 1829	天保新増西国順礼道中細見大全 天保11年 1840	国土地理院発行地図 平成10年 1998
宇治橋	伊勢山田	山田	山田	山田	山田	山田	伊勢市
		やなぎ	やなぎ	柳	柳／河端	川端　柳	川端町
					ばんと村	ばんと村	坂東
					上地村	上地村	上地町
		(ゆた野)	ゆだの	いたの	いた野	ゆた野	湯田野
			のしば	のしば	しば		
					田丸新町	田丸新町	
たまる	田丸	田丸	田丸	田丸	田丸	田丸	田丸
						野篠村	野篠
池辺						蚊野村	蚊野
	原	原		はら	原	原	原
あふか						野中村	野中
					鳴川村	鳴川村	成川
さな	あふかせ	大かせ	大かせ	おおかせ	大がせ	相鹿瀬	相鹿瀬
						千代	千代
					柳原村	柳原村	柳原
北とち原	とち原	とぢ原	とち原	とちが原	とちが原	栃原村　橡原	栃原
						神瀬村	神瀬
					下楠	下楠	下楠
あお	あを	あほ	あを	あを	粟生	粟生	粟生
三瀬村	ミせ	みせ	三せ	みせ	三瀬	三瀬	下三瀬
野尻	のじり	野じり	のじり	のじり	野尻	野尻	滝原
あそふ	あそ	あそ	あそ	あそ	阿曽	阿曽	阿曽
柏野	かしハの	柏野	かしわの	かしわの	柏野	柏野	柏野
山崎	さき	さき	さき	さき	崎	崎村	崎
こま	こま	こま	こま	こま	駒	駒村	駒
まゆみ	まゆみ	まゆみ	まゆみ	まゆみ	間弓	間弓	間弓
		大津村	大津村	大津村	大つ	大津	大津
梅が谷		梅が谷村	梅が谷村	梅が谷	梅ヶ谷	梅ヶ谷	梅ヶ谷
					片上村	片上村	片上
にがう		から村	にがう村	二がう村	かう村	かう村	東長島
長嶋	長嶋	長島	ながしま	長嶋	長嶋	長嶋	長島
古里		ふる里村	ふる里村	ふるさと村	古里村	古里村	古里
たう瀬		どうぜ村	どうぜ村		同瀬村	同瀬村	道瀬
三浦	ミうら	三うら	三うら	三うら	三浦	三浦	三浦
馬瀬	むまぜ	馬瀬	むまぜ	馬ぜ	馬瀬	馬瀬	馬瀬
鳥井村			とりい村	とりゐ村	鳥井村		
上里村		上里村	上ミ里村	上さと村	上里村	上里村	上里
中里村		中里村	中里村	中里村	中里村	中里村	中里
下里村		下里村	下里村	下里村			
						船津新田	新田　中新田
舟津		船津村				船津村	船津
香の本	この本	香の本	こうのもと	香の元	香本	木本	相賀
原びんの村		ひんの村	びんの村	びんの村	びんの村	びんの村	便ノ山
			まごせ村				鷲下

第Ⅱ章　近世の巡礼者からみた「熊野参詣道伊勢路」

西国三十三所道しるへ	巡礼案内記	西国順礼細見記	巡礼道中指南車	西国順礼道中細見増補指南車	新増補細見指南車	天保新増西国順礼道中細見大全	国土地理院発行地図
元禄3年 1690	享保13年 1728	安永5年 1776	天明2年 1782	文化3年 1806	文政12年 1829	天保11年 1840	平成10年 1998
おわし	おはし	おわし	おわし	尾わし	尾鷲	尾鷲	尾鷲市
					八之濱村	八之濱村	矢浜
三鬼	ミき	三鬼	みき	三鬼	三鬼	三木	三木里町
かた					加田	加田村	賀田町
曽根	そね	そね	そ禰	そね	曽祢	曽祢	曽根町
二鬼嶋	にきしま	にぎ島	にぎじま	二鬼嶋	二鬼嶋	二木嶋	二木島町
あたしか	あたしか	あたじか	あたしか	あたしか	新鹿	新鹿	新鹿町
はたす	はだす	はだす	はだす	はだす	波田須	波田須	波田須町
大泊	大とまり	大とまり	大とまり	大泊	大泊	大泊	大泊町
木之本	木の本	木の本	木の元	木の本 木の元	木本	木本	木本町
有馬	ありま	有馬	ありま	ありま	有馬	有馬	有馬町
			一木村	一木村		市木村	下市木
あたわ	あたハ	あたわ	あたわ	あたわ	阿田和	阿田和	阿田和
伊田		伊田村	井田村	井田村	井田村	井田	井田
うハ野					宇和埜村	宇和野村	上野
なる川		なる川	なる河村	なる川村	鳴川村	鳴川村	成川
新宮	新宮	新宮	新宮	新宮	新宮	新宮	新宮市

　その結果、まず、近世の巡礼路は伊勢から熊野への一方通行であることが改めて確認できた。いずれの道中案内も伊勢神宮の所在する伊勢を起点とし、熊野新宮から那智山を目指す。これは、先行研究でも指摘されているように、伊勢参宮を終えた巡礼者が引き続き西国巡礼に向かったためであると考えられる。

　ついで、通過する集落については、田丸から栃原の区間を除き、7史料で通過する集落名に大きな変化はないことが看取できた。ただし、田丸から栃原の区間については、『西国三十三所道しるへ』のみが田丸から相可、佐奈、北栃原へ至る経路を示し、そのほかの史料では、田丸から原、相鹿瀬を経由して栃原へ至る経路を示している。相可経由の経路は、相可までは伊勢本街道（初瀬街道）を通ることになり、距離も長く、巡礼路としては不適当であり、道中案内がこの経路を紹介するのには違和感を覚える。そこで、『西国三十三所道しるへ』の田丸の項を詳細に検討すると、「是より熊野路におもく道なり」との記述があることに気づく。すなわち、田丸を熊野方面への分岐点として認識しているものと考えられるのである。つまり、『西国三十三所道しるへ』の筆者は、この道中案内を作成する旅の道中において、単純に道を誤ったものと考えられ、その誤った経路をそのまま紹介したものと考えるのが妥当であろう。それ以降の道中案内で、相可

回りを紹介しているものはなく、田丸での分岐を強調している記事が多いことも、このことを間接的に支持するであろう。

以上より、17世紀から19世紀半ばにかけて、通過する集落に大きな変化はなく、近世を通じて、基本的経路は変化がなかったものと考えられる。

(2) 地理資料の分析

次に地理資料の分析を行う。まず、先行研究の文献調査を実施した。伊勢路の伊勢山田から熊野新宮までの区間について街道経路の調査を実施した例は、昭和56（1981）年の三重県教育委員会による調査しかない[76]。この調査報告書では、調査対象地の旧街道を地図上に経路として示している。また、西国巡礼道については、本文中でその経路とその経路上に見られる寺社や石造物を紹介する。そこで、当該調査報告書で示されている地図上の街道経路と、本文中で示される経路、本稿で検討した集落を通過する経路を照合した。その結果、想定される基本的経路が抽出できた。

さらに、抽出した経路について、明治時代から大正時代に作成された地図と比較を行い、検討を行った（**表3**）。近代に刊行された地図には、近世以前の道路状況を反映している可能性が高く、資料的価値が高いと考えられる。三重県教育委員会の調査もこれら近代の地図を参照していると考えられるが、その確認を行うとともに、修正箇所の有無を検討するものである。その結果、東相鹿瀬における谷越え、道瀬－三浦間、相賀－鷲下間など、三重県教育委員会の調査について修正を加えるべき箇所が認められた。

(3) 現地踏査

現地踏査は、伊勢山田から熊野新宮までの全経路を徒歩により実施したほか、必要な箇所は別途踏査を実施した。その結果、これら経路の大半は、既に道路幅が近世よりも拡幅され、曲線が緩やかに変更され、あるいは渡河部分に架橋されているなど、道路遺構としては近世の状況を留めていないものの、現況の道路の線形から、近世の経路を推定することができた。なお、滝原から長島に向かう一部の区間は、鉄道敷設や圃場整備、川の渡渉や渡船の消滅、渡渉位置と橋梁位置

---

76 三重県教育委員会（1981）：歴史の道調査報告書Ⅰ熊野街道

のずれ等により、消滅していた。

　以上の調査の結果、伊勢山田から熊野新宮までの基本的経路について把握することができた（図2）。

表3　検討に使用した近代刊行地図一覧

発行者	測量年	発行年		縮尺	図郭
大日本帝国陸地測量部	明治25年	大正7年	1918	2万分の1地形図	山田
大日本帝国陸地測量部	明治25年測量 明治31修正	明治31年	1898	2万分の1地形図	田丸町
大日本帝国陸地測量部	明治25年	明治27年	1894	2万分の1地形図	五谷村
大日本帝国陸地測量部	明治25年	明治27年	1894	2万分の1地形図	川添村
大日本帝国陸地測量部	明治25年	明治27年	1894	2万分の1地形図	滝原村
大日本帝国陸地測量部	明治44年	大正2年	1913	5万分の1地形図	長嶋
大日本帝国陸地測量部	明治44年	大正元年	1912	5万分の1地形図	嶋勝
大日本帝国陸地測量部	明治44年	大正2年	1913	5万分の1地形図	尾鷲
大日本帝国陸地測量部	明治44年	大正2年	1913	5万分の1地形図	木本
大日本帝国陸地測量部	明治44年	大正2年	1913	5万分の1地形図	阿田和
大日本帝国陸地測量部	明治44年	大正2年	1913	5万分の1地形図	新宮

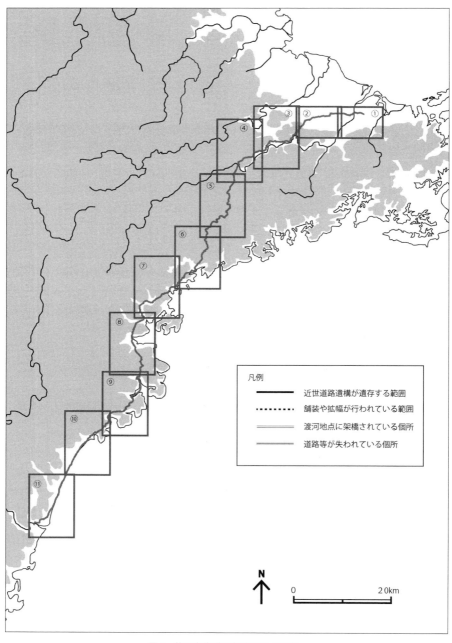

図2　熊野参詣道伊勢路の基本経路

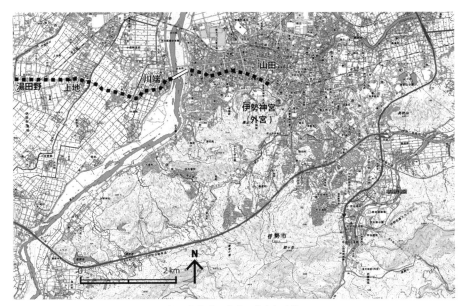

熊野参詣道伊勢路の基本経路①

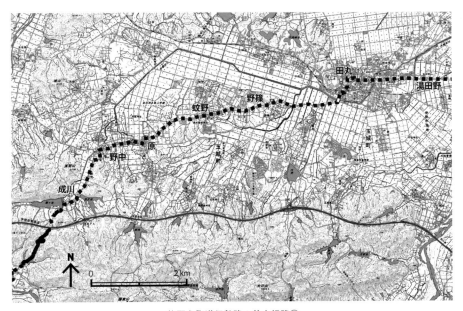

熊野参詣道伊勢路の基本経路②

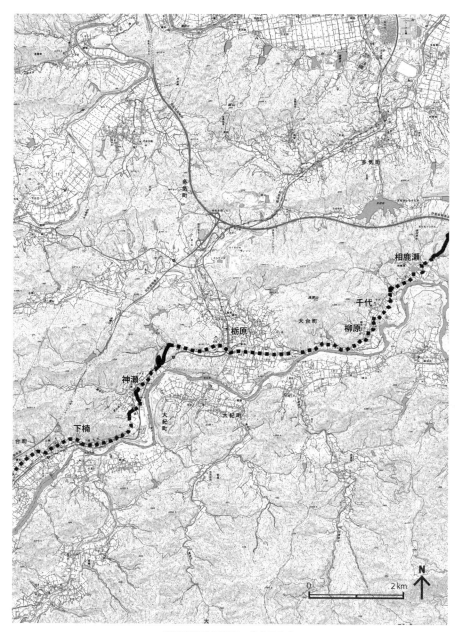

熊野参詣道伊勢路の基本経路③

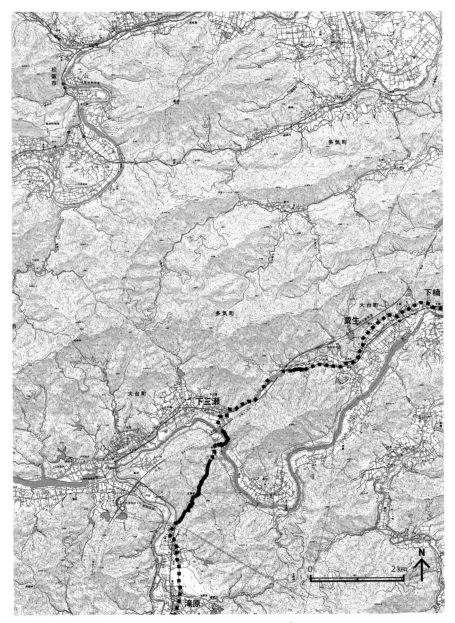

熊野参詣道伊勢路の基本経路④

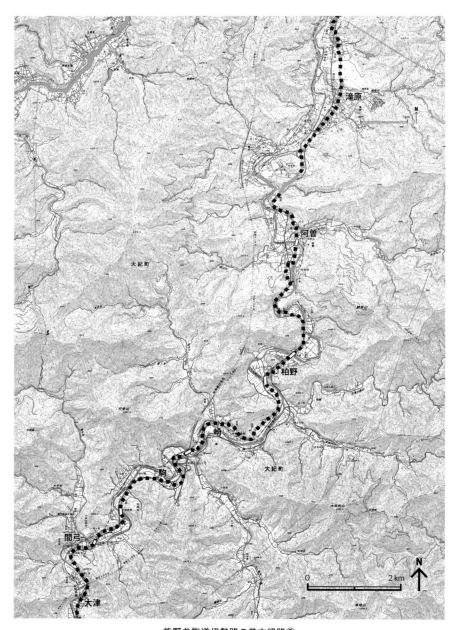

熊野参詣道伊勢路の基本経路⑤

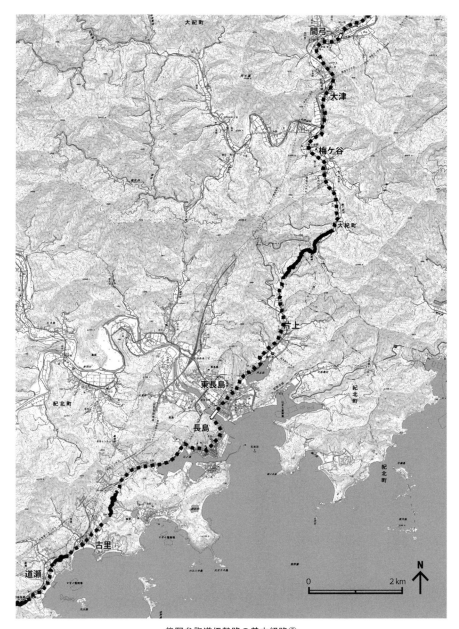

熊野参詣道伊勢路の基本経路⑥

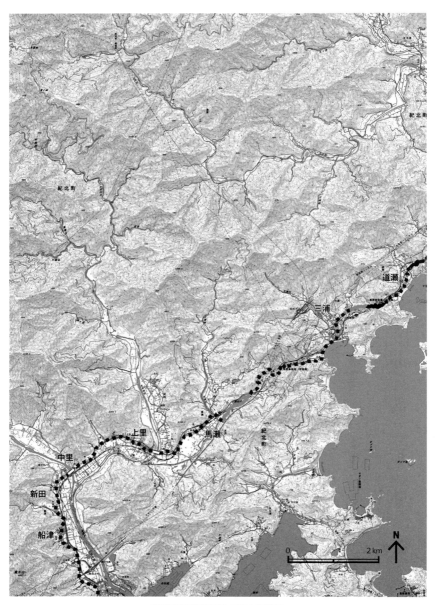

熊野参詣道伊勢路の基本経路⑦

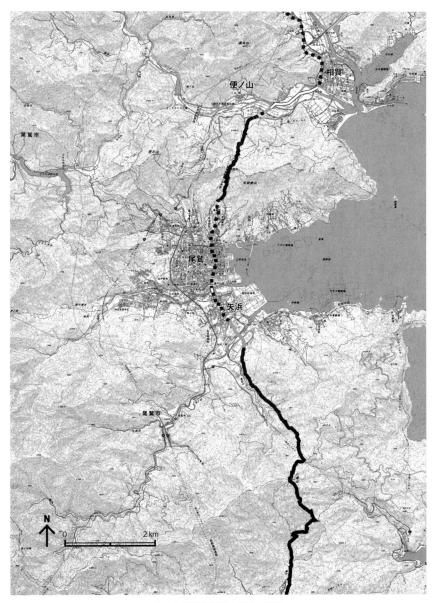

熊野参詣道伊勢路の基本経路⑧

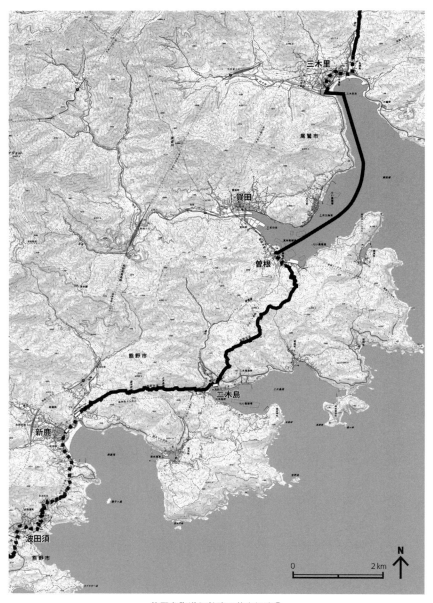

熊野参詣道伊勢路の基本経路⑨

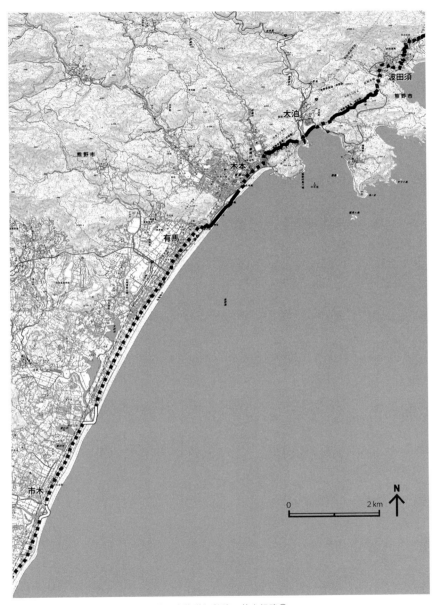

熊野参詣道伊勢路の基本経路⑩

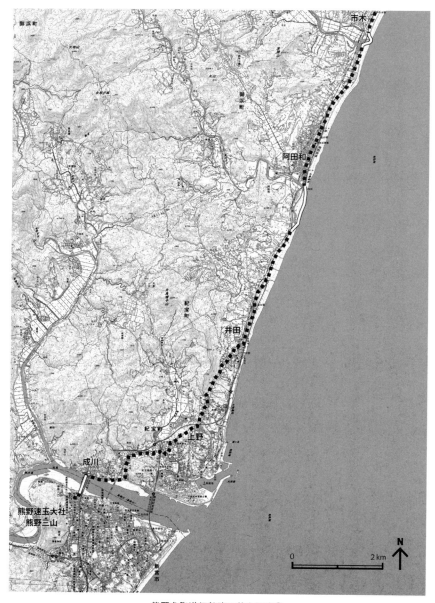

熊野参詣道伊勢路の基本経路⑪

4. 選択的経路の把握

選択的経路の把握については、基本的経路の把握で用いたのと同じ文献を用いて検討を行った。

まず、各道中案内から「かけぬけ」「廻り」といった記述のある箇所を抽出した。次いで、同一箇所におけるその他の道中案内の記述状況を確認した。さらにそれらの選択的経路の利用目的を把握し、その利用目的に応じて、礼拝施設への回り道、安全確保のためのまわり道、近道・通行容易な道の3種類に分類した。

(1) 礼拝施設への回り道

選択的経路のうち礼拝施設へ立ち寄るための経路を瀧原宮、天狗岩窟、清水寺の3箇所で確認した（図3）。

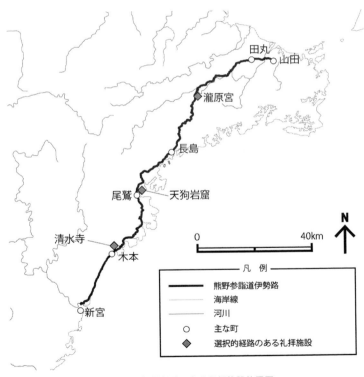

図3　選択的経路のある礼拝施設位置図

1) 瀧原宮への経路

　瀧原宮への経路に関する道中案内の記述を整理した（**表4**）。記述のある2種類の文献について記述内容を比較すると、記述内容はほぼ同一である。「森の北口より入て正面南の口へかけぬけ二町バかり廻り也」、すなわち瀧原宮の所在する北口から入り、社殿の正面を経由し、南の出口へ進む経路で、二町（約200メートル）ほどの回り道である、という意味である。

　次に地図資料によりこの経路の確認を行った。まず、現代の地図[77]でこの経路を確認すると、瀧原宮の神域の森林内に道路の表示は認められない。次いで、近代の地図[78]でこの経路を確認すると、この地図でも道路の表示は認められなかった。すなわち、地図上においては19世紀末までさかのぼってもこの経路の痕跡は認められない。

　そこで、嘉永6（1853）年の『西国三十三所名所図会』[79]の挿絵（**図6、図7**）を確認した。その結果、「北ノ口ヨリ此道へ出」という説明文とともに、瀧原宮の社殿左側から出てきて、正面鳥居のほうへ向かって歩く旅人の様子が描かれていることが確認できた。

　最後に、現地を踏査した。現在、瀧原宮周辺の森林は神域として立ち入りが禁じられているため、森林内部の踏査は出来ない。そこで、森林の北縁と神殿へ向かう参道から森林内部の状況を観察した。その結果、森林内部には道が存在する状況を確認した（**図4**）。ただし、この森林内に存在する道が近世以前にさかのぼるかについては、確認できなかった。

　瀧原宮の神域として広がる森林は広大で、正面鳥居から瀧原宮の社殿へL字状の経路を行くよりは、森林を斜めに横切り社殿へ向かう方が、幾分近道となったと考えられる。また、道中日記には、瀧原宮の森林の中にはさまざまな御利益や意味を与えられた名木が多く生えていることを記すものもあり[80]、森林そのも

77　国土地理院（2011）：2万5000分の1地形図　伊勢佐原
78　大日本帝国陸地測量部（1894）：滝原村
79　暁鐘成　嘉永6年（1853）：西国三十三所名所図会：臨川書店復刻版
80　たとえば、天明6年（1786）の「西国道中記」（三重県教育委員会（1981）『熊野街道』所収）には、「此森に七色の杉とて　うへに檜ノ木　榧　松　しい　紅葉　つげ　榊　〆七色也　同屏風杉　是ハさいなんよけ也　子持杉　夫婦杉　三杉四杉とて壱本ニ而三本と四本ニなりし也　ほうき杉兄弟杉　山田ノ滝祓杉是さいなんよけ也　角力とり杉　其外大　木等殊の外多し　次ニれんりの枝とて有　榊も　誠ニれんりハおもしろき事也　案内取くわしく可相尋　廻てよし」という記述がある。

図4　瀧原宮神域森林内部の道（2015年12月、筆者撮影）

のが瀧原宮と一体となった空間として認識されていたと考えられる。このようにこの経路は、瀧原宮への参詣を目的とした選択的経路として機能していたと考えられる（図5）。

なお、近代以降の地図にはこの経路は一切示されていない。また、現在もこの経路については、参拝者は利用することができない。これは、近代の神祇制度改革や西国巡礼者の激減にともない、入口を西側鳥居の一箇所に限ったためであると考えられる。

表4 瀧原宮への経路記述状況

書名	西国三十三所道しるへ	巡礼案内記	西国順礼細見記	巡礼道中指南車	西国順礼道中細見増補指南車	新増補細見指南車	天保新増西国順礼道中細見大全
刊行年	元禄3年 1690	享保13年 1728	安永5年 1776	天明2年 1782	文化3年 1806	文政12年 1829	天保11年 1840
記事内容	此所ニ瀧原大明神の社有	此所にたきの原太神宮の御やしろ	△瀧の原大明神の社	△瀧の原太神宮	▲滝が原太神宮の社	村中十町バかり行左之森の中ニ瀧原太神宮の社あり御本社二処伊弉諾伊弉冉ニ神を祭るこの外末社有当社ハ内外宮御造替の度一年前ニ公儀より同御造替ありとぞ	村中十町斗行左の森の中に瀧原大神宮の社あり御本社二座伊弉諾伊弉冊二神を祭るその外末社有当社は内外両宮御造替の度一年前ニ公儀より同御造替有とぞ
						森の北口より入て正面南の口へかけぬけ二町バかり廻り也	森の北口より入て正面南の口へかけぬけ貳町はかり廻り

図5 瀧原宮への選択的経路

図6 『西国三十三所名所図会[81]』「瀧原宮」

図7 図6の枠線部分拡大

---

81 西国三十三所名所図会は臨川書店から復刻刊行されている(臨川書店(1991):『西国三十三所名所図会』版本地誌体系2)ほか、大学共同利用機関法人人間文化研究機構国文学研究資料館のホームページで印影が公開されている。本書に掲載する図像は、いずれも大学共同利用機関法人人間文化研究機構国文学研究資料館で公開されているものによった。https://www.nijl.ac.jp/

2）天狗岩窟への経路

天狗岩窟への経路に関する道中案内の記述は**表5**のとおりである。

記述を比較すると、その内容はいずれもほぼ一致する。記述は、左の峯（天狗岩）とその山下に位置する天狗岩窟を経由して尾鷲へ抜ける道が存在するということを示唆する。また、『新増補細見指南車』と『天保新増　西国順礼道中細見大全』では、その道は雨天には行きにくい、ということも付記される。さらに、この項目は間越坂の峠の記述に続いて記述されており、この経路は峠を起点としていると理解される。加えて、『西国三十三所名所図会』には、間越の峠にありと記される「岩船山地蔵堂」の項目に、「これより左の峯に天狗岩天狗岩窟あり是へまわりて尾鷲へ出る道あり」、「天狗巖」の項目に「岩船地蔵堂の左の山上にあり峠より凡六丁ばかり岩の傍に一間四面の板葺の小堂を立役行者の木造を安置す長凡一尺二寸斗也此地は街道ニハあらす廻て尾鷲へ出る也然れとも雨天ニハ行へからす」、「天狗岩窟」の項目に「天狗岩より下へ十二丁斗下ニあり」とあって、間越峠から天狗巖、天狗の岩窟を経て尾鷲へ至る経路が記されている。

次に、現代の地図[82]で確認すると、峠から東方の天狗倉山に向かう道が示されている。また、天狗倉山の南方には、山中で途切れる道が記され、それは尾鷲へつながっていることが確認できる。ただし、天狗倉山とこの道の間には断絶がある（**図8**）。

最後に、現地を踏査した。その結果、天狗倉山の山頂には天狗岩と呼ばれる巨大な巖があり、この巖の横には役行者の小祠が存在していて、この巖が「天狗巖」であると考えられる（**図9、図10**）。さらに天狗岩から、岩屋堂と呼ばれる天然の岩屋を仏堂として利用した寺院へとつながる道が存在する。この岩屋堂の中には石像聖観音菩薩坐像と、西国三十三所札所本尊を模した三十三体石仏等が安置されている。『西国三十三所名所図会』には、「岩屋の奥行凡二間余内に九尺二二間の堂を立石仏の観音を安す長一尺五寸斗弘法大師の作と云岩屋の左右ニ卅三体の石仏の観音を立」と記されており、この場所が道中案内に記される天狗岩窟であると考えられる。ここから尾鷲へは下る道がつながっている。これは道中案内や『西国三十三所名所図会』に示された経路であると考えられる。

このように、この経路は、天狗巖と天狗岩窟への参詣を目的とした経路であると考えられる。

82　国土地理院（2015）：電子地形図25000

表5　天狗岩窟への経路記述状況

書名	西国三十三所道しるへ	巡礼案内記	西国順礼細見記	巡礼道中指南車	西国順礼道中細見増補指南車	新増補細見指南車	天保新増西国順礼道中細見大全
刊行年	元禄3年 1690	享保13年 1728	安永5年 1776	天明2年 1782	文化3年 1806	文政12年 1829	天保11年 1840
記事内容	まごし坂の左の峯に天狗岩とて大きな立岩有またふもとに岩屋あり石仏あり此岩屋大師の作とも天狗のいわやともいふ也	（記述なし）	左りの峯に天狗岩とて大石有ふもとに岩屋石仏大師の作とも又天狗岩窟ともいふ	（記述なし）	（記述なし）	峠に地蔵堂前に茶や一軒有左の峯に天狗岩といふ大岩あり其山下に天狗の窟屋石仏有大師の作之由	峠ニ地蔵堂前に茶や一軒あり左の峯ニ天狗岩と云大岩有其の山下ニ天狗の岩窟石仏有大師の作と云
						是へ廻りてをわしへ出る道あれとも雨天にハ行かたし	是へ廻りてをわしへ出る道あれども雨天ニハ行がたし

3）清水寺への経路

清水寺への経路に関する道中案内の記述は**表6**のとおりである。

記述内容について比較すると、まず、すべての文献で、清水寺は大泊の集落の右の方に位置すると記す。また、距離は十二丁から十三丁でほぼ一致する。さらに、『西国三十三所道しるへ』は「是（筆者註　はたすの集落のことを指す）より大泊り村の観音へ道あり」とあり、『新増補細見指南車』と『天保新増　西国順礼道中細見大全』は、「はたすよりかけぬけ道有」と記す。これは、はたすからの別経路が存在することを示している。つまり、清水寺への経路は、

ア）「はたす」→「大泊」→「清水寺」→「大泊」

イ）「はたす」→「清水寺」→「大泊」

の2者が存在したことがうかがえる。

次に現代の地図[83]で経路を確認した。現在の国土地理院地図にはすでに世界遺産登録後に三重県が発行した「熊野古道」ルート地図[84]等に記される「熊野参詣

83　国土地理院（2015）：電子地形図25000
84　三重県（2007）：熊野古道伊勢路図絵

図8 天狗倉山付近地形図

図9　天狗岩（2015年12月、筆者撮影）

図10　役行者小祠（2015年12月、筆者撮影）

表6　清水寺への経路記述状況

書名	西国三十三所道しるへ	巡礼案内記	西国順礼細見記	巡礼道中指南車	西国順礼道中細見増補指南車	新増補細見指南車	天保新増西国順礼道中細見大全
刊行年	元禄3年 1690	享保13年 1728	安永5年 1776	天明2年 1782	文化3年 1806	文政12年 1829	天保11年 1840
記事内容	是(はたす)より大泊り村の観音へ道あり 此所(大泊)に田村丸の建立し給ひし観音堂あり長一寸八分こかねの千年観音也海底より揚給ふ仏とかや此町より右の山のうへなり町より道のり十三丁程あり	此所(大泊)二田村丸こんりうのくハんおんどう有ひ仏也	(大泊の)右の方十二丁程山に、田村丸建立の観音堂有御長一寸八分の千手観音海中より出現永代秘仏なり	(大泊の)右の方十二三丁山上二田村丸こんりうのくわんおん堂あり	(大泊の)右の方十一三丁山上二くわんおん堂田村丸こんりう海より出現也	はたすよりかけぬけ道有 (大泊の)右の方十二丁山上二田村麻呂建立の観音堂あり長一寸八分海中より出現秘仏なり	はたすよりかけぬけ道有 (大泊)右の方十二丁山上二田村丸建立の観音堂有長壱寸八分海中より出現の秘仏也

※　括弧内「はたす」「大泊」「大泊の」は筆者の追記

道伊勢路」が記入されている。波田須から清水寺の区間においては、大吹峠を経由する基本的経路とは別に、清水寺へ直接向かう経路が「熊野参詣道伊勢路」として示されている。さらに、清水寺周辺には建物を示す薄桃色の四角い表示や、建物へつながる道路が示されている（図12）。

　最後に現地を踏査した[85]。まず、大泊の集落から北東方向に清水寺は位置する。そのため、大泊の集落に立ち、清水寺の立地する北方を眺めると、清水寺は右斜め前方に立地しており、道中案内の「右の方」の記述と一致する。また現在遺されている清水寺までの上り坂には石畳が敷設されているほか、沿道には昭和初期に設置された三十三体観音石仏が見られる。石畳の敷設状況からは、この道が近世の道を踏襲している可能性が高く、これが大泊から清水寺へ向かう経路と考えられる。また、清水寺は既に廃寺となっているが、その寺院痕跡は明瞭であり、今日でも旧境内には一部建築や建物基壇、石製手水鉢や地蔵などが遺存している（図13）。

　次に、「はたすよりかけぬけ道」についてであるが、現在の地図に示されてい

る波田須から清水寺への「熊野古道」経路には、道として機能していた痕跡がほとんど認められない。また、谷筋を直登する経路はその他の近世の経路が明瞭な部分と比較してもかなり特異である[86]。一方、現在の地図には示されていないが、大吹峠から尾根伝いに清水寺へ向かう道が存在する。これを踏査した結果、数カ所で石段・石積の痕跡が認められた（図14）。また、経路途中で、『西国三十三所名所図会』「七里の濱」の挿絵とほぼ同じ構図の眺めが見られる箇所を確認した（図15、図16）。さらに、この経路上で寛永通宝1点を表面採集した[87]（図11）。

　以上のことから、この経路が近世以前に道として機能していた蓋然性はきわめて高く、道中案内が示す「かけぬけ道」である可能性も高いと考えられる（図26－⑩）。

図11　確認した寛永通宝（2013年9月、筆者撮影）

85　この踏査は三重県教育委員会の竹内英昭氏・竹田憲治氏と共同で実施した。調査に同行してくださった両氏に感謝する。
86　三重県教育委員会の竹内英昭氏の教示によると、この経路については、国史跡指定に伴う事前調査の際に調査が行われている。しかし、経路の痕跡が認められないこと、地籍図においても道の痕跡が認められないことから、経路として機能していたとは考えがたく、国史跡指定範囲には含めなかったという。なお、伊勢路においては、谷筋を経路とすることは少なく、ほとんどが尾根筋を経路としている。
87　ただし、当該遺物については、近世の考古資料として考えられることから、拾得物としての取り扱いを行わず、確認後原位置に戻している。

図12　清水寺付近地形図

図13　旧清水寺境内の地蔵（2013年9月、筆者撮影）

図14　大吹峠より清水寺への経路上の石段・石積痕跡（2015年12月、筆者撮影）

図15 『西国三十三所名所図会』「七里濱」

図16 清水寺への経路上からの眺め(2013年9月、筆者撮影)

(2) 安全確保のためのまわり道

　選択的経路のうち、安全確保のためのまわり道を渡河地点において確認した。この渡河地点については、増水時に渡河せず別経路をとるものと、舟渡しを利用するものの2者が存在する。増水時に渡河せずに別経路をとるものとしては、阿曽－間弓間における大内山川の渡河が、舟渡しについては、8箇所で認められた。

1) 阿曽－間弓の大内山川渡河

　まず、道中案内から、阿曽－間弓間の集落、川、回り道に関する記述を抽出し、整理した（**表7**）。その結果、川を歩行渡り（かち）する基本的経路に加えて、増水時に迂回路を経由することが明らかとなった。

　次に、現代の地図で、当該地の地勢と経路の検討を行った。当該地は大内山川上流の山間地にあたる。大内山川は蛇行して峡谷を形成しており、集落は山地の稜線の突端に形成されるわずかな平坦面上に立地する。このことから、基本的経路は次々と渡河を繰り返して集落を直線的に結ぶ経路、回り道は川に沿って歩き、渡河を回避する経路であることが想定された（**図19**）。

　最後に、現地を踏査した。まず、柏野の入口において川沿いの道を敷設している状況が確認できた。この道は幅約2メートルの平坦面を岩壁に沿って削り出している。壁面の状況からは近代土木工事によるものではないと考えられる。また、路面にはコンクリート舗装をした痕跡が残されており、この道がごく最近まで利用されていたことが理解できる（図17）。また、不動野橋から間弓の区間においては、川沿いの未舗装の道が遺されている。この区間は『熊野古道伊勢路図会』などに基本的ルートとして紹介されている経路である（図18）。このように、断片的ながらも、迂回路の道路遺構を確認することができた。

　このように、この区間においては増水時に舟渡しではなく迂回路の選択的経路が存在していたと考えられる。

表7 阿曽―間弓における大内山川渡河記述状況

書名	西国三十三所道しるへ	巡礼案内記	西国順礼細見記	巡礼道中指南車	西国順礼道中細見増補指南車	新増補細見指南車	天保新増西国順礼道中細見大全
刊行年	元禄3年 1690	享保13年 1728	安永5年 1776	天明2年 1782	文化3年 1806	文政12年 1829	天保11年 1840
記事内容	此村中二川あり	此所に川あり	川有	川有	川有	村入口に川あり	村入口に川あり
		大水にハひだりへまハる	大水には左りへまはる	大水には左りへ廻る道あり	大水いづれば左りへまわる道あり	満水にハ左の山根をまハり柏埜へ出るなり	満水にハ左の山根を廻り柏野へ出る也
	<阿曽村>						
	此所ニ川村中ニ壱つ	川二ツ有	川二つ有り	川あり	川有	柏埜村入口に 川あり 阿曽の川上也	柏野村入口に川あり阿曽の川上也
		大水にハみぎと	大水には右と	大水ニは右へ廻る	大水のときハ右へまわるべし		
	<柏野村>						
	むら過て一つ有	(川)	(川)	又川あり	次ニ又川有	柏埜村出口ニ 川あり	柏野村出口ニ川あり
		ひだりへ入ル	左へ廻る	是ハ左りへ廻る	左へ廻るべし	大水にハ少手前より左の山根を廻りさきへ出	大水ニハ少手前より左の山根を廻りさきへ出
						崎村前(川)	崎村前(川)
	<崎村>						
	此間ニ川有	川あり	川有	川あり	川有	後ニ川あり	後ニ川あり
	水出ときハ右へ廻りミちあり	大水にハ右へ入ル	大水には右へまはる	大水右へ	大水ニハ右へ行	大水には右へ行	大水ニハ此村の向ふの山根を廻る柏野より来る道也
	<駒村>						
	此間川有	川あり	川有	川あり	川有		
		大水にハ左りへ入ル	大水には左りへまはる	大水ニハ左りへ	大水ニハ左へ行		
						村入口小川有	間弓村入口に川有
						大水にハ右の山根をまハる	大水ニハ左の山根をまハる
	<間弓村>						

図17 柏野入口の道路遺構（2015年3月、筆者撮影）

図18 不動野橋から間弓区間の道路遺構（2015年12月、筆者撮影）

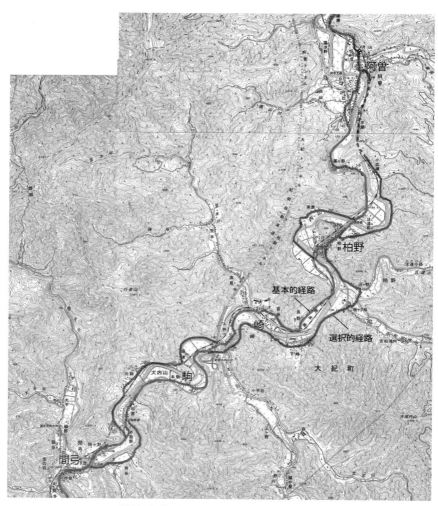

図19　阿曽－間弓間の基本的経路と選択的経路

2) 臨時的な渡し船もしくは渡し場の変更

　基本的経路は歩行渡りであるにも関わらず、大水の時などに臨時的な渡し船の利用を示す記述については、8箇所で確認できた。それらは、長嶋の赤羽川、中里の往古川、相賀の銚子川、尾鷲の中川と矢ノ川、有馬の志原川、市木の市木川、阿田和の尾呂志川である。

　舟渡しの記述状況を見ると（**表8**）、銚子川における舟渡しは17世紀にはすでに成立していることが分かる一方で、その他の川については、成立時期が18世紀まで下る可能性があることが分かる。このほか、往古川については、増水時に船に乗ることが出来る可能性を示唆するのみで、舟渡しが存在するとは記述しておらず、舟渡しの存在が曖昧である。さらに赤羽川と矢ノ川については、19世紀に入ると舟渡しの記述が大水の時に限定されることがなくなり、恒常的な舟渡しとしての記述へ変化している。このように、17世紀から19世紀にかけて、臨時的な舟渡しが次第に整備されていく様子が看取でき、さらにそれらの中には選択的経路から基本的経路へと転換するものも含まれることが理解できる。

表8　臨時的な渡し船記述状況

集落・川	書名	西国三十三所道しるへ	巡礼案内記	西国順礼細見記	巡礼道中指南車	西国順礼道中細見増補指南車	新増補細見指南車	天保新増西国順礼道中細見大全
		元禄3年	享保13年	安永5年	天明2年	文化3年	文政12年	天保11年
		1690	1728	1776	1782	1806	1829	1840
長嶋	赤羽川		しほときハ川上をわたり大水にハ舟わたし	しほ時は川上をわたる大水には舟わたし	下りて川海へちかししほ時ニハわたる大水には舟渡し	下りて川有ちかしうしほ汐込ミへちさときハ川上にて渡る大水には舟有	川あり舟わたし	川あり舟わたし
中里	往古川					他此川の手前堤に右往来の道あり此下ニ船着あり是ハ湊へ行道湊にて満水にてハ船にて渡るも也		川あり同様但し此川の手前堤ニ右の方牛馬往来の道あり此下ニ湊あり船着是見へ行道ニて湊汐満水ニて渡るものハ舟もらハなるれば時ニ臨ミ尋合わすべし

（次頁へ続く）

地名	川名							
相賀	銚子川	此出口に川二つあり次の川あしき川なり水出ニハ此町出口より右のかたの山へびんの廻るべし原びんの村と云舟所ニ渡し舟ありて一人三匁つつに渡す	間に川三ツ有右ハ少まハれハ一せ渡しあしき川なり大水ニハ舟わたし	川三つあり、大水には少し川上ひんの村に有舟わたし舟賃三文	町の出口に川あり大水の時ニ此所にてわたれバ三カ所少し川上へ行びんの村といふ所に舟渡しあり	町の出口に川有大水にわたり瀬多し少シ川上の村へ登りびんけハ船あり	香本出端ニ川あり大水ニハ右へ廻り川上にびんの村に船わたし有	木ノ本出端ニハ川有高水ニハ右廻り川上ニミびんの村に船わたし有
尾鷲	中川矢ノ川		此間に川二ツ有大水にハ舟わたし	町の出口に川二つ有大水には舟わたし			川有舟わたし	川有舟渡
有馬	志原川		此間にあしき川二ツ有へハしはら川先一木川大水は右へ入る				右の方ニ舟わたし有	志原川波際を渡る親しらずといふ波高きときは渡がたし故に右の方ニ舟渡有
市木	市木川						此の処にも川前と同し	此所にも川有前に同し
阿田和	尾呂志川			あたわ川これもなみをわたる大水には大船わたし			あたハ川これも渚をわたる高時ニハ川上を舟わたし有	阿田和川これも渚をわたる高波ニハ川上舟わたし

3） 渡河経路の実態～銚子川渡河を事例に～

　こうした舟渡しの渡河地点については、現代の地図で確認することは出来ない。また、明治期の地図であっても、架橋されている状況を示すのみで、舟渡しの状況は確認できない。さらに、現地踏査によって渡し場の痕跡を確認することは、現代の護岸工事等により困難である。

　しかし、これら8箇所の渡河地点のうち、舟渡しに関する記述が豊富な銚子川の渡河地点については、舟渡しだけでなく、舟渡し地点への経路も含め検討できる余地がある。また、この舟渡しは17世紀から選択的経路として記述があり、伊勢路の中でも重要な経路と考えられる。そこで、舟渡しも含めた渡河の実態に

ついて検討するため、銚子川の渡河を事例として取り上げ、詳細に検討する。

i　銚子川渡河に関する先行研究

　伊勢路の経路に関する先行研究はほとんどないが、銚子川渡河に関しては、以下の2点が知られる。

（ア）三重県教育委員会 1981『歴史の道調査報告書Ⅰ熊野街道』

　三重県教育委員会が歴史の道の調査事業として実施した調査である。記述の内容は以下の通りである。

>　「真興寺のすぐ南側にある銚子川の堤防上に「村中安全」と書かれた嘉永元年（1848）銘のある法華塔が、川を見下ろすように建てられている。ここから馬越峠の登り口である鷲下までは、街道が二つに分かれている。
>便の山　一つは便の山コース、もう一つは藤ノ木コースである。どちらが本道かは即断しかねるが、このあたりのようすは十返舎一九の『方言修行金草鞋』第九編に次のように記されている。
>
>>　香の本よき町なり。出口に川あり。大水の時は。此の川三カ所にて渡る。川上のひんの村といふ所に舟渡しあり。まこせ村峠に茶屋あり。
>>　ひんの渡しにて。
>>　厚びんの渡しなれとて天窓から銭をおしがるつらの河舟
>>　香の本にて。
>>　頼もしの香の本とて暖簾をかけてつぶれぬ町の繁昌
>
>　この『金草鞋』にも見られる便の山コースは、現在の町道の上、約10メートルほど高い所を通っていて、今でも点々とその道が残っているが、天保九年（1838）の巡検使通行の際に、便の山河仮橋工事を行ったという記録もある。しかし、この道はどこで川に下り仮橋へ通じたかは、およその見当がつくけれども、その位置は明確ではない。
>　（中略）
>　藤ノ木　もう一方の藤の木コースは、国道や国鉄紀勢線と並行して流れている銚子川沿いに鷲下まで続く道であるが、この街道も、河川改修などによって、点々としか当時の街道を残していない。（後略）」

この調査では、文献史料、現地踏査、聞き取り調査を組み合わせて経路の推定を行っている。その指摘する経路は、相賀の集落の南端で渡河し、銚子川の南岸を鷲下まで進む経路と、銚子川の北岸を便の山までの手前まで進み、渡河する経路との2経路である。また、史料から舟渡しの存在も指摘している。しかし、引用している文献史料は筆者が当地を実見して記述したとは考えがたい物語文であることや、現地での聞き取り成果が近世の経路を示しているのかの検討が不十分である点が課題として挙げられる。

（イ）塚本明 2008「熊野街道『伊勢路』の特質――江戸時代の道中記から」『第9回全国歴史の道会議三重県大会報告書』

　「次に馬越峠の手前、銚子川を渡るところを見てみます。現在の紀北町海山区相賀という集落から馬越峠の登り口、鷲毛の集落に至る間には、銚子川という大きな川が流れております。なお、江戸時代の銚子川は下流で三本の川に分かれていたとされています。道中日記を見ますと、この川の渡り方は3種類あります。一つには浅瀬を渡る。おそらく少し濡れながらジャブジャブと歩いて渡るのだと思います。二つめには、岩と岩の間に簡便な板橋を渡して越えていった。橋銭はなかった、という記述があります。三つめが舟で渡るというものであります。

　道のルートとしては、まず相賀の集落から現在の国道42号線そのままの道を行き、小山浦という集落に向かって川を渡る道があり、次にここでは渡らずに少し川上の方に行って鷲下の集落の前くらいから渡るルート、そして、川が増水した時などに、さらに川上の便ノ山集落まで行って、舟を出してもらって渡った、という記述が道中日記にあります。つまり川の水量などによりまして、歩いて渡る、板橋を渡る、舟で渡る、という使い分けがされたのだと思われます。川の水量によって渡るルートが異なるということは、この地域に限らず大きな川のあるところでは共通してみられるものと思います。」

　この調査は、主に文献史料調査によっている。また、その経路は基本的には三重県教育委員会の調査の経路を踏襲しながらも、水量によって渡河方法と渡河経路が変化している可能性を指摘している点が異なる。使用している文献が、道中

案内と道中日記という現地を実見した上で記述されている同時代史料を利用していることによる成果だろう。その一方で、江戸時代の銚子川は下流で3本の川に分かれていたとしている点は課題として大きい。銚子川は両側から山塊が迫る中を蛇行しており、ごく河口に近い部分にのみ平地が広がる。そのため、川が3本に分かれる可能性は極めて低い。こうした地勢的条件を合わせて検討する必要性を示唆する。

以上の先行研究をふまえると、文献史料の丁寧な調査、地勢条件の検討、および現地踏査を組み合わせた上で検討する必要があると考えられる。

ii 道中案内の検討

まず、道中案内の記述内容を整理して、平常時と増水時の渡河方法を特定する（表9）。

平常時の渡河方法について、ここでは橋の記述は特になく、歩行渡りと考えるのが自然である。渡河の回数であるが、『巡礼案内記』『西国順礼細見記』では「川三つ」、『巡礼道中指南車』では「三ヶ所にてわたる」という表現がある。また『西国三十三所道しるへ』には、「川二つあり」とある。少なくとも、2以上の川を渡る必要があることがここでは理解できる。また、『巡礼案内記』には、「右へ少まハれハ一せ渡る」として、回り道による渡河回数の減少が示唆されている。

一方、「水出」「大水」「高水」の時、すなわち増水時には、舟渡しが利用できることが、いずれの史料でも言及されている。また、「此町出口より右のかたへびんの山と云所へ廻るべし原びんの村と云所ニ渡し舟あり（『西国三十三所道しるへ』）」、「大水には少し川上ひんの村に舟わたし有（『西国順礼細見記』）」、「大水の時ニ此所にてわたれバ三カ所にてわたるゆへ少し川上へ行びんの村といふ所に舟渡しあり（『巡礼道中指南車』）」、「大水にはわたり瀬多し少シ川上へ登りびんの村へゆけハ船あり（『西国順礼道中細見増補指南車』）」、「大水にハ右へ廻り川上にびんの村に船わたし有（『新増補細見指南車』）」、「高水ニハ右廻り川上ミびんの村に船わたし有（『天保新増　西国順礼道中細見大全』）」と、いずれも舟渡しの位置について言及しており、その位置は、この町（香本：現在の相賀）の出口から右方向の川上に位置する「びんの村」もしくは「原びんの村」という集落であることがわかる。

表9　道中案内の銚子川渡河記述状況

書名	西国三十三所道しるへ	巡礼案内記	西国順礼細見記	巡礼道中指南車	西国順礼道中細見増補指南車	新増補細見指南車	天保新増西国順礼道中細見大全
刊行年	元禄3年 1690	享保13年 1728	安永5年 1776	天明2年 1782	文化3年 1806	文政12年 1829	天保11年 1840
	香の本	この本	香の本	こうのもと	香の元	香本	木本
	此出口に川二つあり	此間に川三ツ有	次に川三つあり、	町の出口に川あり	町の出口に川有	香本出端ニ川あり	木ノ本出端に川有
記事内容	次の川あしき川なり水出ニハ此町出口より右のかたへびんの山と云所へ廻るしへ原びんの村と云所ニ渡し舟あり一人三匁つつにて渡す	右へ少しまハれハーせ渡るあしき川なり大水にハ舟わたし	大水には少し川上ひわたし有舟賃三文	大水の時ニ此所にてわたれバ三カ所にてわたるゆへ少し川上へ行びんの村といふ所に舟渡しあり	大水にはわたり瀬多し少し川上へ登りびんの村舟あり	大水にハ右へ廻り川上にびんの村に船わたし有	高水ニハ右廻り川上ミびんの村に船わたし有

iii　地図・航空写真の検討

続いて、地理学的資料の検討を行う。検討に利用したのは以下の地図・航空写真である。

1) 大日本帝国陸地測量部　大正2（1913）年「五万分の一地形図　尾鷲」（図20）
2) 国土地理院　平成27（2015）年「電子地形図25000」（図21）
3) 国土地理院　昭和22（1947）年撮影「USA-R266-No1-39」（部分）（図22）

まず、2）の地形図から検討すると、銚子川は北側の高丸山を頂点とする山塊と南側の便石山・天倉山を頂点とする東西方向の山塊との間の峡谷を蛇行しながら東流している。そのため、流路の変更や、分流は想定しがたい。次に熊野参詣道の経路について検討すると、道中案内には「香の本（こうのもと・このもと）」と記される相賀の集落[88]の中に残る街道筋は明瞭であり、鷲下の国道42号線の上り口から馬越峠へ向かう経路は今日も石畳が遺存することからも、経路は明瞭

88　三重県教育委員会（1981）：歴史の道調査報告Ⅰ熊野街道、p.59

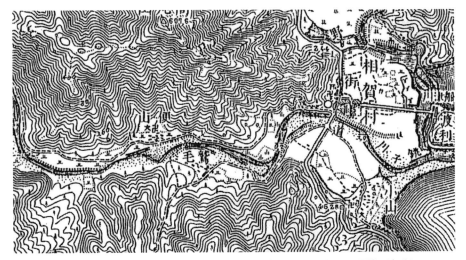

図20　大日本帝国陸地測量部　大正2（1913）年「五万分の一地形図　尾鷲」（部分）

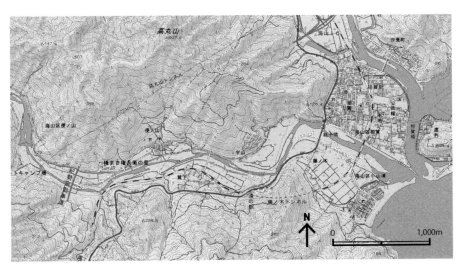

図21　国土地理院　平成27（2015）年「電子地形図25000」

図22 国土地理院 昭和22（1947）年撮影「USA-R266-No1-39」（部分）

である。ここで再度地形に注目すれば、この区間の銚子川は2度にわたって90度に屈折する。そのため、仮に相賀から鷲下の馬越峠入口まで一直線に結ぶと、川を3回渡ることになる。ここで、3）の航空写真を検討すると、鷲下集落の北東に広がる農地の中に今日では失われた地割りが明瞭に認められ、さらに北岸にも同様に北東から南西方向の地割りが認められる。これは先に直線で想定した経路とほぼ一致する。つまり、「川三つ」とは、2度直角に屈曲する銚子川を3度渡河することを意味していると考えられるのである。

　一方、舟渡しの経路としては、相賀の西側に便ノ山の集落がある。相賀の集落の出口から右手の川上の位置に当たる方角をみれば、1）の地図には相賀と便ノ山の間に集落はなく、鷲下の馬越峠上り口との位置関係からも、便ノ山の集落が道中案内に記す「びんの村」であると考えられる。また、1）の地図には、便ノ山の対岸に便ノ山方向から直接馬越峠へ向かう道が破線で示されている。便ノ山の集落から舟渡しで南岸に渡り、一直線に馬越峠へ向かう経路にあたる可能性がある。

iv　現地踏査

　相賀と馬越峠上り口を直線的に結ぶ経路については、現在国道42号線より北東側にこれに接続する道が存在し、これは一直線に現在のJR線まで至ることを

確認した。JR線のガードから北側はすでに圃場整備によって元の地割りが失われている区間であるが、ここは3)の航空写真において北東方向に直線状に道が延びていた部分である。その延長上の堤防には今日でも川原へ降りるスロープが存在している。同様に、相賀の集落の南端には今日でも川原へ降りる階段が存在している。このほか、この地点には、現在相賀の集落内の真興寺境内に安置されている「はまぐり石」が設置されていたことが知られる[89]。はまぐり石（**図23**）は花崗岩製の自然石で、中央に円形の窪みを造作し、そこに観音菩薩坐像を半肉彫りする。「蛤石」の銘もあり、石の形状が二枚貝に似ていることから当初よりそう呼ばれていたことが分かり[90]、『西国三十三所名所図会』には「蛤蜊石」として紹介される。銘文には「順れい手引観音」とあり、天保11（1840）年の設置であることが分かる。蛤は龍に通じる動物としてとらえられてきた[91]ことを踏まえれば、はまぐり石は水難事故除けを祈願してこの場所に設置されたものと考えることができる。この場合、この地点が渡河地点ということの傍証となろう。さらに、川原で渡河地点の流路状況を観察すると、3箇所のいずれも川が直線に流れる平瀬の部分であり、水深が浅く、十分に歩行渡りが可能であることを確認した。

以上のことから、相賀から鷲下の馬越峠上り口まではほぼ一直線に銚子川を3度歩行渡りする経路が基本的経路として考えられていた蓋然性が極めて高いと結論できよう。

一方、舟渡しの経路については、1）の地図に相賀から便ノ山までの道が示されており、この道は近世の道を踏襲しているものと思われる。また、便ノ山の集落の南には川原に降りる階段が堤防に残されているほか、南岸にはこれまで「発掘石畳」として、石畳の存在は知られていながらもその評価が等閑に付されてきた道が存在する。この石畳道は1）の地図に破線で示された道と一致する。すなわち、相賀の集落から銚子川北岸を便ノ山の集落まで進み、舟渡しによって銚子川を渡河し、南岸の石畳道を一直線に馬越峠に向かって登っていく経路が推定できる。この経路が増水時の選択的経路として考えられていた可能性が高いと言えよう。

---

89 「銚子川左岸の熊野街道沿いの人家の附近にあったものを、堤防工事のために真興寺にうつされたもの」という記述がある。三重県教育委員会（1981）：歴史の道調査報告書Ⅰ熊野街道
90 三重県教育委員会（2009）：三重県石造物調査報告Ⅰ～東紀州地域～、p.72
91 一例として、南方熊楠「田原藤太竜宮入りの話」の中には、蛤は蜃気楼を作る動物であり、蜃気楼は竜宮であるという話が紹介されている。南方熊楠（1994）：十二支考：岩波文庫

なお、両経路に敷設された石畳には型式差がある。伊勢路における石畳を型式分類した伊藤裕偉の分類に基づけば[92]、基本的経路に敷設されている石畳は石畳Ⅰ類A群に属するもの、選択的経路に敷設されている石畳は石畳1類B群に属するものと考えられる。それぞれの群の造営時期は必ずしも明確ではないが、少なくとも型式的にはA群はB群に先行することは明らかである。このことから、基本的経路の石畳は選択的経路の石畳に先行するとみて良いだろう。すなわち、まず基本的経路に石畳が敷設され、次いで舟渡しの重要性が増加する過程で選択的経路にも石畳が敷設されたと考えられよう。このことは、既に指摘したように、17世紀から19世紀にかけて渡し舟等の整備が継続的に進められていたことと同様のものと考えられる。

図23　はまぐり石（2013年7月、筆者撮影）

92　伊藤裕偉（2007）：Ⅵ熊野古道の構成に関する検討：熊野古道と石段・石畳：三重県・三重県教育委員会

図24 銚子川渡河の基本的経路と選択的経路

v まとめ

以上の検討の結果、銚子川渡河の実態が判明した（**図24**）。まず平常時は、相賀集落の出口から馬越峠坂道入口までを一直線に結ぶ経路であり、90度に2度屈折する銚子川を3度歩行渡りする。一方、増水時には、相賀集落の西方にある便ノ山集落まで銚子川北岸を進み、ここで舟渡しにより渡河して、馬越峠へ向かった。この2つの経路は歩行渡りが基本的経路、舟渡しが選択的経路として認識されていたが、舟渡しの重要性が増加する中で、基本的経路に次いで、選択的経路にも石畳が敷設された。

このように、基本的経路と選択的経路は相互補完的であり、いずれの経路も重視されていた実態が明らかとなった。

(3) 近道・通行容易な道

近道や通行がより容易な道を提示する選択的経路を3箇所で確認した。

1) 長嶋から木本への海路

長嶋から木本への海路に関する道中案内における記述は**表10**のとおりである。この海路については元禄年間から天保年間にいたるまで確認したすべての道中案内に紹介されており、重要な選択的経路であったことが理解できる。長嶋から木本までの間には八鬼山越えをはじめ、多くの峠越えがある。それを海路によって

現在の熊野市の中心である木本まで迂回する「近道」といえよう。海路であるためその経路が地理的に確認できるわけではないが、『西国三十三所道しるべ』には「立が崎」「鬼の岩屋」などの記述が見えることから海岸沿いに進む航路であったと考えられる。この選択的経路は『西国三十三所道しるべ』では「日よりよき時ハのるべし」とし、「日よりよからぬ時ハかならずのるまじ」という、天候不順時においては乗ってはならないとする記事が見られる一方で、『巡礼案内記』から『新増補細見指南車』までは、舟はあるが乗ってはならない、とされている。また、海路の記述内容は時代が進むにつれて減少する。このことは、この海路が次第に選択的経路としての重要性を減じていく可能性を示唆すると言えよう。この背景には、単に悪天候に伴う海路の危険性のみにとどまらない別の事情を想定する必要があろう。たとえば、和歌山藩は巡礼の乗船を禁じており、安政4（1857）年に、尾鷲組大庄屋が長嶋から新宮まで船に乗せていると抗議している、という[93]。こうした、熊野参詣道の陸路の宿場の要請などが背景として存在することを考慮しておく必要があるだろう。

2) 三木里→曽根→新鹿

　三木里から曽根を経て新鹿へ至る道中案内の記述のうち、選択的経路にかかる部分を抽出したのが**表11**である。記述を見ると、三木里から曽根までの区間は入海で一里であること、舟渡しに乗ってよいことがすべての道中案内に記される。一方、陸路は二里八丁から二里あり、しかもいずれも坂道、難所、せまく山道、道悪しとしており、陸路を推奨していないことが分かる。すなわち、三木里から曽根の区間は基本的経路が海路であり、選択的経路が陸路として紹介されていると理解できる（**図26**－⑨）。

　この区間でさらに興味深いのは、『新増補細見指南車』において、三木里から曽根へ陸路でまわった場合に途中で経由する賀田（加田）の集落から新鹿へ直接抜ける近道が紹介されることである。本来、陸路をとった場合、三木里→賀田→曽根→新鹿の順に進むべきところ、曽根へ行かず、三木里→賀田→新鹿と進む経路が示されているのである。しかし、『天保新増　西国順礼道中細見大全』では、理由を明示せず、近道があるが行ってはいけないと記述している。長嶋から木本への海路同様、背景に別の事情があったことが想定せねばならないだろう。

93　海山町役場（1984）：海山町史，p.312

表10　長嶋から木本への海路に関する記述

書名	西国三十三所道しるへ	巡礼案内記	西国順礼細見記	巡礼道中指南車	西国順礼道中細見増補指南車	新増補細見指南車	天保新増西国順礼道中細見大全
刊行年	元禄3年 1690	享保13年 1728	安永5年 1776	天明2年 1782	文化3年 1806	文政12年 1829	天保11年 1840
記事内容	此所より木の本へ海上十六里舟ちん銀卦拾匁ほと此間に立が崎的嶋まなばし松鬼の岩屋其外海上の一景あるといへども日よりよからぬ時ハかならず日よりよき時ハのるべし	日よりよきときハ木の本まで十六りの間海路舟にのる無用	ひよりよき時は木のもとまで十六り舟あれどものる事無用也	ひよりよきときには木ノ元へ十六り舟あれどものるべからず	木のもとへ十六りの間船あれ共無用	木本へ十六り舟あれ共無用	木本へ舟有
舟の記述	○	○	○	○	○	○	○
里数の記述	○	○	○	○	○	○	
乗船の禁止	○	○	○	○	○	○	
乗船の推奨	○						
眺めの記述	○						

※　○は記述有りを示す

表11 三木里から新鹿への経路に関する記述

書名	西国三十三所道しるへ	巡礼案内記	西国順礼細見記	巡礼道中指南車	西国順礼道中細見増補指南車	新増補細見指南車	天保新増西国順礼道中細見大全
刊行年	元禄3年 1690	享保13年 1728	安永5年 1776	天明2年 1782	文化3年 1806	文政12年 1829	天保11年 1840
記事内容	此所より曽根へ入海の上一里の間一人十五匁にて舟にのする此舟のりてよき所也	此所よりそねまて内海一りの舟渡し有	そね迄内海一里の舟わたしのりてよし	入海舟あり此所のりてよし	此間入り海舟ありのりてよし	三鬼よりそねへ入海一り船渡乗がよし船ちん一艘三百文割合也	三木よりそねへ入海一り舟渡乗がよし舟賃壱艘三百文割合也
	陸地をゆけば二里八丁の間二三鬼坂はごい坂かたの廻りとて坂三つ有		まハれハ二りのなん所なり	廻れば二里の難所		陸路二り道せまく山路にて悪し三木より十九丁加田村宿有此外村里なし	陸路二り道狭く山路ニて悪し三木より九十丁加田村宿休所有此外村里なし
						加田より新鹿へ近道あり此方へゆけバ案内とりてよし	加田より新鹿へ近道あれども行へからす

3) 井田→上野

　井田から上野へ至る道中案内の記述を抽出したのが**表12**である。記述によれば、井田の入口に分岐点があり、『西国三十三所道しるへ』には「右へハ濱へ行道左へハ山のわきを通る道なり此山ミちとをりてよし」とあって、右が浜道、左が山道で、山道が良いとされている。それ以降の巡礼案内には、山道・浜道の記述はないが、左の道がよいということのみ記される。この記述によるかぎり、山道もしくは左の道が基本的経路として認識され、浜道もしくは右の道が選択的経路として認識されているものと考えられる。

　次に、地図資料によって検討すると、井田から上野へ向かう経路は、東側に熊野灘が、西側に紀伊山地が迫っており、北から南へ向かって歩行する巡礼者からみると右側に山道、左側に浜道が続くことになる。立体交差のない近世において、右と左が入れ替わることはなく、このことから、『西国三十三所道しるへ』の記述は誤謬であると考えられる。ところが、『西国順礼細見記』『巡礼道中指南車』『西

国順礼道中細見増補指南車』には「左の道が良い」という記述がある。これを浜道の方が良いという意味としてとらえた場合、熊野川の渡河地点である成川までの間に、鵜殿の集落を経由するになる。しかし、いずれの道中案内も鵜殿の集落は紹介されていない。このことから、この記述については、『西国三十三所道しるへ』の記述における誤謬を単純に踏襲している可能性もあると考えられる。

最後に現地を踏査すると、今日のJR紀勢線紀伊井田駅の北側約200メートルの地点で右側へ向かう分岐点がある。これを進むと山際を上野へ抜ける街道筋がある。この街道の途中には「天保二年」の墨書きがある「道引地蔵」があり（図25）、道中案内の示す「山道」である可能性が高いと考えられる（図26－⑪）。

なお、『新増補細見指南車』『天保新増　西国順礼道中細見大全』ではこの分岐点についての記述が見られない。つまり、17世紀において浜道と山道の両道が機能していたものが、19世紀には山道のみが機能するようになった可能性を示している。さらに、井田から浜道を南下し、鵜殿の集落の手前（北側）で遭遇する梶が鼻には、王子としての伝承があることを合わせて考慮にいれれば、中世以前においては浜道が基本的経路であり、のちに選択的経路として登場した山道へ次第に基本的経路の機能が移動していった可能性をも示唆すると言えよう。

表12　井田から上野への経路に関する記述

書名	西国三十三所道しるへ	巡礼案内記	西国順礼細見記	巡礼道中指南車	西国順礼道中細見増補指南車	新増補細見指南車	天保新増西国順礼道中細見大全
刊行年	元禄3年	享保13年	安永5年	天明2年	文化3年	文政12年	天保11年
	1690	1728	1776	1782	1806	1829	1840
記事内容	其次伊田村入口ニ茶屋あり右へハ濱へ行道左へハ山のわきを通る道なり此山みちとをりてよし		次に伊田村此入口に道二つ有左の道よし	井田村此入口に道二ツ有左の方道よし	井田村入り口に道二筋有左りの方よし		

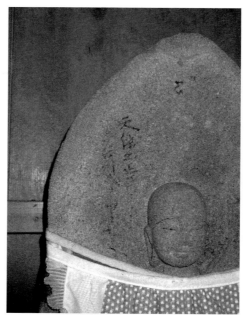

図25　道引地蔵（2014年11月、筆者撮影）

4）まとめ

　選択的経路については、礼拝施設への回り道、安全確保のためのまわり道、近道、通行容易な道の3種類が存在していることが確認された。また選択的経路のうち、安全確保のためのまわり道は、近世の初頭（17世紀）段階からすべて整っていたわけではなく、時間の経過に伴って次第に整備されていく状況が明らかとなった。さらに、近道、通行容易な道は、いったん巡礼者にとって便利な道として認識されながらも、その後失われるものが存在するなど、単に便利なだけではなく、地域と巡礼者との関わりの中で取捨選択がされていく状況が看取された。

5. 小括

　本章においては、伊勢山田から熊野新宮までの経路として、基本的経路と選択的経路が特定された。

　基本的経路については、集落の消長にともなう地名の増加や消滅はあっても、近世を通じて経路に大きな変化はなかったと考えられる。これは、伊勢山田から新宮までの区間が峡谷やリアス式海岸といった地勢によって、歩行経路が限定されることによるものと考えられる。選択的経路については礼拝施設への遠回り、危険回避の遠回り、近道・通行容易な道の提案の3者が存在することが判明した。このうち、危険回避の遠回りは渡河地点に代表されるものであり、増水時により安全に旅が続けられるよう準備された経路であった。

　その一方で、詳細にみれば、渡河地点の舟渡しが選択的経路として成立しながらも、のちに基本的経路として認識されるものが存在した。これは、より安全に巡礼旅ができるよう、経路の改善が重ねられた結果と考えられる。反対に、より歩行が容易な経路であっても、選択的経路として定着することなく、失われる経路も存在した。このことは、巡礼者の立場だけでなく、巡礼者を支援する宿場等の事情も背景にあったことが想定され、経路の選択は巡礼者と沿道住民との関係性の中で成立していたと考えられた。このように、基本的経路と選択的経路は経時的に変化しながらも、相互補完的な関係のもと、巡礼者が歩く道として一体的に機能していたことが明らかとなった。

※ 本章に掲載の図作成にあたって底本としたのは、以下別表の国土地理院発行 25000 分の 1 地形図である。

別表

発行者	和暦	西暦	縮尺	図郭
国土地理院	平成 10 年	1998	2 万 5000 分の 1 地形図	伊勢
国土地理院	平成 12 年	2000	2 万 5000 分の 1 地形図	国束山
国土地理院	平成 10 年	1998	2 万 5000 分の 1 地形図	横野
国土地理院	平成 23 年	2011	2 万 5000 分の 1 地形図	伊勢佐原
国土地理院	平成 23 年	2011	2 万 5000 分の 1 地形図	古和浦
国土地理院	平成 16 年	2004	2 万 5000 分の 1 地形図	長島
国土地理院	平成 16 年	2004	2 万 5000 分の 1 地形図	間弓
国土地理院	平成 16 年	2004	2 万 5000 分の 1 地形図	島勝浦
国土地理院	平成 16 年	2004	2 万 5000 分の 1 地形図	引本浦
国土地理院	平成 17 年	2005	2 万 5000 分の 1 地形図	尾鷲
国土地理院	平成 12 年	2000	2 万 5000 分の 1 地形図	賀田
国土地理院	平成 17 年	2005	2 万 5000 分の 1 地形図	磯崎
国土地理院	平成 17 年	2005	2 万 5000 分の 1 地形図	木本
国土地理院	平成 17 年	2005	2 万 5000 分の 1 地形図	阿田和
国土地理院	平成 20 年	2008	2 万 5000 分の 1 地形図	鵜殿
国土地理院	平成 20 年	2008	2 万 5000 分の 1 地形図	新宮
国土地理院	平成 16 年	2004	2 万 5000 分の 1 地形図	脇出
国土地理院	平成 16 年	2004	2 万 5000 分の 1 地形図	七色貯水池
国土地理院	平成 13 年	2001	2 万 5000 分の 1 地形図	大里
国土地理院	平成 16 年	2004	2 万 5000 分の 1 地形図	大杉峡谷

図 26

熊野参詣道伊勢路　詳細位置図（カラー）

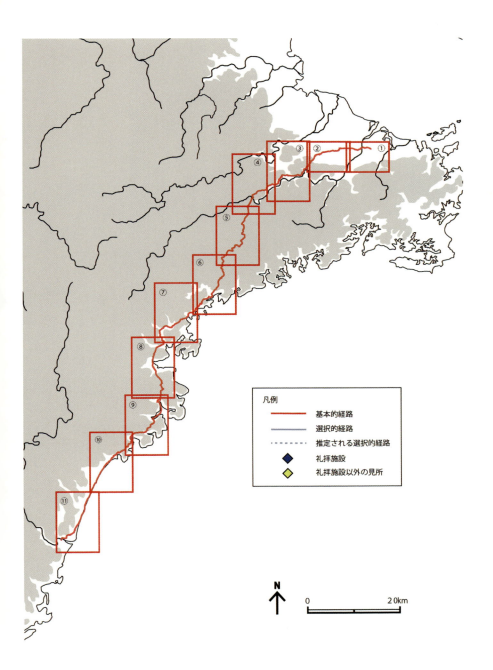

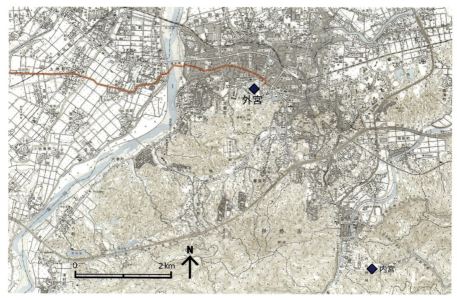

① 伊勢周辺

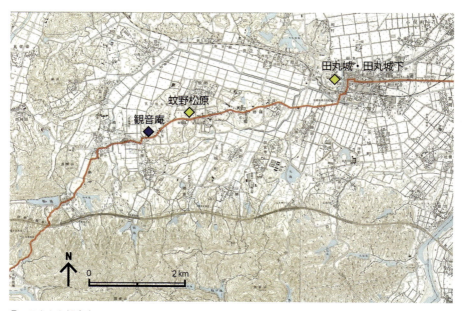

② 田丸から観音庵

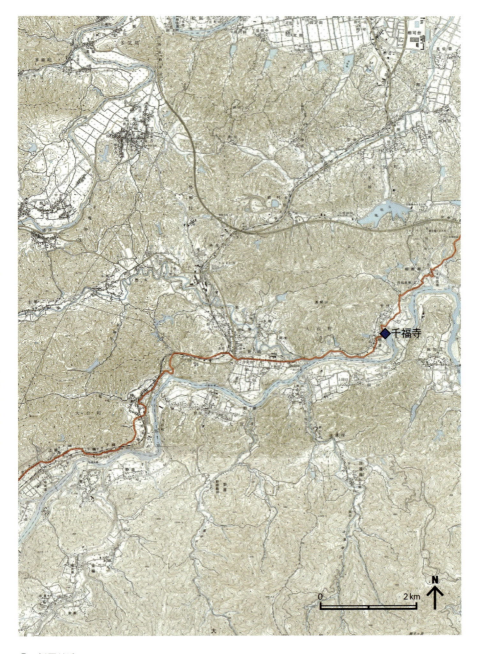

③ 栃原付近

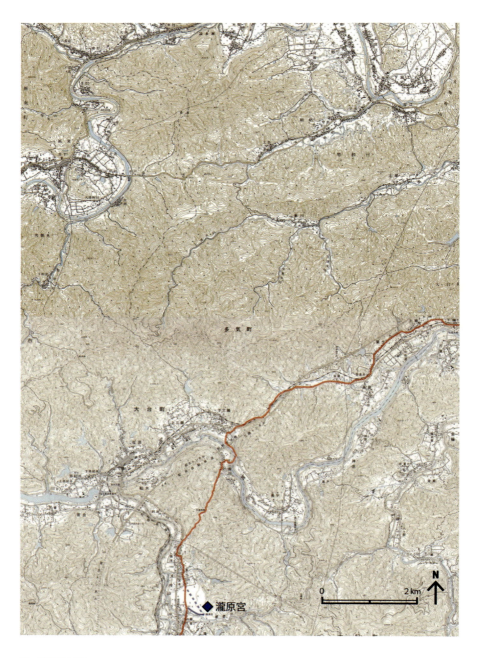

④ 瀧原宮付近

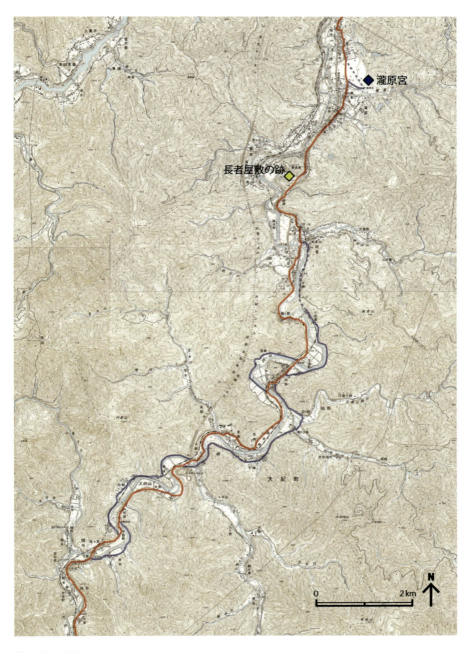

⑤ 連続川越付近

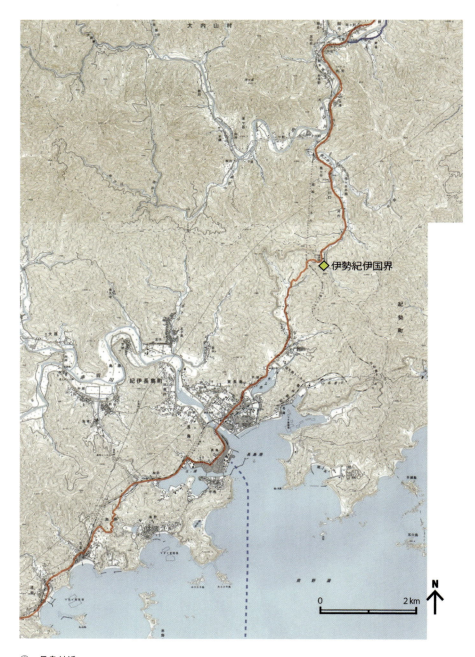

⑥ 長島付近

⑦ 馬瀬・上里付近

⑧ 尾鷲付近

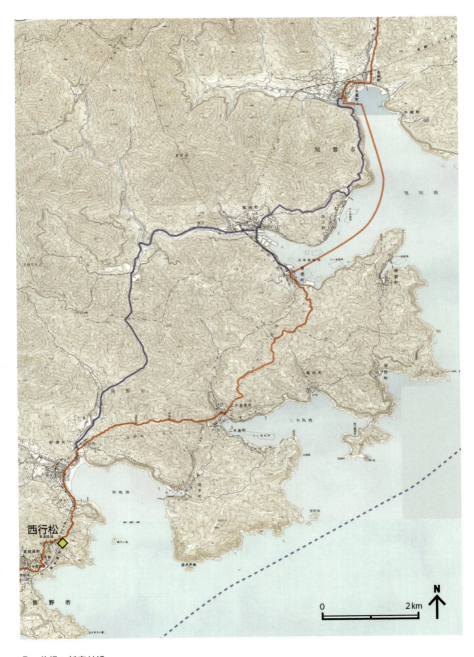

⑨ 曽根・新鹿付近

⑩ 七里御浜付近

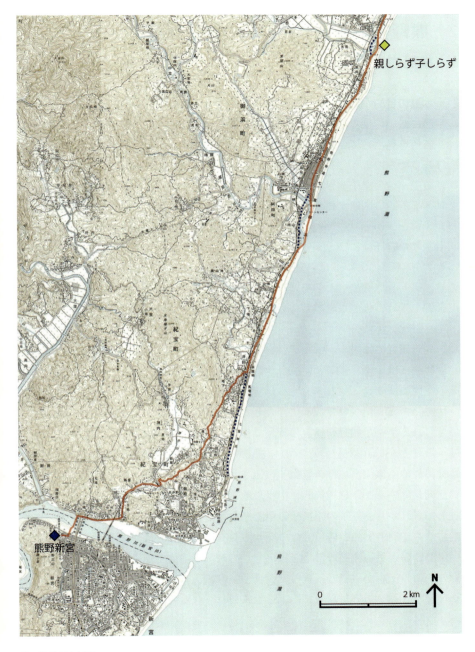

⑪ 熊野新宮付近

2 熊野参詣道伊勢路沿道の礼拝施設と見所
1. 検討方法

(1) 本節の目的
　本節においては、伊勢路が機能していた段階において、当時の人々が影響を受け、価値を見出していた空間の諸要素について論じる。

　第Ⅱ章でみたように、世界遺産としての伊勢路の構成要素には、参詣道、花の窟、熊野の鬼ヶ城と獅子巌が含まれ、参詣道は全長約160キロメートルのうち、32.9キロメートルの区間が構成要素となっていた。一方、世界遺産の登録推薦書等においては、伊勢路は、「伊勢神宮」と「熊野三山」を結ぶ巡礼路であり、盛んに利用された時期は、17世紀から19世紀であるとされている。

　そこで、本章においては、17世紀から19世紀において、「伊勢神宮」と「熊野三山」を結ぶ道として機能した伊勢路の空間に配置された諸要素を特定し、当時の人々が影響を受け、価値を見出していた対象を解明する。

(2) 先行研究の検討
　伊勢路について、「伊勢神宮」と「熊野三山」を結ぶ巡礼路としての性格に基づき、その空間の諸要素に言及するものは極めて少ない。

　伊勢路の成立について最初に言及したのは五来重である。五来は、「長寛勘文」に見られる伊勢・熊野同体説の背景に伊勢から熊野へ向かう参詣者の存在が想定できること、『梁塵秘抄』所収の今様の中に伊勢路の存在が記されていること、鎌倉時代の藤原実重「作善日記」に記される信仰の形態は伊勢と熊野を同体とみて信仰していることを指摘し、中世以前に伊勢路が成立していたことを明快に論証した。しかし、五来の指摘する伊勢路は歴史上の事象としての存在であって、必ずしも空間的実態を伴ってはいなかった[94]。

　伊勢路の近世巡礼路の性格を指摘したのが樋田清砂である。樋田は、伊勢と熊野の争いの伝承が現在の三重県度会郡多気町にあることから、中世に熊野道者が存在したことを指摘した。また、近世に刊行される西国巡礼案内書、道標や巡礼

94　五来重（1968）:紀路と伊勢路と：熊野詣──三山信仰と文化：淡交新社、『熊野三山信仰事典』再録

供養碑などの石造物、「焼山峠巡礼殺」などの芝居の演目、今日まで伝わる口碑から、近世に伊勢路は西国巡礼路として機能していたことを明らかにした。また、その背景として巡検使の通行等に伴う紀州藩による街道整備を指摘した[95]。しかし、五来の研究同様、歴史上の事象としての伊勢路の存在の指摘が目的であって、実際の巡礼旅に則した経路の特定や関連施設の整理は行っていない。

伊勢路について、西国巡礼路の一部という観点から研究したのが、田中智彦である[96]。田中は、それまで西国三十三所観音巡礼の起点が一番札所の那智山青岸渡寺としてとらえられてきたことについて疑問を呈し、巡礼の始点を検討した。田中は、巡礼者の意識を、巡礼案内、巡礼絵図、巡礼日記から検討し、西国巡礼の笈摺は、川端・田丸で販売されていること、巡礼絵図には山田から巡礼経路が太線・彩色で示されること、日記には山田で西国巡礼へ向かう道が分かれるという意識が示されていることから、伊勢山田が始点として認識されていたことを指摘した。さらに、巡礼空間のとらえ方として、山田から田丸では西国巡礼用具を販売していること、原の観音庵・柳原の千福寺は西国巡礼の番外札所的な機能を有していることから、山田から千福寺までが巡礼空間上の始点を形成しているとした。その結果、西国巡礼の起点は山田まで延伸されうることを指摘し、山田から千福寺を漸移帯として把握した。田中の研究は樋田のそれにくらべてより実証的であり、研究手法も巡礼案内、巡礼絵図、巡礼日記などを複合的に検討し、現地踏査も行うなど、文献史学のみにとどまらない先駆的な研究手法を有しており、歴史上の事象としての伊勢路を空間的実態とともに初めて指摘したものである。ただし、伊勢山田から千福寺までの区間は十分に検討しているものの、千福寺から熊野新宮までの区間についての評価はなく、伊勢路全体の空間の評価は課題として残っている。

伊勢路の世界遺産登録をうけ、「熊野街道伊勢路」について、巡礼旅の実態を解明しようとしたのが塚本明である[97]。塚本は主に道中案内、道中日記と、沿道の庄屋文書に依拠しながら、笈摺・精進（魚肉食の忌避）が信仰の道としての性格を示すことを指摘するとともに、巡礼者の出発地の分布の分析などを行った。

95　樋田清砂（1981）：熊野街道の歴史的特性：歴史の道調査報告書Ⅰ熊野街道、三重県教育委員会
96　田中智彦（1989）：西国巡礼の始点と終点：神戸大学文学部紀要 16：神戸大学、『聖地を巡る人と道』再録
97　塚本明（2008）：熊野街道『伊勢路』の特質——江戸時代の道中記から：第 9 回全国歴史の道会議三重県大会報告書

また、田中の研究手法に倣い、道中日記の通行経路の分析から、梅ヶ谷－古里間、相賀－尾鷲間、三木里－曽根間、波田須－大泊間に複数経路が存在することを指摘し、天狗岩窟と清水寺への立寄りについて言及した。道中案内、道中日記から巡礼路が機能していた段階における空間の認識を明らかにした研究として注目される。ただし、本文は講演録で論文化されておらず、客観性や再現性が示されていないことから、内容については検証が難しい。塚本にはこのほか、道中記の記述内容について丁寧な史料批判を行い、道中日記には道中案内の引き写しが存在することからその記述内容については慎重な検討を要することを指摘した研究もある[98]。

このほか、熊野参詣道伊勢路沿道の石造物について考察したものに伊藤裕偉の研究がある[99]。伊藤は熊野参詣道でも尾鷲から三木里の区間、いわゆる八鬼山道にならぶ町石について詳細な検討を行い、町石の中には原位置を保っている可能性のあるものが存在すること、町石の寄進者名の分析から、伊勢の修験寺院である世義寺や伊勢御師が造立に関与していたことなどを論証し、沿道の日輪寺の成立年代や成立契機について慶光院清順供養塔の造立や神宮の式年遷宮にあることを指摘した。ただし、論考の関心はこうした町石や日輪寺の造営主体や造営契機にあり、その後の巡礼者の石造物に対する認識という点にはない。

このように研究史を概観すると、伊勢路を構成する諸要素の把握については課題として残されていることが看取される。沿道に展開する礼拝施設については、伊勢に近い観音庵や千福寺については田中の論考が、天狗岩窟と清水寺については塚本の論考が、八鬼山日輪寺については伊藤の論考がそれぞれ触れているが、伊勢路の巡礼の観点から性格や立地、配列も含めた全体的な評価は行われていない。また、世界遺産の構成資産である「熊野の鬼ヶ城」や「獅子巌」などの見所などについては検討されていない。

(3) 研究方法

過去における空間の把握には、当時の絵図面や、ガイドブック、旅行記などを史資料として把握する手法がある。また、現地踏査で現地に遺された遺構（道路遺構や建造物等）や遺物（石造物や陶磁器片等）を把握する方法もある。

本節においては、主に、当時のガイドブック（道中案内）を用いて、巡礼路が

98　塚本明（2008）：道中記研究の可能性：三重大史学　第8号
99　伊藤裕偉（2009）：熊野街道八鬼山道周辺の中世石造物：三重県史研究　第24号：三重県

いかに紹介されていたかを把握するとともに、現地踏査を実施して、伊勢路を構成する空間と諸要素を特定する。あわせて、特定された諸要素については、必要に応じて追加の文献調査を行い、その性格や内容を把握する。

第2項においては礼拝施設を、第3項では礼拝施設以外の見所について検討する。まず、近世道中案内から紹介される礼拝施設、見所の情報から、重要な礼拝施設・見所を抽出する。また、史料や自治体史からそれぞれの礼拝施設、見所の性格を把握するとともに、巡礼路の縦断図等により、その立地の特性を把握し、その配列を明らかにして、巡礼者の礼拝施設・見所のもつ機能を明らかにする。第4項では本節の検討の内容をまとめる。

2. 礼拝施設の展開

(1) 本項の目的

伊勢山田から熊野新宮までの巡礼路沿いには、多くの礼拝施設が成立する。それらは道中案内で紹介されているほか、今日でも礼拝施設として存続している施設もある。また、すでに廃絶していても、その遺構が良好に遺存している例もある。

こうした礼拝施設について、巡礼との関係性の観点から論じた先行研究はほとんどない。その中で、田中智彦が原の観音庵・柳原の千福寺について論じたものがほとんど唯一の例である[100]。田中は、西国三十三所巡礼の巡礼空間上の始点を論じる中で、番外札所的な機能や「西国札所始まり」という記述などから、観音庵・千福寺が西国巡礼始点の漸移帯を構成すると論じた。この見解は今日でも十分首肯されうるであろう。このほか、塚本明が経路の分析の関係で岩屋堂と清水寺を[101]、伊藤裕偉が石造物との関係で日輪寺を[102]それぞれ取り上げているが、いずれも巡礼者にとっての礼拝施設の性格や機能について議論をしているものではない。このように、巡礼路沿いに展開する礼拝施設について、伊勢山田から熊野新宮まで全体を論証した研究はこれまでに存在しない。

100　田中智彦（1989）：西国巡礼の始点と終点：神戸大学文学部紀要16：神戸大学、『聖地を巡る人と道』再録
101　塚本明（2008）：熊野街道『伊勢路』の特質――江戸時代の道中記から：第9回全国歴史の道会議三重県大会報告書
102　伊藤裕偉（2009）：熊野街道八鬼山道周辺の中世石造物：三重県史研究 第24号：三重県

そこで、本項では伊勢山田から熊野新宮までの巡礼路沿いに展開する礼拝施設について抽出を行い、その立地、性格と機能について、巡礼者との関係性の観点から検討を行うものとする。

(2) 研究方法

巡礼路沿いに展開する礼拝施設について把握するため、まず道中案内に記載される礼拝施設を抽出する。道中案内は、巡礼者に対し、注意喚起する事項を記述したものと考えられる。このことから、道中案内に記載のある礼拝施設は巡礼者にとって意味のある礼拝施設である可能性が高い。抽出作業にあたっては、第2章でも利用した道中案内を用いて検討を行う（**表13**）。

さらに、これら道中案内に記載されている礼拝施設について、経時的な記述の変化を把握し、それら礼拝施設の重要性について判断を行う。次いで、抽出した礼拝施設について、成立年代や性格、巡礼との関係性を文献調査と現地踏査により把握する。道中案内記載の礼拝施設のうち、今日でも存続している礼拝施設や、廃絶していても明瞭な遺構が遺存しているものは、市史や町史といった自治体史での記述状況を確認する文献調査と、遺存する遺構について把握する現地踏査により、礼拝施設の性格の把握を行う。加えて、伊勢山田から新宮までの地勢と当時の旅人の歩く速度を考慮して、当時の巡礼者と礼拝施設の関係を検討し、巡礼者がこれら礼拝施設をどのように認識していたのかを考察する。

表13　分析対象の道中案内一覧

書名	発行年	
	和暦	西暦
『西国三十三所道しるべ』	元禄3年	1690
『巡礼案内記』	享保13年	1728
『西国順礼細見記』	安永5年	1776
『巡礼道中指南車』	天明2年	1782
『西国順礼道中細見増補指南車』	文化3年	1806
『新増補細見指南車』	文政12年	1829
『天保新増　西国順礼道中細見大全』	天保11年	1840

(3) 礼拝施設群の抽出と巡礼との関係
1) 礼拝施設の抽出

まず、沿道に展開する礼拝施設について、道中案内から抽出を行った（**表14**）。その結果、以下の3種類の礼拝施設群を抽出することが出来た（**図27**）。

A　近世を通じて紹介される礼拝施設
　　瀧原大神宮、天狗岩窟、日輪寺、清水寺、花の岩や
B　近世後半に新たに紹介されるようになる礼拝施設
　　原大辻観音庵、無量山千福寺、岩船地蔵堂
C　近世半ば以降紹介されなくなる礼拝施設
　　浄光寺、明神、薬師尊、十王堂、地蔵、観音堂、正崇寺、宮

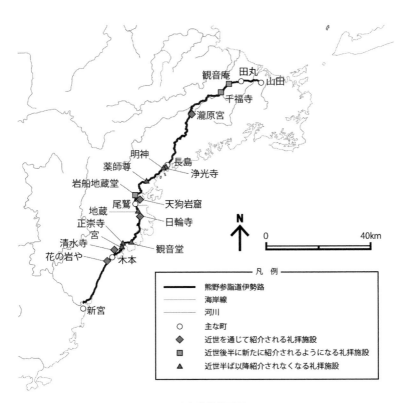

図 27　礼拝施設位置図

表14 礼拝施設の道中案内記載状況

文献上の名称	現在の名称	分類	道中案内記載の有無						
			西国三十三所道しるへ	巡礼案内記	西国順礼細見記	巡礼道中指南車	西国順礼道中細見増補指南車	新増補細見指南車	天保新増西国順礼道中細見大全
			元禄3年	享保13年	安永5年	天明2年	文化3年	文政12年	天保11年
			1690	1728	1776	1782	1806	1829	1840
原大辻観音庵	石仏庵	B							○
無量山千福寺	無量山千福寺	B						○	○
瀧原大神宮	瀧原宮	A	○	○	○	○	○	○	○
浄光寺	佛光寺	C	○						
明神	不詳	C	○		○				
薬師尊	不詳	C	○						
岩船地蔵堂	岩船地蔵堂跡	B						○	○
天狗岩窟	岩屋堂	A	○		○			○	○
十王堂	不詳	C	○						
地蔵	八鬼山町石	C	○		○				
日輪寺	八鬼山荒神堂	A	○	○	○	○	○	○	○
観音堂	不詳	C	○						
正崇寺	不詳	C	○						
宮	徳司神社か	C	○						
清水寺	清水寺跡	A	○	○	○	○	○	○	○
花の岩や	花の窟	A	○	○	○	○	○	○	○

2) 近世を通じて紹介される礼拝施設と巡礼との関係

次に、抽出した礼拝施設について、それぞれの施設と巡礼との性格について検討を行う。まず、近世を通じて紹介される礼拝施設には、瀧原大神宮、天狗岩窟、日輪寺、清水寺、花の岩やがある。

i 瀧原大神宮

瀧原大神宮は現在の瀧原宮であると考えられ、三重県度会郡大紀町に所在する。

延暦23（804）年の『皇太神宮儀式帳』には「瀧原宮一院　伊勢志摩両国の境の大山中。太神宮の以西にあり、相去ること九十二里　並宮一院」という記述があり、今日の瀧原宮の立地とほぼ一致することから、鎮座は遅くとも平安時代以前にさかのぼる。また、岡田登によればその鎮座は7世紀以前にさかのぼる可能性があり、古代以降、伊勢神宮の別宮として深い関係をもつ[103]。

近世の道中案内では、19世紀刊行の『新増補細見指南車』『天保新増　西国順礼道中細見大全』において、「村中十町バかり行左之森の中ニ瀧原太神宮の社あり御本社二処伊弉諾伊弉冉二神を祭るこの外末社有当社ハ内外宮御造替の度一年前ニ公儀より同御造替ありとぞ（『新増補細見指南車』）」というほぼ同一の記事があり、祭神に諾冊二神をあてるとともに、内宮・外宮同様に「造替」、すなわち式年遷宮が行われることを明示して、伊勢神宮と同様の祭祀であることを示している[104]。

一方、嘉永6（1853）年の『西国三十三所名所図会』には、瀧原宮の鳥居前には神宮寺があり、本尊の不動明王とは別に三十三体観音堂が設置されていることが記されている。三十三体観音は則ち西国三十三所巡礼の札所本尊となる観音の写しであるとみられ、この神宮寺は西国巡礼と関係する寺院であることを示していると考えられる。すなわち、瀧原宮は創祀が古代にさかのぼる一方で、近世の巡礼者にとっては、伊勢神宮と西国三十三所巡礼に関連する神社としてとらえられていたものと考えられる。

なお、現地踏査すると、瀧原宮鳥居前には旧滝原小学校の跡地があり、ここに神宮寺跡を示す石碑（昭和32（1957）年銘）が残るのみである（**図28**）。明治元（1868）

103　岡田登（1987）：第五編宗教　第一章瀧原宮・瀧原並宮：大宮町史
104　『西国三十三所名所図会』では祭神を速秋津彦命、速秋津姫命と記述しており、祭神名は不安定である。今日では、瀧原宮の祭神は天照大神とされている。

図28　神宮寺跡を示す石碑（2015年2月、筆者撮影）

年に廃寺となり、不動明王坐像は神生山瀧原院に、西国札所観世音木造三十三躯は瀧原山宝積寺にそれぞれ移された[105]。

ii 天狗岩窟

　天狗岩窟は三重県尾鷲市南浦に所在する寺院で、今日では岩屋堂と呼称される。まず、道中案内の記述を整理すると**表15**のとおりとなる。記事には5点の記述がある。まず1点目には、天狗巌の記述である。すでに第2章で述べたように、天狗巌と天狗岩窟を経由する経路は選択的経路として記述されており、天狗岩窟に先立ち天狗巌の記述が見られる。次にその麓もしくは山下に天狗岩窟があることが記される。さらに、そこには石仏があることが示される。ここで、記述は岩屋が「大師の作」であるという記述と、石仏が「大師の作」であるというものの2つに分かれる。最後に、この天狗巌、天狗岩窟をへて直接尾鷲へ下る経路が存在することが紹介される。

　こうした記述の中で注目されるのは、天狗巌と天狗岩窟の密接な関係性である。1つの選択的経路の中で紹介されているだけでなく、その名称にいずれも「天狗」

105　大宮町（1987）：大宮町史　歴史編，p.31，pp.743-749

表15　天狗岩窟の道中案内記述状況

書名	西国三十三所道しるへ	巡礼案内記	西国順礼細見記	巡礼道中指南車	西国順礼道中細見増補指南車	新増補細見指南車	天保新増西国順礼道中細見大全
刊行年	元禄3年	享保13年	安永5年	天明2年	文化3年	文政12年	天保11年
	1690	1728	1776	1782	1806	1829	1840
記事内容	坂の左の峯に天狗岩とて大きな立岩有		左りの峯に天狗岩とて大石有			左の峯に天狗岩といふ大岩あり	左の峯ニ天狗岩と云大岩有
	またふもとに岩屋あり		ふもとに岩屋			其山下に天狗の窟屋	其の山下ニ天狗の岩窟
	石仏あり		石仏有			石仏有大師の作之由	石仏有大師の作と云
	此岩屋大師の作とも天狗のいわやともいふ也		大師の作とも又天狗岩窟ともいふ				
						是へ廻りてをわしへ出る道あれとも雨天には行かたし	是へ廻りてをわしへ出る道あれども雨天ニハ行がたし

が付されるなど、両者の有機的な関連性が想定される。

　次に現地踏査を実施した。岩屋堂は天然の岩屋を仏堂として利用したものである（図29）。岩屋堂では今日も修験者による護摩行が修されている状況が確認できた[106]（図30）ほか、岩屋堂から天狗倉山へ向かう道の入口には木製の鳥居があり（図31）、それよりも山頂側に岩屋堂内に安置されている三十三体石仏と一連の造立によると考えられる石仏1体を確認した。このように、天狗岩窟には天狗巌との有機的な関連を想起させる遺物が認められ、今日でも修験者による護摩行が修されていることや、天狗巌の横に役行者の小祠があることもあわせて考慮に入れれば、天狗巌は修験者の行場、天狗岩窟は修験者の参籠場と見なすことが可能ではないだろうか。であるならば、天狗岩窟と天狗巌は一体的な修験者の霊場であったと考えられよう。

---

[106] 岩屋堂内には新しい護摩の形跡を残す炉が存在しており、今日でも毎年修験者による参詣があることを地元住民から聞き取った。

図29 岩屋堂外観（2015年12月、筆者撮影）

図30 岩屋堂堂内（2015年12月、筆者撮影）

図31　岩屋堂境内鳥居（2015年12月、筆者撮影）

　次に、岩屋堂の堂内と堂周辺の石造物について確認すると、堂内には、室町時代造立とみられる聖観音菩薩坐像1躯が存在するほか[107]、境内には中世末期にさかのぼる可能性の高い五輪塔などが見られる。こうした状況は、自然地形としての岩屋が霊場へと転換したのが中世以前にさかのぼる可能性が高いことを示唆する。その一方で、岩屋堂内には、延宝5（1677）年発願の伝がある三十三躰石仏が安置され[108]、境内には、享保5（1720）年銘の六十六部廻国供養塔も存在する。三十三躰石仏は、若干の異同はあるものの、西国三十三所観音霊場の札所本尊の写しである。すなわち、岩屋堂は室町時代に聖観音菩薩坐像が安置されることで観音霊場として認識され、江戸時代に三十三躰石仏が安置されるに及んで、西国巡礼に関連付けられた観音霊場として認識されるに至ったと考えられる。
　このように、天狗岩窟は中世以前に修験者の霊場として成立し、室町時代に観音霊場化したものが、江戸時代に西国三十三所巡礼に関連する礼拝施設として認識されるに至ったものと考えられる。

107　田崎通雅・伊藤裕偉（2009）：5 岩屋堂の石仏群：三重県石造物調査報告Ⅰ東紀州地域
108　尾鷲市役所（1969）：尾鷲市史 上巻、p.800

iii 日輪寺

　日輪寺は三重県尾鷲市の熊野参詣道沿道に所在する寺院で、今日では八鬼山荒神堂と呼称されることが多い。

　まず、道中案内の記述を整理すると（**表16**）、経時的に記述の内容に変化は見られるものの、八鬼山越えの道中の峠もしくは峠付近に位置すること、本尊は三宝荒神で脇には阿弥陀、薬師、観音があることが明らかである。また、尾鷲からの上り坂の途中には、「一丁一丁に石の地蔵」があることが分かる。

　次に現地を踏査した。まず尾鷲から八鬼山山頂への上り道の途中、八鬼山の頂上よりも、約300メートル下に、小堂が今日も存続している。堂内には、「天正四年」銘の石造三宝荒神立像が本尊として安置されているほか、祭壇右側には3躯の石仏を確認した[109]（**図32**）。法量の規格性、面貌の共通性、袈裟のような衣文の一致、石材の共通性からみて、3躯は一具と判断される。彫刻は3躯とも平板で生気に欠け、衣文も線刻で示すのみである。銘はないが、1躯は阿弥陀定印を結んでいることから阿弥陀如来、1躯は薬壺状のものを手にしていることから薬師如来であると考えられる。残る1躯は像容から仏像の種類を特定することは困難であった。銘はなく、造立年代を特定することは困難であるが、江戸時代後期の造立と推定してよいだろう[110]。道中案内の記述が示す脇の阿弥陀、薬師、観音は、堂内に安置されるその他の仏像等で該当するものがないことから、この3躯仏であるとみて良いだろう。であるならば、像容不明な残る一体が観音菩薩であると考えられる。

　これら、三宝荒神の脇に安置される阿弥陀如来、薬師如来、観音菩薩は熊野三山の本地仏である[111]。このことから、近世の巡礼者は、日輪寺を熊野三山に関係

109　これら石造物は三重県教育委員会が実施した石造物調査においても未報告である。
110　近世の中後期における石仏の型式学的研究はまだ進んでいないが、頭部を大きく胴部以下を小さく表現することや、衣文の表現が単純で写実性に欠けていることなど、嘉永5（1852）年から安政2（1855）年までに造立された三重県菰野町竹成の竹成五百羅漢像や、文化2（1805）年頃造立と推定される原大辻観音庵（石仏庵）の三十三体石仏などとの共通性が見られ、この時期の造立と推定した。
　　太田古朴（1973）：三重県郷土資料叢書第42集　三重県石像美術：三重県郷土資料刊行会
111　三宝荒神を仏法僧の守護者とするならば、八鬼山荒神堂の三宝荒神は熊野三山の守護者とも解釈される。和歌山県海南市藤白に所在する藤代神社に平安時代の木造熊野三所権現本地仏同様、熊野との境界を示す可能性がある。

する寺院として認識し、参詣していたものと考えられる。

また、荒神堂にいたる八鬼山越えの上り道には八鬼山町石が遺存している。八鬼山町石は石造地蔵菩薩立像で、地蔵菩薩像の舟形光背に町数が刻まれていることから、道中案内の記す地蔵はこの八鬼山町石のことであると考えられる。八鬼山町石の中には寄進した人物の名前が記されているものがあり、それらは伊勢の住人らによる寄進であることが判読できる。このことから、巡礼者はこの八鬼山町石を伊勢と関連付けて認識していたと考えられる。

さらに、尾鷲には、八鬼山荒神堂は「西国巡礼の前札所」という口碑が残り、今日も広く流布している。すなわち、西国三十三所巡礼にも関連付けられた礼拝施設であったことが理解できる。

以上のことから、日輪寺は、熊野三山、伊勢、西国巡礼に関連付けられた礼拝施設として巡礼者に認識されていたものと考えられる。

図32　日輪寺堂内三躰石仏（2014年12月、筆者撮影）

表16　八鬼山日輪寺の道中案内記述状況

書名	西国三十三所道しるへ	巡礼案内記	西国順礼細見記	巡礼道中指南車	西国順礼道中細見増補指南車	新増補細見指南車	天保新増西国順礼道中細見大全
刊行年	元禄3年 1690	享保13年 1728	安永5年 1776	天明2年 1782	文化3年 1806	文政12年 1829	天保11年 1840
記事内容	此坂上り下り三里有薄はへ茂り大木おおひかさなり或はひるあぶなども居て道はせはく石たかく向を見はらし休むべき所もなし茶やもなき大難所なり上り坂に七曲とて四五丁の間猶難所あり同上り坂の内二十王堂有						
	是より峠の寺まで四十九丁有	次ニやき山上ル五十丁	上り五十丁峠迄四十九丁有	これより上り五十丁	是より上り坂五十丁	これより八鬼山ニかかる八鬼山上り五十丁	是より上り坂五十丁
	此一丁一丁に石の地蔵あり		一丁ごとに石ぢぞう有				
	此寺山号は八鬼山寺号ハ日輪寺と云	とうげやき山日りん寺	峠に八鬼山日輪寺	八鬼山峠に日りん寺と云山伏寺あり	峠に八鬼山日輪寺	四十五丁めニ日輪寺山伏寺也	峠に八鬼山日輪寺
	四間半五間半の萱ぶきの丑寅向の寺也						
	本尊は石の三宝荒神長二尺五寸弘法大師の御作	本ぞんくハう神	本尊三宝荒神御長二尺五寸弘法大師御作		本尊ハ三宝荒神	本尊三宝荒神弘法大師作　長二尺五寸	本尊ハ三宝荒神
	わきに阿弥陀薬師観音弘法の御影あり		脇にあみた観音薬師同御作			脇に阿弥陀観音薬師　何れも同作也	

				即茶や也	山伏寺にて休ミ茶屋なり	茶所にて食物売もの有	山伏寺にて休ミ茶屋なし
此寺向のふもとに九鬼崎と云村あり						峠より下り卅八丁め茶やあり　重五ろ茶屋と云	
坂あり付ハ三鬼の濱へ出る	下り卅八丁難所坂をくだればみきのはまへ出る		下り三十八丁	くだり三十八丁	茶やより三十八丁三鬼濱へ下る	くだり三十八丁

iv 清水寺

　清水寺は三重県熊野市に所在した寺院で、今日では廃寺となっている。

　まず、道中案内の記述を整理すると（**表17**）、すでに第2章で述べたように、清水寺へは大泊と波田須からの選択的経路が存在している。つぎに、清水寺の名称の記述はなく、田村丸建立の観音堂であることが示される。また、本尊は一寸八分の黄金の千手観音であり、海中から出現したこと、また秘仏である事が記される。道中案内の記述は簡潔であるが、『西国三十三所名所図会』ではかなりの紙幅を割いて清水寺の縁起を引いている。

　「抑南紀奥熊野大泊比音山清水寺の草創を委く尋るに人王五十一代平城天皇の御宇に当つて諸国在々に鬼神魔王蜂起して国土をなやまし人民を殺害す是によつて諸国より奏聞殊に甚し忝くも帝王嘆き思しめして坂上田村麻呂に将軍の宣旨を下し給ひ勢州鈴鹿に発向あつて東夷を退治し南蛮の悪魔を鎮めさせたまふ今の八鬼山九鬼三鬼是也然といへとも鬼賊ことごとく討たれずして深山幽谷に飛行し其在所さらに見へず此に一の高山あり将軍是によぢ登り一心に観音の御名を唱へ給へバ立烏帽子を着たる天女忽然とあらはれ告て曰く是より南の海辺に岩屋あり悪鬼これに蟄れり行て討べし伊勢の海熊野の奥の末までも大悲の弓に悪魔退く我ハ是まのあたり大馬権現なりとて白馬に乗じ

て西天に飛入り給ふ立烏帽子着たる天女下りし所ゆへ烏帽子山と申伝ふなり将軍急ぎ甲冑を帯し士卒を引卒し数多の兵船を浮べ鬼の城廓に漕ぎよせ給ひ彼地の躰を見給ふに岩覆ひて屋根となり三方ハ巌峨々と聳へ海水磯を穿ち人便を失ふ時に不思儀や沖なる嶋の上に童子一人あらハれ出招き給ふ人々奇異の思をなし兵船おいおいかの嶋に漕ぎよせ礼拝恭敬す時に童子手を挙て舞颯ふ軍勢も倶に舞遊ぶ鬼神是にはからずも気を奪ハれ岩屋の扉を開く所を大悲の弓に神通の矢を引放ちて鬼神を易く亡ぼし給ふ此島を魔見が嶋と申す也此嶋の上なる童子ハ忽ち光を放ち北嶺の雲に飛去り給ふ則ち尋ね登りて見るに一丈四面の巌其中圓々たる洞穴有り紫雲空にたなびき異香四方に薫す法性無漏の浄境なり田村麻呂幼稚より守とし奉りし一寸八分の閻浮檀金の千手の尊像をこの洞に納め給ひ治国平天下と祝して深く封じ給ふ其後天勅を受て大同四年に御建立国家鎮護の霊場也則山城国音羽山に似たれバてと比音山清水寺と号す鬼神のむくろハ井土村の深谷に大魔権現と崇め今の世まで諸人歩みを運ぶなり其先陸奥にて大竹丸といふ鬼神を退治し天下無双の功を立しも此尊像の擁護によるされバ一度結縁の輩ハ現世安穏うたがひなき者也」

　この「清水寺縁起」の内容は道中案内の記述内容と極めてよく一致する。「清水寺縁起」は、坂上田村麻呂との関係を強く示す内容をもっており、この縁起の中でも言及されているように、京都府京都市東山区所在の音羽山清水寺との強い類似性を想起させる。音羽山清水寺は坂上田村麻呂を本願とし、本尊は千手観音、西国三十三所第十六番札所である。すなわち、清水寺は坂上田村麻呂の伝説を媒介として京都の音羽山清水寺との類似性を強く打ち出すことで、巡礼者に西国巡礼との関連を想起させていたと考えられる。なお、「清水寺縁起」は、坂上田村麻呂の当地での鬼退治を、烏帽子山、鬼ヶ城、魔見が島、大馬権現といった周囲の地形や宗教施設を背景として描いている。これは、巡礼者に縁起の記述内容にあわせて、周辺の眺めに注意を向けさせる働きをしていたものと考えられる。

表 17　清水寺の道中案内記述状況

書名	西国三十三所道しるへ	巡礼案内記	西国順礼細見記	巡礼道中指南車	西国順礼道中細見増補指南車	新増補細見指南車	天保新増西国順礼道中細見大全
刊行年	元禄3年 1690	享保13年 1728	安永5年 1776	天明2年 1782	文化3年 1806	文政12年 1829	天保11年 1840
記事内容	是より大泊り村の観音へ道あり					はたすよりかけぬけ道有	はたすよりかけぬけ道有
	此町より右の山のうへなり町より道のり十三丁程あり		右の方十二三丁程山に、	右の方十二三丁山上ニ	右の方十二三丁山上ニ	右の方十二丁山上に	右の方十二丁山上に
	此所に田村丸の建立し給ひし観音堂あり	此所ニ田村丸こんりうのくハんおんどう有	田村丸建立の観音堂有	田村丸こんりうのくわんおん堂有	くわんおん堂田村丸こんりう	田村麻呂建立の観音堂あり	田村丸建立の観音堂有
	長一寸八分こかねの千手観音也		御長一寸八分の千手観音			長一寸八分	長壱寸八分
	海底より揚給ふ仏とかや		海中より出現		海より出現也	海中より出現	海中より出現の
		ひ仏也	永代秘仏なり			秘仏なり	秘仏也
						木本峠に遙拝所あり	木本峠ニ遙拝所あり

v 花の岩や

　花の岩やは三重県熊野市に所在する礼拝施設で、現在の花の窟神社の神体である高さ約45メートルの大岩壁と考えられる。地質的には新第三紀(中新世)の1,400万年前頃に発生した大規模な酸性の火成活動によって生成された熊野酸性岩(凝灰岩)と第三紀に堆積した音無川層群との境界に形成された岩壁である[112]。

　まず、道中案内の記述を整理すると(**表18**)、非常に高い「岩壁」「岩山」がありこれを大般若山と呼んでいる。その上方に穴があり、これを花の岩やと呼んでいる。また、鳥居、井垣、石灯籠があることが記され、2月に祭礼があるという。また、19世紀初頭までは、三蔵法師と関係があることが記される一方で『新増補細見指南車』『天保新増　西国順礼道中細見大全』にその記述が見られなくなる。

　花の岩やに関する記事は増基法師「いほぬし」の記述が最も早い。11世紀成立とみられる「いほぬし」には、「はなのいはやのもとまでつきぬ。みればやがて岩屋の山なる中をうがちて経をこめ奉りたるなりけり。これはみろくほとけの出給はんよにとり出たてまつらんとする経なり。天人つねにくだりてくやうし奉るといふ。げに見奉れば、この世ににたるところにもあらず。」[113]とある。このことから、花の岩やは11世紀には一種の礼拝施設として成立していることが分かる。

　一方、その性格についてはあまり一定しない。「いほぬし」の記述では「経をこめ奉りたる」所とし、近世の道中案内では、「大般若山」と呼称され、そこに「三蔵法師の経をくり給ふ所」が存在するとしている。「いほぬし」の「経」が「大般若経」と解され、それを納めた山として「大般若山」の名称がうまれ、「大般若経」の訳者である「玄奘三蔵」の伝承が付会されていったと考えれば、花の窟は仏教的な礼拝施設として認識されていたと言えよう。

　一方、『西国三十三所名所図会』においては、日本書紀の記述を引用して花の岩やを伊弉冊尊の葬地であるとしている[114]。「花の窟神社所蔵の版木」[115]は花の窟の大岩壁に七五三縄を張り渡した様子を描くもので、天保15(1844)年の銘が

112　中屋志津男(1999)：紀伊半島の地質——6 中新世の火成岩類：URBAN KUBOTA 38
113　増基法師：いほぬし：群書類従 第十八輯紀行部：塙保己一編
114　『日本書紀』巻一第五段一書第五条「一書曰。伊弉冊尊生火神時。被灼而神退去矣。故葬於紀伊國熊野之有馬村焉。土俗祭此神之魂者。花時亦以花祭。又用鼓吹幡旗歌舞而祭矣。」を引用し、この地であるとする。
115　熊野市指定有形文化財

表18 花の岩やの道中案内記述状況

書名	西国三十三所道しるへ	巡礼案内記	西国順礼細見記	巡礼道中指南車	西国順礼道中細見増補指南車	新増補細見指南車	天保新増西国順礼道中細見大全
刊行年	元禄3年 1690	享保13年 1728	安永5年 1776	天明2年 1782	文化3年 1806	文政12年 1829	天保11年 1840
記事内容	大般若山あり其高さ何程ともしれす南向岩壁也	村の入口に大はんやほうむる山有	次に大はんや山高さ何ほどともしれず、南むきがんへきなり		大般若山と云数十丈の岩山に	大般若山といふ数十丈岩山に	
	此がんへきの上ほどに小き穴あり是を花の岩屋と云也		上の方に小き穴あり花の岩やといふ	花のいわや	花の岩や	花の岩や	西いづち村二花の岩屋といふ大岩二注連を曳わたし
	前に石の燈台貮つ又ハいがき鳥井あり		前に石の燈台ふたつゐがき鳥居有		石の燈台いがき鳥居あり	石の燈台いがき鳥井あり	前に石燈籠鳥居あり
	此岩の前に三蔵法師の経をくり給ふ所とて聖岩と云岩ありきのうちにあり		此前に三蔵法師の経をくりたまふひじり岩あり、	ひじり岩三蔵法師経みし所	此所は三蔵法師行場の所なりと云ふ		
	此所毎年二月二日に祭礼あると也		毎年二月二日に祭礼有			毎年二月祭礼あり	毎年二月二日祭礼あり
	此般若山ハ有馬村の入口なり				道より見ゆる		

ある。この版木の文章は、『西国三十三所名所図会』同様、日本書紀の記述を引用して、ここを伊弉冊尊の葬地にあてている。このことは、それまで「大般若山」として仏教的な礼拝施設として巡礼者に認識されていたものが、19世紀に「伊弉冊尊の葬地」として認識されるように改められたものと考えられる。伊弉冊尊は天照大神の父母神である。花の岩やは、これにより伊勢との関係を明確に示すにいたったと考えられる。ただし、熊野の有馬が伊弉冊尊の葬地であるという認識はこの時に始まったものではない。熊野有馬村を伊弉冊尊の葬地とし、これを

理由として伊勢と熊野の同体説が唱えられたことは「長寛勘文」[116]にも見え、平安時代には広く知られていたものと考えられる。19世紀に花の岩やと伊弉冊尊との関係性が強調される背景として、こうした歴史的な経緯があったとことには注意しておく必要があろう。

加えて、7冊中4冊の道中案内では2月に祭礼が行われることを紹介する。これは今日も行われている「お綱かけ神事」であると考えられる。この神事は、梅・椿・菊等の季節の花や扇を吊るした幡形をくくりつけた100尋の長さの綱を、岩壁の頂上から50メートル程離れた松の大木の梢に張り、その際、老若男女が綱を海岸へ曳いていく、というものである。綱に吊す扇をはじめ、この特異な神事は熊野三山との関係性を意識させる。

このように、花の岩やは、この地域の地形的特質を背景にしながら成立した、仏教的な礼拝施設であると同時に、伊勢や熊野との関係も想起させる礼拝施設として巡礼者には認識されていたと考えられる。

3）近世後半に紹介されるようになる礼拝施設と巡礼との関係

続いて、近世後半に入ってから紹介される礼拝施設と巡礼との関係の検討を行う。原大辻観音庵、無量山千福寺、岩船地蔵堂が該当する。

ⅰ 原大辻観音庵

原大辻観音庵は三重県度会郡玉城町に所在した寺院で、現在では廃寺となっている。

嘉永6（1853）年の『西国三十三所名所図会』には挿絵入りで紹介がある一方で、道中案内では天保11（1840）年の『天保新増　西国順礼道中細見大全』に「野篠村　蚊野村　原東の入口本尊順礼道引観世音西国札所始り」と掲載されるのみで、それ以前の道中案内には見えない。また、道中日記においては、確認できた範囲においては文化4（1807）年の『西国順礼記』の記述がもっとも古い。

現地を踏査すると、今日の三重県度会郡玉城町に所在する石仏庵（いしぶつあん）がこれにあたる。今日ではすでに廃寺となっているが、旧境内を悉皆調査したところ[117]、享保

---

116 「長寛勘文」：群書類従 第二十六輯雑部：塙保己一編
117 悉皆調査結果のうち、近世に属する石造物については、共同で調査した竹田憲治氏がすでに公表している。

図33　石仏庵石柱「巡礼道引観世音」銘（2013年9月、筆者撮影）

　年間の銘をもつ石燈籠1点をのぞき、境内の石造物は文化2（1805）年の石柱（図33）をさかのぼるものが認められなかった。また、旧庵室正面に立つこの石柱の銘文からも、この頃に寄進を募って設置されたものであると考えられる。
　以上の調査の結果、観音庵の寺域に存在した、本尊の巡礼道引観世音、役行者、西国巡礼者があわせて巡礼することの多かった金比羅、三十三所巡礼札所本尊の写しである三十三躰観音石仏（図34）、巡礼者をもてなす摂待茶所などはいずれも、この寺院の創建そのものが西国巡礼者の立ち寄りを意図したものであると理解できる。すなわち、原大辻観音庵は、西国巡礼者を主な参詣者とする寺院として、19世紀初頭に開創された礼拝施設であると考えられる。

ii　無量山千福寺

　無量山千福寺は三重県度会郡大台町柳原に所在する寺院である。嘉永6（1853）年の『西国三十三所名所図会』には挿絵入りで紹介があり、道中案内では、文政

竹田憲治（2014）：熊野参詣道と原大辻観音庵の石造物（1）：伊勢の中世189号
竹田憲治（2014）：熊野参詣道と原大辻観音庵の石造物（2）：伊勢の中世191号
竹田憲治（2014）：熊野参詣道と原大辻観音庵の石造物（3）：伊勢の中世192号

図34　三十三躰観音石仏（2013年9月、筆者撮影）

12（1829）年の『新増補細見指南車』に「柳原村　村中ニ無量山　千福寺本尊順礼手引観世音ト号順礼の人行暮たるときハ当寺を頼ミて一夜参籠すべし」、天保11（1840）年の『天保新増　西国順礼道中細見大全』に「柳原村　村中ニ　無量山　千福寺本尊順礼手引観世音ト号　順礼の人行暮たるときハ当寺を頼ミて一夜参籠すべし」という記述があり、いずれも西国巡礼と関係する寺院としての記述がある。また、現地を踏査すると、寺院入口に「順礼手引」と書かれた石柱があり、道中案内の記述と一致する（図35）。

　一方、この寺院は文献から創建は中世以前にさかのぼると考えられる。寛正5（1464）年の荒木田氏経加筆『皇太神宮年中行事』には、「於柳原之御堂之前昼飯用」との記述があり、この御堂は千福寺のことであると考えられる。一方、道中日記には、明和2（1765）年の木村有周『伊勢参宮・西国巡拝道中記』に、「ここに聖徳太子御作の十一面観音堂あり」との記述がある一方で、安永2（1773）年の辻武左衛門『西国順礼日記』には『此所ニ無量山万（ママ）福寺ト云寺有、此の寺に観音堂則三十三所手引之観世音之よし』という記述がある。

図35 千福寺の石柱「順礼手引」銘（2013年9月、筆者撮影）

このことから、千福寺は、創建は中世以前にさかのぼりながらも、本尊が観音菩薩であったことから18世紀の第3四半期頃に西国巡礼との関係性が新たに主張され、西国巡礼に関連付けられた礼拝施設へと転化したと考えられる。

iii　岩船地蔵堂

北牟婁郡紀北町海山区の馬越峠に所在した地蔵堂である。

嘉永6（1853）年の『西国三十三所名所図会』には岩船地蔵堂として挿絵入りで紹介がある（図36）一方で、道中案内では、文政12（1829）年の『新増補細見指南車』に「峠に地蔵堂前に茶や一軒有」、天保11（1840）年の『天保新増　西国順礼道中細見大全』に「峠ニ地蔵堂前に茶や一軒あり」と記述があるが、それ以前の道中案内に記述はない。

一方、現地には、基壇と礎石は遺存するが地蔵堂に関連する建築物や石造物は見られない（図37）。しかし、地蔵堂の本尊であったとされる石造地蔵菩薩像が、尾鷲市南浦に遺存する。船の上部に横向きに地蔵菩薩が立つもので、「享保八年」の銘がある[118]。福田アジオ氏の研究によれば、岩船地蔵は享保4（1719）年に下野国岩船山高勝寺（現在の栃木県下都賀郡岩舟町）に端を発して関東地方で大流行したもので、今日でも関東地方の各地に船の上に地蔵が乗った同様のモチーフの岩船地蔵が遺存しているという[119]。関東における岩船地蔵の大流行が享保4（1719）年であり、岩船地蔵堂の地蔵が享保8（1823）年の造立であること、岩船地蔵は峠の茶屋の主人が下野国から地蔵尊を勧請したこと[120]から考えると、少なくともこの地蔵堂の建立者は、関東における岩船地蔵の特異な状況を了解したうえで地蔵堂を建立しているものと考えられる。また、道中日記の中には、岩船地蔵を下野国岩船山の写しと記すものがあり[121]、巡礼者には関東に関連する地蔵として認識されていたこともうかがい知れる。

このように、岩船地蔵堂は関東地方に関連付けられた礼拝施設として建立されたと考えられる。関東地方は、巡礼者の出発地の1つである。すなわち、巡礼者の出発地に関連付けられた礼拝施設として、少なくとも関東地方の出身の巡礼者

118　三重県教育委員会（2009）：三重県石造物調査報告　Ⅰ、p.73
119　福田アジオ（2006）：歴史探索の手法——岩船地蔵を追って：筑摩書房
120　尾鷲市役所（1969）：尾鷲市史、p.673
121　天明6（1786）年の『西国道中記』には、「峠ニ茶屋あり　下野国岩船地蔵尊うつし有」という記述がみえる。

図36 『西国三十三所名所図会』「岩船地蔵堂」

図37　岩船地蔵堂跡（2015年12月、筆者撮影）

には認識されていたものと考えられる。

4)　近世半ば以降紹介されなくなる礼拝施設と巡礼との関係

　『西国三十三所道しるへ』に見えながら、以降一部を除き後代の道中案内の記述に見られなくなる礼拝施設が存在する。それらの『西国三十三所道しるへ』における記述は以下のとおりである。

〔長嶋〕　浄光寺と云禅寺あり本尊釈迦わき立文殊普賢額あり本堂ニ浄光禅院月舟の筆門に大勝山と同筆
〔長嶋〕　此所海ばたに大明神の宮あり
〔上里〕　此所に薬師尊ありワキ立観音勢至恵心の御作也
〔八鬼山〕同上り坂の内ニ十王堂有
〔八鬼山〕此一丁一丁に石の地蔵あり
〔二木島〕此川むかいに観音堂有
〔新鹿〕　右の方に正崇寺といふ禅寺有

〔新鹿〕 村出口に宮あり

　まず、これら施設の立地をみると、長嶋から新鹿の区間に集中している。また、八鬼山の十王堂と地蔵を除き、いずれも低地の集落付近に位置している。さらにこれらの礼拝施設が今日のどの施設に該当するのか検討すると、浄光寺（佛光寺）と地蔵（八鬼山町石）を除き、その施設を特定することは困難である。
　さらに、これら礼拝施設と巡礼との関係をみると、これらは、禅寺、宮、薬師尊、十王堂、地蔵、観音堂と記されるが、かならずしも熊野や伊勢、西国巡礼に関連付けられてはいない。西国巡礼と関連付けられてもよい観音堂であっても、西国巡礼との関連性は説かれていない。
　紀伊半島東岸は、宝永4(1707)年と嘉永7／安政元(1584)年の2度大規模な地震・津波に襲われており、今日でも津波供養塔が遺されている[122]。低地の集落付近に位置していた礼拝施設はこうした津波の被害に遭い、退転した可能性が考えられる。
　また、礼拝施設は巡礼に必ずしも関連づけられていなかったため、礼拝施設が存続していたとしても、道中案内で紹介されなくなっていった可能性が考えられる。なお、八鬼山の十王堂と地蔵については、津波の被害を被ったとは考えにくく、次節でその立地について詳細に検討する。

5）まとめ

　道中案内の記述から礼拝施設を抽出し、その記述される状況を整理したところ、礼拝施設には、近世を通じて紹介される礼拝施設、近世後半に新たに紹介されるようになる礼拝施設、近世半ば以降紹介されなくなる礼拝施設の3者が存在することが明らかとなった。このうち、近世を通じて紹介される5箇所の礼拝施設は、瀑布（瀧原宮・清水寺）や山頂（日輪寺）、岩屋（天狗岩窟）、巨岩（花の岩や）といった自然環境を背景に中世以前に創祀され、近世には、熊野・伊勢・西国巡礼に関連付けられ、巡礼者に参詣を促す施設であったことが明らかとなった。また、近世後半に新たに紹介されるようになる礼拝施設は、中世以前に創祀された礼拝施設が巡礼地として次第に転化したもの（千福寺）と巡礼に関連付けることを意図

122　塚本明（2009）：16 地震・津波災害とその記憶：三重県石造物調査報告Ⅰ東紀州地域、pp.60-61

して新たに設置されたもの（観音庵・岩船地蔵堂）が存在することが明らかとなった。さらに、近世半ば以降紹介されなくなる礼拝施設は、いずれも巡礼旅に直接関連づけられておらず、道中案内で次第に紹介されなくなっていっただけでなく、今日ではその特定も困難な状況である事が明らかとなった。

　このように、近世において巡礼旅に関連付けられた礼拝施設は、伊勢山田を出発して熊野を最初の目的地とし、引き続き西国巡礼に向かう巡礼者にとって、その途中で立ち寄るべき礼拝施設として認識されていたと考えられる。いわば、西国巡礼の札所の存在しない伊勢山田から新宮までの区間において番外札所的な役割を果たしていたと考えられよう。

（4）礼拝施設群の立地と機能

　次に、これら礼拝施設群の立地と機能について検討を行う。まず、相賀から三木里の区間を事例に、川越え、峠越えと礼拝施設の立地について検討する。次に、伊勢から熊野までの全体について、礼拝施設の立地について検討する。

1）川越え・峠越えと礼拝施設の立地

　まず、一定の区間における礼拝施設の立地について、検討を行う。事例として検討する区間は、礼拝施設が存在し、地形が変化に富む、相賀から三木里の区間（図38）とした。すでに第Ⅲ章において詳細に検討したように、この区間には選択的経路が2箇所で認められる。すなわち、銚子川渡河の地点と馬越峠から天狗巖・天狗岩窟の地点である。以上2箇所の選択的経路を考慮にいれ検討を進める。

i 検討方法

　まず、近世末期の19世紀半ばに刊行された『天保増補順礼道中細見大全』と『西国三十三所名所図会』に記載のある礼拝施設について、地図上に位置を図示した。また、合わせて茶屋、宿場の位置を記入した。次に、基本的経路・選択的経路をコンピュータソフトのカシミール[123]を用いてトレースし、縦断図を作成した。さらにこの縦断図に、礼拝施設の位置を図示し、合わせて茶屋、宿場の位置を記入した（図39）。

---

123 「3D Landscape Navigator カシミール 3D Ver9.1.6」

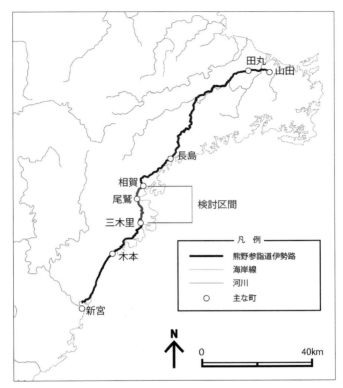

図38 相賀－三木里区間位置図

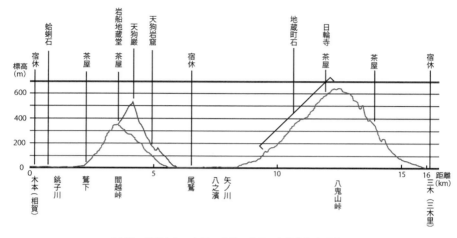

図39　相賀から三木里の宿休・茶屋・礼拝施設立地状況

ii　縦断図から明らかとなった事項

　まず、礼拝施設の配置については、縦断図から、渡河の手前、峠、山頂など街道状況の変化点付近、急な上り坂など、人間が生理的に立ち止まる地点に設置されていたことが分かった。その一方、天狗岩窟・八鬼山日輪寺はこうした原則から外れる礼拝施設であることが判明した。

　次に、茶屋は坂道の開始点や峠など傾斜の変化点付近に設置されていたことが分かった。また、休憩施設間の距離の長い地点においては、八鬼山越え下りの茶屋など、傾斜の変化点ではなくとも茶屋が設置されており、それは標高・距離の中間点に位置することが分かった。

iii　原則から外れる礼拝施設の検討
（ア）天狗岩窟

　すでに検討したように、天狗岩窟は天狗巌と有機的な関係をもつ中世以前に創始がさかのぼる礼拝施設である。中世にはすでに観音霊場であったところ、三十三体観音石仏が堂内に安置されたことで西国巡礼と関連付けられた礼拝施設となった。しかし、間越峠から天狗巌・天狗岩窟と回る経路は、間越峠からかな

りの傾斜を登攀していく必要があり、道も悪路であることから、近世末まで間越峠越えの本道となることはなかった。それでも、道中案内では間越峠から尾鷲へ下りてゆく選択的経路として紹介され続けることから理解できるように、西国巡礼者にとっては重要な礼拝施設であったと考えられる。

　この天狗岩窟の特徴は自然地形の岩屋を利用した仏堂である点にある。すなわち、天狗岩窟が街道情況の変化点でない所に立地するのは、街道に合わせて整備された礼拝施設ではなく、天然の岩屋という自然環境に起源をもち、中世以前に起源をもつ観音霊場であったためである。

（イ）八鬼山日輪寺

　八鬼山日輪寺は天正4（1576）年銘の石像三宝荒神立像を本尊とすることから、中世末に創始がさかのぼる礼拝施設である。遅くとも17世紀末には脇に熊野三山本地仏が祀られ、日輪寺までの八鬼山登攀道沿いに伊勢より寄進された町石地蔵が並んでいたことから、熊野、伊勢に関連づけられた礼拝施設として認識されていたものと考えられる。また、「西国巡礼前札所」の言説が流布するに及んで、西国巡礼とも関連づけられるに至ったと考えられる。

　さて、日輪寺の立地については、道中案内では記述が途中で変化する。茶屋の記述と合わせてまとめたものが**表19**である。まず、日輪寺の立地については、元禄3（1690）年から文化3（1806）年まで峠に位置するとしている一方で、文政年間以降は峠よりも手前に位置していると記述し、その状況は現在の状況と一致する。では、文化年間以前は現在と異なる立地であったのであろうか。まず、元禄3（1690）年の記述を詳細に検討すれば、上り坂の入口に十王堂、すなわち閻魔堂が存在する。そこから峠の寺まで49丁と記される。このことは、十王堂前に1丁の町石があり、日輪寺前に50丁の町石が置かれていたと考えると整合する。さらに、「此寺向のふもとに九鬼崎と云村あり」という記述がある。現在の日輪寺の位置の「向のふもと」は北東側であって、南東側に位置する九鬼崎と位置は一致しない。このように考えれば、元禄年間には日輪寺は八鬼山の峠（山頂）に所在した可能性が高くなる。同時に、茶屋の記述を見れば、元禄3（1690）年の記述では「茶屋もなき大難所」とされるのに対し、天明年間からは茶屋に関する記述が登場する。ここでも変化がある可能性が高いことが理解できよう。

　そこで、こうした日輪寺や茶屋の変化についてさらに、道中日記の記述について検討する。宝永3（1703）年の「伊勢参宮道中記」によると、「次八鬼山とうげ

上り五十丁、次ニふどう堂、左ニ大海見ゆ、下り三十町余熊野一番の難所也」とあって、上り坂を登り切った所に不動堂があると見える。八鬼山日輪寺の三宝荒神立像は頭髪を逆立て、眼をつりあげた忿怒の表情を示し明王像に通じる、という指摘がある[124]ことからも、この日記が示す不動堂は三宝荒神を祀る日輪寺である可能性が高いだろう。一方、安永2（1773）年の辻武左衛門「西国順礼日記」には「是より八鬼山上り五十丁下り五十丁、峠四五丁下ニ日輪寺ト云堂有、此所ニ茶屋有」とあって、この時期には確実に日輪寺が峠よりも4、5丁下にあり、茶屋が併設されていることが分かる。このことから、天明2（1782）年『順礼道中指南車』や文化3（1806）年『西国巡礼道中細見増補指南車』の示す日輪寺の所在地が峠であるという記述は峠付近に所在するという意味であると考えられる。

　つまり、日輪寺が街道状況の変化点である峠に所在しないのは、本来峠に位置していた堂が18世紀の半ばに下ろされたためであると考えられる。

　では、そもそも日輪寺が50丁目の峠から45丁目の位置に下ろされた理由は何であろうか。その理由について検討するためには再度日輪寺の性格について議論する必要があろう。すでに、八鬼山日輪寺の本尊は三宝荒神であり、脇の三体石仏は熊野三山本地仏であることを指摘し、この本尊・脇の関係は元禄年間以前にさかのぼる可能性があることを指摘した。一歩進めて考えれば、三宝荒神は熊野三山本地仏の守護者として安置された可能性があるといえるだろう。また、「上り坂の門ニ十王堂有」とする記述も注目される。十王堂とは閻魔堂のことである。さらに、八鬼山の上り坂には、地蔵の形をした町石が並べられる。すると、八鬼山の麓で閻魔の審判を受け、地蔵菩薩に導かれて登拝し、八鬼山山頂の熊野三山（浄土）へ到着するという巡礼像が描けよう。つまり、八鬼山越えは浄土への登拝道として機能していた可能性があるのである。このことについて参考となるのが、中世末期から近世初頭に描かれた伊勢参詣曼荼羅である。西山克は、伊勢参詣曼荼羅には、清川端に閻魔堂が立地しそこから外宮を経て天の岩戸（高倉山古墳）へ至る状況が描かれており、これは俗なる世界から聖なる世界へ近づくという構図を示しているという。また、伊勢参詣曼荼羅は修験者・穀屋聖（勧進聖）が絵解きをしていた主体であるとも指摘する[125]。また、伊藤裕偉によれば、日輪寺の造営と八鬼山町石の造立にはいずれも修験者の関与が想定され、世義寺と伊勢御

124　三重県教育委員会（2009）：三重県石造物調査報告Ⅰ、p.23
125　西山克（1989）：伊勢参詣曼荼羅の実相：所報、環文研、第14号

表19 道中案内に見る日輪寺と茶屋の立地状況

年代	日輪寺の位置	茶屋
元禄3（1690）年『西国三十三所道しるへ』	上り坂の門ニ十王堂有是より峠の寺まで四十九丁有	茶やもなき大難所なり
享保13（1728）年『巡礼案内記』	とうげやき山日りん寺	
安永5（1776）年『西国順礼細見記』	峠に八鬼山日輪寺　峠寺迄四十九丁有	
天明2（1782）年『巡礼道中指南車』	峠に日りん寺と云山伏寺あり	即茶や
文化3（1806）年『西国順礼道中細見増補指南車』	是より上り坂五十丁峠に八鬼山日輪寺	山伏寺にて休ミ茶屋なり
文政12（1829）年『新増補細見指南車』	四十五丁めニ日輪寺山伏寺也	茶所にて食物を売もの有
天保11（1840）年『天保新増　西国順礼道中細見大全』	四十五丁目ニ日輪寺	茶所にて食物を売もの有
嘉永6（1853）年『西国三十三所名所図会』	八鬼山の峠より一丁此方ニあり	右堂にならびて茶所あり餅を商ふ俗に荒神茶屋という尤峠ニハ人家なし此所にて休らうべし
平成26（2014）年現況	峠よりも手前約300メートルに所在	茶屋跡が日輪寺に隣接して左側に存在し、嘉永6年西国三十三所名所図会』とほぼ一致

師が深く関与しているという[126]。慶光院清順が勧進聖であり、その供養塔が八鬼山の上り坂に安置されていることからも、八鬼山と伊勢との密接な関係は首肯されよう。こうしたことから、八鬼山は伊勢信仰をモチーフに、浄土熊野三山へと至る巡礼路として整備された可能性を指摘できる。

　さらに、これが江戸時代中期に45丁目に下ろされることになる理由は、茶屋にあると考えられる。当初日輪寺は八鬼山の最高地点に所在し、水の便はきわめて悪かった。その中で多数の西国巡礼者がここを通過する江戸時代中期になると、茶屋として接待することが期待され、水の確保が容易な地点に移動したのではないかと考えられる。45丁目は水の確保が容易で、現在でも水が十分に確保できる。茶屋にあわせて日輪寺も峠からこの場所に下ろされたとすれば理解しやすい。つまり、江戸時代中期には日輪寺が峠に位置していた意義が忘れられ、熊野三山にかかる浄土信仰の礼拝施設から西国巡礼の通過点へと変質していったものとみられる。

126　伊藤裕偉（2009）：熊野街道八鬼山道周辺の中世石造物：三重県史研究：三重県

以上のように、日輪寺の成立そのものは、中世以前の信仰の形態である熊野浄土信仰に基づくものである可能性があり、その所在地は江戸時代中期まで峠であったと考えられる。その後、西国巡礼者が増加するに従って、水の便をもとめて 45 丁目の位置に下ろされた可能性がある。

iv　まとめ

　以上の分析から、礼拝施設は、渡河地点や傾斜変換点といった街道の状況が変化する地点や急傾斜地など、人間が生理的に立ち止まる地点に設置されることが明らかとなった。また、そうした原則から外れる地点については、巡礼旅の成立以前から自然環境のもと礼拝施設等が存在した場所や、後世に巡礼旅の便に供するため移動したものが存在する可能性を指摘した。

2)　伊勢山田から熊野新宮までの礼拝施設の立地

　次に、伊勢山田から熊野新宮までの礼拝施設全体の立地について検討する。既に前節において検討したように、近世を通じて道中案内に紹介される礼拝施設と、近世の途中で新たに紹介されるようになる礼拝施設はいずれも巡礼に関連付けられ、番外札所的な性格をもつ。そこで、これら巡礼に関連付けられた礼拝施設について、伊勢山田から熊野新宮までの立地を検討する。

i　元禄年間から天保年間まで記述のある礼拝施設

　最初に、先に抽出した、元禄年間から天保年間まで道中案内に記述のある礼拝施設の立地について検討した。

　まず、伊勢山田から熊野新宮までの経路をカシミール[127]を用いてトレースし作成した縦断図に該当する 5 箇所の礼拝施設の位置を記入した（**図 40**）。

　次に、縦断図に距離を記入するとともに、伊勢から何日目に到達するかを検討した。谷釜尋徳の研究によれば、近世の旅人は 1 里＝ 3.9 キロメートルとして計算した場合、1 日あたり平均 34.4 キロメートル歩行していたという[128]。谷釜の研究は近世旅人の歩行状況について実証した希有な研究である一方で、里は時間

---

[127] 「3D　Landscape Navigator カシミール 3D　Ver9.1.6」
[128] 谷釜尋徳（2007）：近世後期の庶民の旅にみる歩行の実際——江戸及び江戸近郊地の庶民による伊勢参宮の旅を中心として：スポーツ史研究 第 20 号

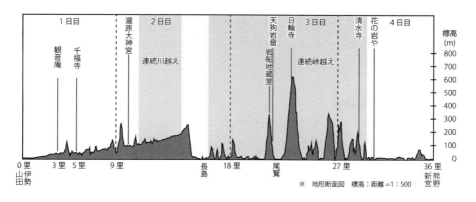

図40　熊野参詣道伊勢路沿道の礼拝施設立地状況

距離であって空間距離としては長短あることを考慮に入れていない。特に伊勢路では、伊勢から荷坂峠までが三十六町道、荷坂峠から藤代までは五十町道であり、一律に1里＝3.9キロメートルとして計算することはできない。そこで、本書では時間距離である里に基づき、江戸時代の庶民の旅の1日あたりの歩行距離を約9里とし、9里ごとに区切り線を入れた。

その結果、伊勢から熊野までの間、毎日必ずいずれかの礼拝施設を通過することが明らかとなった。各礼拝施設までの伊勢からの里数と推定到達日は**表20**のとおりである。

表20　元禄年間から天保年間まで記述のある礼拝施設の立地

	伊勢からの里数	到達日
瀧原大神宮	9.4里	2日目
天狗岩窟	19.4里	3日目
日輪寺	22.4里	3日目
清水寺	31里	4日目
花の岩や	32里	4日目

ⅱ 近世後半に紹介されるようになる礼拝施設

　近世後半に紹介されるようになる礼拝施設には、観音庵、千福寺、岩船地蔵堂がある。

（ア）観音庵と千福寺

　観音庵と千福寺、瀧原大神宮の伊勢からの距離を示したものが**表21**である。伊勢から1日目の行程の範囲内に一定の間隔を保って観音庵と千福寺が立地していることが理解できる。元禄年間には西国巡礼・熊野・伊勢に関連付けられた礼拝施設のなかった1日目の行程を補完する礼拝施設であったといえる。先に検討したように、千福寺は創建が中世以前にさかのぼり、江戸時代中期の18世紀半ばには西国巡礼に関連付けられた礼拝施設へと転換したものと考えられる。これは伊勢から瀧原大神宮までの行程のほぼ半ばに立地していたことが大きく影響していると考えられる。さらに、19世紀初頭には、千福寺のさらに手前に観音庵が西国巡礼の札はじめとして整備される。これも1日目の行程を補完する礼拝施設としての役割を期待したものだったのであろう。

表21　観音庵・千福寺の立地

	伊勢からの里数	到達日
観音庵	約3里	1日目
千福寺	約5里	1日目
瀧原大神宮	9.4里	2日目

（イ）岩船地蔵堂

　岩船地蔵堂は間越峠に位置する。伊勢からは3日目の行程の範囲に位置する。3日目の行程の範囲にはすでに天狗岩窟と日輪寺が存在する。しかし、天狗岩窟は間越峠から選択的経路によって天狗巖への急峻な登攀を経なければ到達できない。そのため、基本的経路上で人間が生理的に立ち止まる傾斜変換点の峠に岩船地蔵堂が設けられ、天狗岩窟の礼拝施設としての機能を補完したものと考えられる。

(5) まとめ

　本節の検討から、近世の伊勢山田から熊野新宮までの熊野街道沿道に立地した礼拝施設と巡礼の関係が明らかとなった。

　まず、礼拝施設は渡河地点や傾斜変換点といった街道の状況が変化する地点や急傾斜地など、人間が生理的に立ち止まり、巡礼者が認識しやすい地点に設置されることが明らかとなった。また、そうした原則から外れる地点については、巡礼旅の成立以前から自然環境をもとに礼拝施設等が存在した場所や、後世に巡礼旅の便に供するため移動した場所に存在することが明らかとなった。

　次に、伊勢山田から熊野新宮までの熊野街道沿道全体について見ると、創祀が中世以前にさかのぼる礼拝施設（瀧原大神宮・天狗岩窟・日輪寺・清水寺・花の岩や）が存在しており、近世を通じて意図的に礼拝施設（観音庵・千福寺・岩船地蔵堂）を整備することも行われた。これら礼拝施設は、いずれも伊勢神宮、熊野三山、西国三十三所巡礼等の巡礼旅と関連付けられていた。さらに、これら礼拝施設は、巡礼者の1日あたりの歩行距離に必ず1カ所以上通過するように立地していた。特に、17世紀には巡礼に関連付けられた礼拝施設の存在しなかった伊勢山田から瀧原大神宮の区間には、18世紀頃に千福寺、19世紀初頭に観音庵が成立し、1日目の行程を補完した。さらに、選択的経路を経由してのみ到達できる天狗岩窟を補完して、18世紀に岩船地蔵堂が成立した。このように、巡礼者は、巡礼の目的地に関連付けられた礼拝施設に毎日参詣する状況におかれていたと考えられる。

　巡礼者は、巡礼旅の途中でこれら礼拝施設に遭遇し参詣することで、自らの旅が巡礼旅であること、歩く道が熊野から西国三十三所札所へと続く巡礼道であることを確認できたものと思われる。このことは、道中案内において、時代が下るにつれて巡礼に関連付けられた礼拝施設のみが選択的に紹介されるようになることからも理解できる。つまり、礼拝施設は巡礼者に巡礼旅であることを確認させる空間的仕掛けとして機能していたのである。

　以上のように、近世において、熊野街道の伊勢山田から熊野新宮までの街道には、巡礼者が認識しやすい地点を中心に、適当な間隔をおいて巡礼に関連付けされた礼拝施設が展開し、巡礼者に巡礼旅であることを確認させる空間的仕掛けとして機能していたことが明らかとなった。

3. 見所の展開

(1) 本項の目的

　本項では伊勢山田から新宮までの巡礼路沿いに展開する礼拝施設以外の見所について特定を行い、立地、性格と機能の特定を行う。前節で検討したように、伊勢山田から新宮までの途中に成立する礼拝施設については、巡礼者に自らの旅が巡礼旅であり、歩行する道が巡礼道であることを確認させる機能があった。しかし、道中案内には礼拝施設以外のいわば「見所」とするべき場所が紹介されている。そこで、本章においては、見所の立地、性格と機能について検討を行い、巡礼旅に施された旅の演出について明らかにすることを目的とする。

(2) 研究方法

　道中案内の記述内容から、道（道の状況・宿泊施設・休憩施設）や礼拝施設以外の記述を抽出し、その記述内容の整理を行う。そうして把握した見所の中から多数の道中案内で取り上げられる重要な見所について、記述内容やその他の文献からその性格を把握する。さらに、見所の立地について、前節同様、その距離や到達日、地勢などから検討を行い、見所の特性の把握を行う。最後に、見所と礼拝施設について比較を行い、それぞれの特性を明らかにする。

(3) 礼拝施設以外の見所の把握

1) 道中案内に基づく見所の抽出

　まず、現在までに収集した道中案内から礼拝施設以外の見所と考えられる箇所について抽出を行った。道中案内には、巡礼旅において経由する集落の名称（第Ⅱ章1節で検討）や、礼拝施設の名称（前小節で検討）のいずれにも属さない土地や事物等の名称が記されている。これらを「見所」として把握する。見所の抽出は、前節同様、下記の道中案内より行った（**表22**）。

　見所については、記述内容が各道中案内で異なり、礼拝施設ほどの画一性が見られない。そこで、7冊の道中案内のうち、過半数の4冊以上の道中案内で紹介されている見所について、一定の重要性があると考え、これらについて分析の対象とする（**表23、図41**）。

表22　分析対象の道中案内一覧

書名	発行年	
	和暦	西暦
『西国三十三所道しるへ』	元禄3年	1690
『巡礼案内記』	享保13年	1728
『西国順礼細見記』	安永5年	1776
『巡礼道中指南車』	天明2年	1782
『西国順礼道中細見増補指南車』	文化3年	1806
『新増補細見指南車』	文政12年	1829
『天保新増　西国順礼道中細見大全』	天保11年	1840

表23　7冊の道中案内のうち4冊以上で紹介されている見所

書名	西国三十三所道しるへ	巡礼案内記	西国順礼細見記	巡礼道中指南車	西国順礼道中細見増補指南車	新増補細見指南車	天保新増西国順礼道中細見大全	西国三十三所名所図会	
編者	養流軒一簞子	笠屋五郎兵衛	西川氏	大坂屋長三郎	左楽斎	沙門某	俣野通尚池田東籬	暁鐘成	
刊行年	元禄3年	享保13年	安永5年	天明2年	文化3年	文政12年	天保11年	嘉永6年	
	1690	1728	1776	1782	1806	1829	1840	1853	
								本文	挿絵
田丸城	○	○	○	○	○	○	○	○	
蚊野の松原			○	○	○	○	○	○	○
長者屋敷	○	○	○	○	○	○	○	○	
伊勢紀伊国界	○	○	○	○	○	○	○	○	○
西行松	○	○	○	○	○	○	○	○	
親しらず子しらず	○		○	○	○	○	○	○	
鬼が城	○	○	○	○	○	○	○	○	
あふま権現二王石	○		○	○	○	○	○	○	
南海の眺望			○	○	○	○		○	○

※　○は記述が有ることを示す

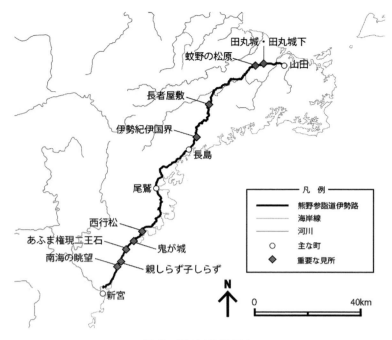

図41　重要な見所位置図

2) 抽出された見所の分析方法

次いで、抽出された重要な見所について、紹介されている内容を把握する。内容については、道中案内の記載内容について整理するとともに、『西国三十三所名所図会』での本文記述状況と挿絵描写状況も合わせて検討する。

『西国三十三所名所図会』は大坂の暁鐘成の編輯により嘉永6（1853）年に刊行されたもので、題名にある三十三札所のみの案内にとどまるものでなく、名所旧跡、伝承や出土物の類も収録した地誌的なものとなされている。また、ふんだんに挿入された当時の風俗を伝える写実的な図や、道中の景観や社寺の丹念な鳥瞰図などとともに、史料的価値を高いものとしている[129]。そのため、本書の挿絵に取り上げられる項目については、本書の記述の中でも特に重要なものであると考えられる。伊勢山田から熊野新宮までの区間において挿絵として描かれたのは全部で18件ある（**表24**）。これを性格ごとに分類すると、主に道に関係する図像

129　臨川書店（1991）：解題：西国三十三所名所図会 版本地誌体系2：臨川書店

表24 『西国三十三所名所図会』挿絵一覧（伊勢山田から熊野新宮まで）

名称	内容	分類	道中案内から抽出された重要な見所
柳の渡	川・渡し船・集落	道	
田丸城下	家	見所	該当
蚊野松原	松原・村人・標柱	見所	該当
原大辻観音庵	寺院・村	礼拝施設	
無量山千福寺	寺院	礼拝施設	
三瀬川	川・渡し船・滝	道	
三瀬嶺	山・地蔵・茶店・道	道	
瀧原宮	社・道	礼拝施設	
瀧原宮其二	道・寺院	礼拝施設	
荷坂嶺	海・山・集落・茶店・道	見所	該当
間越峠岩船地蔵堂	堂・茶店・山・岩	道・礼拝施設	
八鬼山	山・集落・道	道	
八鬼山嶺荒神茶屋	茶屋・堂	道・礼拝施設	
十五郎茶屋	茶店・猿・道・山	道	
西行松	松・道・行人・茶店	見所	該当
木本湊	魚・町人・家	見所	
七里の濱	海浜・並松・海・岩山・道	見所	
花之窟	岩山・並松・行人・海	礼拝施設	

が、柳の渡、三瀬川、三瀬嶺、八鬼山、十五郎茶屋の5件、礼拝施設が原大辻観音庵、無量山千福寺、瀧原宮、瀧原宮其二、間越峠岩船地蔵堂、八鬼山嶺荒神茶屋、花之窟の7件、それ以外の箇所が田丸城下、蚊野松原、荷坂嶺、西行松、木本湊、七里の濱の6件である。道中案内から抽出された重要な見所9箇所のうち、田丸城下、蚊野松原、荷坂嶺、西行松の4箇所については挿図を合わせて検討する。また『西国三十三所名所図会』における重要な見所該当箇所の記述もあわせて検討する。

3）抽出した見所の性格

ⅰ 田丸城・田丸城下

まず、道中案内に見える田丸城・田丸城下の記述を**表25**にまとめた。

表によると、道中案内の記述には大きく3つの要素があることが分かる。1つ

には、ここは町であるということである。2つには、ここには紀州和歌山藩の城郭があるということである。3つには、大和初瀬街道と熊野道との分岐点であるということである。このうち、町の記述をみると、『新増補細見指南車』では「名物合羽たばこ入をうる店多し」、『天保新増　西国順礼道中細見大全』では「此所にてもおひつる売あり又名物合羽たはこ入を売店多し」として、巡礼者が購入できる物品についての記述が見られる。これは、田丸が、巡礼者が物品を購入して巡礼旅の準備を整えることができた場所であることを示している。

また、『西国三十三所名所図会』の挿絵を見れば（図42）、「合羽処」と示した看板を吊る店で、傍らに笈を置き、笈摺を着用した夫婦もしくは親子と思われる人物が物品を購入している様子や、店の外で、笈を背負い笈摺を着用しているとみられる人物が店内の様子をうかがう様子が描かれる。それに隣接して御宿という看板を吊し、店の中に畳んだ布団や行灯をおく建物が描かれる。さらに往来をみれば、笈摺を着用した西国巡礼者だけでなく、伊勢山田方面へ寄進物を運ぶと

表25　田丸城・田丸城下の道中案内記述状況

書名	西国三十三所道しるへ	巡礼案内記	西国順礼細見記	巡礼道中指南車	西国順礼道中細見増補指南車	新増補細見指南車	天保新増西国順礼道中細見大全
刊行年	元禄3年	享保13年	安永5年	天明2年	文化3年	文政12年	天保11年
	1690	1728	1776	1782	1806	1829	1840
記事内容	此所よき町有	田丸町	町家			宿名物合羽たばこ入をうる店多し町家多し	田丸城下也宿此所休にてもおひつる売あり又名物合羽たはこ入を売店多し町家多し
	紀州様御屋しき有	御城あり	御城有	田丸一万石城主紀州久野丹波守	一万石紀州御家老久野丹波守	田丸御城紀州様御番城一万石久野丹波守	田丸御城紀州様御番城
		町の内より左りへ行右ハやまとはせかいたうなり	町すぐに行ばはせ道、左くまの道	町中のはしこへてすぐに行道りじゅんれい道	町中の橋こゑてすぐに行せ寺道左巡礼道	大手町直に行ハ大和初瀬道左へ行ハ熊野道	大手町直に行ハ大和初瀬道左行ハ熊野道又高見越。吉野道立石有

図42 『西国三十三所名所図会』「田丸城下」

図 43　田丸城下付近現況（2015 年 12 月、筆者撮影）

みられる馬子や扇を振り上げ賑やかに進む旅人、また、魚を商う人物や道端で口論する人物など、さまざまな人物が描かれ、町の賑わいと旅人の多さを示している。このように、近世を通して紹介される田丸は、巡礼に関連する町であるとともに、賑わいと活気にあふれる町として巡礼者にとらえられていたものと考えられる。

ii 蚊野松原

　まず、道中案内に見える蚊野松原の記述を**表 26** にまとめた。道中案内の記述はいずれも簡素で、その名称を記すにとどめる。次に、『西国三十三所名所図会』の記述を見れば、蚊野松原について、「野篠蚊野を経て原にいたる間凡一里半ばかり左右雌松の原にして道ひろく平なり樹下には松茸多く生ずるを以て往来道すじの外行人みだりに入ことを禁ず」とあって、この松原が松茸の産地であることを示す。また挿絵には松原への立入を禁止する標柱が立っているのが見え、巡礼者だけでなく、地元住民と思われる人物が行き交う様子も描かれる（**図 44**）。これらのことから、蚊野松原はこの地域の生活に密着した松原として認識されていたものと考えられる。なお、今日では蚊野に松原は現存しない。1940 年代頃に開墾され、現在では柿畑になっている（**図 45**）。

表 26　蚊野松原の道中案内記述状況

書名	西国三十三所道しるへ	巡礼案内記	西国順礼細見記	巡礼道中指南車	西国順礼道中細見増補指南車	新増補細見指南車	天保新増西国順礼道中細見大全
刊行年	元禄 3 年 1690	享保 13 年 1728	安永 5 年 1776	天明 2 年 1782	文化 3 年 1806	文政 12 年 1829	天保 11 年 1840
記事内容			次ニかのゝ松原	かののまつばら	かのゝ松原	此間かのゝ松原	

図44 『西国三十三所名所図会』「蚊野松原」

図45 蚊野松原付近現況（2013年5月、筆者撮影）

表27 長者屋敷の道中案内記述状況

書名	西国三十三所道しるへ	巡礼案内記	西国順礼細見記	巡礼道中指南車	西国順礼道中細見増補指南車	新増補細見指南車	天保新増西国順礼道中細見大全
刊行年	元禄3年 1690	享保13年 1728	安永5年 1776	天明2年 1782	文化3年 1806	文政12年 1829	天保11年 1840
記事内容	長者野とて古へ長者の有し所の野あり	次ニ長者が野	長しが野	長者が野	長者屋敷の跡あり	長者屋しき跡あり	

iii 長者屋敷

　瀧原宮から阿曽へむかう途中に存在する野原で、道中案内には長者屋敷の跡、長者野とも記される。この付近には今日でも字名として「長者野」が残るとともに、昭和37（1962）年の埋蔵文化財包蔵地の調査では4基の古墳の所在を確認している。さらに、周辺は縄文時代以降の遺物の散布地であり長者野遺跡となっている[130]。

　まず、道中案内に見える長者屋敷の記述を表27にまとめた。『西国三十三所道しるへ』には、かつて長者がいた所の野がある、という記述があり、『西国巡礼道中細見増補指南車』や『新増補細見指南車』の「長者屋敷の跡あり」という記述はそれとほぼ同一とみて良いだろう。その一方で、『天保新増西国順礼道中細見大全』に紹介はなく、『西国三十三所名所図会』にも記載はない。そこで、「長者屋敷」の具体像を知るため、道中日記の記述内容を見ると、文政10（1827）年の『西国順拝道芝の記』に「それより少し行きて長者ケ野とてむかし長者の住し屋敷跡なるよし間口一町ほと奥行五六丁程有山と山との谷間なり原中に塚二ツ有り長者の墓なりとそ」として、野原と塚二つが存在している様子が理解できる。

　明治27（1894）年の地図[131]を見ると、南東から北西に広がる独立丘陵と、山塊から舌状に張り出す尾根筋との間に、幅100メートル程度、奥行500メートル程度の平坦地が広がっている状況が見え、ここが「長者野」であると考えられる。

130　大宮町（1987）：大宮町史歴史編、p.58
131　大日本帝国陸地測量部（1894）：滝原村

図46　長者屋敷付近現況（2015年12月、筆者撮影）

今日では、現地に大紀町立大宮保育園、大宮小学校、大宮中学校が所在し、古墳もすべて削平され、近世の「長者屋敷」の痕跡をみとめることは困難である（**図46**）。

さて、道中案内での記述はきわめて簡素で、長者の屋敷跡というのみである一方で、道中日記にはその大きさや、塚があり、長者の墓であるといった情報が記述されている。このことから、この土地がかつての繁栄を彷彿とさせる場所として巡礼者に認識されていたものと考えられる。

iv　伊勢紀伊国界

道中案内に見える「伊勢紀伊国界」の記述を**表28**にまとめた。まず、全ての道中案内に共通する記述としては、坂・峠があること、峠が伊勢国と紀伊国の境界であることが見られる。このことから、この見所は境界であることを明示する意味を有していると考えられる。

さらに、『西国三十三所道しるへ』には海が見えるという記述が見られる。また、『西国三十三所名所図会』では挿絵（**図47**）を付したうえで、「東南の滄海渺々として、紀の路の浦々遠近に連なり長嶋二江なんど眼前にありて風景言語に絶す。」という記述があり、海と海岸、集落による眺めを評価している。これらの記述は、この地点が海の見える視点場であることを明示していると考えられる。海が見える地点は、伊勢山田を出発以降この荷坂峠が初めての場所であり、この新しい眺望の対象である海は、境界という認識を一層際立たせるものであったと考えられる。

以上から、伊勢紀伊国界は、巡礼者に、「境界」として認識されていたものと

表28 伊勢紀伊国界の道中案内記述状況

書名	西国三十三所道しるへ	巡礼案内記	西国順礼細見記	巡礼道中指南車	西国順礼道中細見増補指南車	新増補細見指南車	天保新増西国順礼道中細見大全
刊行年	元禄3年 1690	享保13年 1728	安永5年 1776	天明2年 1782	文化3年 1806	文政12年 1829	天保11年 1840
記事内容	小坂ありまた此間ニ坂と云坂あり	此間に坂峠	次に坂有	坂有	坂有	二坂峠上り十二丁下り十八丁	二坂峠上り十二丁下り十八丁
	此所伊勢と紀州との境なり	せい州き州のさかひ也	峠より伊勢紀伊境也	峠ハ伊勢きしうの国さかひ	峠よりきい	伊勢紀伊国界	伊勢紀伊国界
	海見ゆる						
						茶店	茶店一軒
		是よりくまのちにかかる	是よりくまの路にかゝる				伊勢山田より国界まで卅六丁道十五里 国界より紀州藤代迄五拾丁道六十三里半 すべて熊野といふ

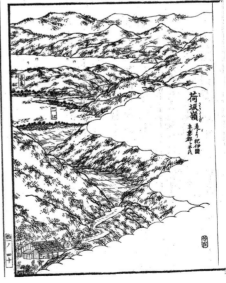

図47 『西国三十三所名所図会』「荷坂嶺」

図 48　荷坂峠付近現況（2013 年 4 月、筆者撮影）

考えられる。

v　西行松

　『西国三十三所名所図会』において茶屋の前に大きな松が描かれている地点である（図 49）。道中案内に見える西行松の記述を**表 29** にまとめた。表から、「大ふき坂」の峠に「松」があり、これを紹介していることが分かる。次に松の記述をみると、『西国三十三所みちしるへ』は、名称を「さがり松」とし、その内容を「二本一所にはへたる枝のさかりたる松あり」とするのみで、西行の名は見えない。『順礼案内記』では「ほうじの松」と名称を示すのみで、これも西行の名は見えない。しかし、18 世紀後半の『西国巡礼細見記』に至り、「峠に西行の松あり」と、西行の記述が初めて登場し、以降は西行松の記述が継続する。さらに今日では「地元の子どもとのやりとりに自らの才能の無さを嘆いた西行がこの松の場所で引き返した」という伝承まで付与されている[132]。西行は治承 4（1180）年に実際に熊野から伊勢へ旅しており、このときの和歌が『山家集』に紹介されていることか

ら、18世紀頃、この地にあった名木の松に西行の故事が付託されたと考えられる。西行が旅の歌人として近世において著名であったことは松尾芭蕉の『奥のほそみち』にも度々登場することなどからも明らかで、「西行松」の名称は巡礼者に「旅」に対するさまざまな感情を惹起したと考えられる。

　ところで、西行松の場所については、「大ふき峠」に立地すると記述する点はすべての道中案内で共通するが、「大ふき峠」の位置については『西国三十三所道しるへ』から『西国巡礼道中細見増補指南車』までは新鹿〜波田須に、『新増補細見指南車』『天保新増　西国順礼道中細見大全』は波田須〜大泊にその記述がある。現在「大吹峠」として呼称される峠は波田須〜大泊にあり、近世末の道中案内と一致する。しかし、西行松の跡は新鹿〜波田須にあるとされており、近世末以前の道中案内と一致する。つまり、西行松の位置と峠の名称に混乱が見られるのである。近世の道中日記の記述には、「生え替わりの松」「今は若木」といった記述が認められる。このことから、江戸時代後期のある時期に、西行松が枯死し、現在の大吹峠の位置に生えていた松を西行松として新たにみとめ、峠の名称とともに移されたのではないかと考えられる。なお、今日、新鹿〜波田須間の坂道の名称は残っておらず、このこともこの推論を支持するといえよう。

　なお、今日では松の大木は認められない（図50）。

表29　西行松の道中案内記述状況

書名	西国三十三所道しるへ	巡礼案内記	西国順礼細見記	巡礼道中指南車	西国順礼道中細見増補指南車	新増補細見指南車	天保新増西国順礼道中細見大全
刊行年	元禄3年	享保13年	安永5年	天明2年	文化3年	文政12年	天保11年
	1690	1728	1776	1782	1806	1829	1840
区間	新鹿―波田須	新鹿―波田須	新鹿―波田須	新鹿―波田須	新鹿―波田須	波田須―大泊	波田須―大泊
記事内容	此間大ふき坂とて小坂あり	坂有	大わき坂小さかなり	大ぶき坂小坂也	大ぶき坂	大■峠二	大引峠大ふきといふ倶也
	此坂にさがり松とて二本一所にはへたる枝のさかりたる松あり	峠にほうじの松有名木なり	峠に西行の松あり	峠に西行松あり	峠に西行法師の松有	西行松	峠二西行の松
							茶や一軒有

132　大野草介（2001）西行と伊勢路：熊野道中記　いにしえの旅人たちの記録：みえ熊野学研究会

図49 『西国三十三所名所図会』「西行松」

図50 西行松付近現況（2015年12月、筆者撮影）

vi 鬼が城

　まず、道中案内に見える鬼が城の記述を**表30**にまとめた。この「鬼が城」は現在の「熊野の鬼ヶ城」[133]であると考えられる。道中案内の記述はごく簡素で位置と大岩あるいは岩窟（岩や）であることを記すのが大半で、『西国三十三所みちしるへ』のみ「おそろしき」という言葉を付す。

　鬼が城は、『西国三十三所名所図会』所引の「清水寺縁起」に登場し、その中で坂上田村麻呂が征討した鬼の住居であるとされる。現地は、東西1.2キロメートルにわたって連なる熊野酸性岩の大岩壁である。半ドーム状の岩壁は波と風の浸食によって、階段状の平坦面は数回にわたる急激な地盤の隆起によって形成されたもので[134]、天井部には蜂の巣状の風蝕痕が見え、床面は板のように平らな棚となっており、特異な地形を呈する（**図51**）。

　つまり、この鬼が城は、この地域の独特な自然地形に「鬼」の伝説が付加され、巡礼者に「おそろしき」印象を与える場所として認識されたと考えられる。

表30　鬼が城の道中案内記述状況

書名	西国三十三所道しるへ	巡礼案内記	西国順礼細見記	巡礼道中指南車	西国順礼道中細見増補指南車	新増補細見指南車	天保新増西国順礼道中細見大全
刊行年	元禄3年 1690	享保13年 1728	安永5年 1776	天明2年 1782	文化3年 1806	文政12年 1829	天保11年 1840
地点	木本	木本	木本	木本	木本	木本	大泊
記事内容	町東の海中山の出崎に鬼が城とておそろしき岩や見ゆる	鬼か城といふ大岩あり	東海中山の出さきに鬼が城あり	鬼が城といふ大岩	東の海中ニ鬼か城と云う大岩あり	東の海中に鬼か城といふ大岩有	左の岬ニ鬼城といふ岩窟あり此所ハ見えず

vii あふま権現二王石

　今日、獅子巖と呼ばれている岩塊とその南側にある岩塊のことである（**図52**）。獅子巖は獅子が口をあけて太平洋に向かって吠えているような形状を示すことからそのように呼ばれている。道中案内の記述（**表31**）によると、『西国

133　国指定天然記念物及び名勝
134　三重県教育委員会ホームページ：守ろう活かそう文化財データベース「熊野の鬼ヶ城附 獅子巖」http://www.bunka.pref.mie.lg.jp/bunkazai/da/［2018年11月13日閲覧］

図51　鬼が城現況（2014年6月、筆者撮影）

　『三十三所道しるべ』には、「岩のかしら一つは口をひらき」という記述がみえ、元禄年間から現代まで岩塊の形状に変化はないものと考えられる。一方、いずれの道中案内も西いづち村にある「あふま権現の二王石」として記述されている。つまり、単なる獅子の形状をした特異な岩塊ではなく、「あふま権現」すなわち大馬権現という宗教施設に関連する見所として巡礼者に紹介されていることが理解できる。

表31　あふま権現二王石の道中案内記述状況

書名	西国三十三所道しるへ	巡礼案内記	西国順礼細見記	巡礼道中指南車	西国順礼道中細見増補指南車	新増補細見指南車	天保新増西国順礼道中細見大全
刊行年	元禄3年	享保13年	安永5年	天明2年	文化3年	文政12年	天保11年
	1690	1728	1776	1782	1806	1829	1840
記事内容	海辺に高十七八間ほど成り景気すさまじき大岩弐つ東向二あり是より西いつち村と云所権現にあふま権現の社あり此権現の二王石といふなり此岩のかしら一つらは口をひらき一つは口をとぢて居るる形に見ゆる		次の海辺に高さ十七八間の岩二つ有但し東向き西いつち村といふ所にあふま権現の社有此権現を守護したまふ仁王石なり。此岩のかしらをひらき一つは口をとぢのまゝごとし	おうま権現二王石	西いづち村にあふま権現の社有二王石と云ふ大岩有	西いつち村にあふま権現の社あり二王石と云大岩あり	次二海辺二高サ十七八間の岩貳つ有あふま権現の二王石といふ

図52　あふま権現二王石現況（2014年3月、筆者撮影）

viii 親しらず子しらず

まず、道中案内に見える「親しらず子しらず」の記述を**表 32** にまとめた。「親知らず子しらず」は、七里御浜における難所の渡河地点に対し名称を付したものであることがわかる。波が高いときに波が引いた瞬間を見計らって走り渡らないといけないことから、親子であってもお互いに後ろを振り向く余裕がない、として「親しらず子しらず」と名付けられたという名称起源が語られている。現地を荒天時に踏査すると、太平洋から打ち寄せる波は高く、浜へ出ることも危険な程であることから、この地点が非常に大きな旅の障害として、すなわち旅の困難を示す場所として巡礼者には認識されたと考えられる。

なお、その記述は、七里御浜の志原川、市木川に限定されていたものが文化年間には大泊の項目で主に叙述され、志原川・市木川はその名称で紹介されるだけになる。こうした記述の変化と「見所」としての記述の変化は、舟渡しの整備に伴う危険回避経路の確立と関係しているのではないかと考えられる。

現在、志原川、市木川の河口は七里御浜において確認することができる（図 53）。

図 53　親しらず子しらず現況（志原川河口付近、2015 年 12 月、筆者撮影）

表32　親しらず子しらずの道中案内記述状況

書名		西国三十三所道しるべ	巡礼案内記	西国順礼細見記	巡礼道中指南車	西国順礼道中細見増補指南車	新増補細見指南車	天保新増西国順礼道中細見大全
記述場所								
刊行年		元禄3年	享保13年	安永5年	天明2年	文化3年	文政12年	天保11年
		1690	1728	1776	1782	1806	1829	1840
記事内容	大泊					海へ[一行欠落]すべて山を下れハ海辺にて大難はてしなく余所の国へつづき鯨あつまる海より寄来る大涛の引たる間を考へ走り越るゆへ親子も跡を見返る事能ず号て親しらず子しらずと云ふ行さき所ゝ然れは日和よく海上しづか成時ハ此難所一向にしらず		此辺の道すべて山を下れハ海辺にて大難はてしなく余国へつづき鯨あつまるなりちよする大波の引たる間を考えゆゑ走り越るも親子を見かへるいとまなおしやしらずとしづく行さき所々にも有し天気よく海上しづかなるときハ此難一向になし	
	志原川市木川	しはら川と云川あり難所なり親しらすといふ川も有此親しらず子しらすと云う因縁壱此川をいかにしてわたるべきといふ家もなし渡り場は磯辺也左は大海きわもなふして浪山のおとうねり来てはまに打あぐる音さましわたる時浪打よせたるひまも渡るなりその時後をも見かへさす我さきにと渡るゆへにおやしらしこしらしわら川一里行て一鬼漆と云ふ子しらす川ありましるすことく難所なり		次にし原川おやしらずといふ川有此おやしらずといふ事は左りは大海山のごとくうねりはまにうちあぐるその音すさまじくわたる人もまなく浪の引きましこさりかへるなりにたるゆへはいふなやしらずおとり一里過子しらず川やしらずと同じ事にてなんじょなりのどかる日は海に浪なく川水かしはるゆくもまわり廻船見ゆる	志はら川小也一木村茶や有同川あり此二ツの川もおやしらずといふ	次にしばら河一木村茶屋有一木河此二ツの川親しらず子しらずと云ふな所也	志原川なみ際を渡る親しらずといふ波高きとハ渡りがたし故に右の方ニ舟渡り有　市木村宿有此の処にも　川有前と同し	志原川波際を渡る親しらず波高きときは渡がたし故に右の方ニ舟渡有有馬よりー市木村宿有此所にも川有前に同し

ix 南海の眺望

　七里御浜からの海の眺めのことである（**図54**）。道中案内を見ると（**表33**）、志原川・市木川の親しらず子しらずに引き続き記述される。静かな海に廻船が遙かに見える眺めを「他になし」として評価している。また『西国三十三所名所図会』において「七里の濱」は「此浜ハ木本の湊より新宮にいたる街道にして右の方は並木の松原百数十丁連なり左は東南の滄海 渺々として白浪磯に打よせ向ふに新宮の岬を見わたし澳を走る大舟釣する海士の小船などの風景言語に絶す実に旅中第一の景地というべし」とあって、その眺めは道中案内の「南海の眺望」とほぼ同一の内容をもつことが理解できる。このように、浜を視点場とし、そこから見る絶景の紹介といえよう。

　さらに3つの道中案内では峯の上もしくは山上の狼煙台の紹介につづけて中国船の漂着について紹介する。七里御浜の西側を向くと、山は実際に目にすることはできるが、そこに所在する狼煙台を目にすることは難しい。さらに、異国船が実際に漂着する状況やそれに伴い狼煙が上がる状況を目にすることは、巡礼者にはほとんどないだろう。つまり、狼煙台や異国船の漂着に関する情報は実際に目にしうるものの紹介というよりはむしろ、眼前の太平洋を介してこの場所が異国につながる土地として巡礼者に感じさせる情報の紹介であると考えられる。

　南海の眺望においては、浜を視点場とし、太平洋を絶景として紹介するとともに、太平洋と狼煙台に外国船の物語を付すことで、異国情緒を強調している。則ち、この場所では、太平洋の絶景を異国情緒と関連付けて紹介しているものと考えられる。

（4）礼拝施設以外の見所の立地と機能

　次に、これら見所の立地について検討する。ここまでに把握した重要な見所は、合計9箇所である。これを、伊勢山田から熊野新宮までの縦断図に、その立地の状況を図示した（**図55**）。その結果、見所が集中して立地する箇所とほとんど立地しない箇所とに分かれることが判明した。このうち、見所の立地する箇所は、地勢が比較的平坦で歩きやすい箇所であること、見所が立地しない箇所は連続川越や連続峠越を行う地勢が険しく歩きにくい箇所である事が図から読み取れた。つまり、これら見所は、歩くのが容易で歩行に倦怠する箇所に立地し、巡礼者に歩行を継続させる仕掛けであったと考えられる。

表33　南海の眺望の道中案内記述状況

書名	西国三十三所道しるへ	巡礼案内記	西国順礼細見記	巡礼道中指南車	西国順礼道中細見増補指南車	新増補細見指南車	天保新増西国順礼道中細見大全
刊行年	元禄3年 1690	享保13年 1728	安永5年 1776	天明2年 1782	文化3年 1806	文政12年 1829	天保11年 1840
記事内容			のどかなる日は海に浪なく川水なしはるかに廻船見ゆる	此所別してあらなみなるのどかなる日ハうミ川川波なく廻船はるかに見へて南海の眺望又他になし	此辺弓手の方別してあら海ハ共長閑成日川に水なく廻船海静遙に見へて南海の眺望又他になし	此辺弓手の方別してあら荒うみなれども長閑なる日ハ川に水なく海静かに廻船はるかに見えて南海の眺望また他になし	
				山の峯に狼煙あり是ハ異国の船入きたる事を遠見してしぜんの事あるときニハけふりをあげて本城和歌山につげる備へ連々とかくのごとし	道筋所々の山上に狼煙有是は異国の舟入来るを遠見して若山江知らす備へなり	道筋所々の山上ニ狼煙ありこれハ異国の舟入来る遠見して若府にしらする備へ也	
				近くは宝暦十三未ノ年唐土の船此浦になかれ来る国主より台聴に達してなかさきにをくり本土福州にかへす	近ハ宝暦十三未の年福州船寛政十二申の年蘇州船熊野浦に漂着して台聴に達し長崎に返し本国に送りす	近ハ宝暦十三未の年福州舟寛政十二申の年蘇州舟熊埜浦漂着し台聴に達し長崎へ送り本国へ移す	近くハ宝暦十三未の年…

　以上のように、熊野参詣道沿道で紹介される見所はさまざまで、伊勢神宮・熊野三山・西国巡礼に関係しないものばかりである一方で、人の営みなどの日常世界（賑わい、暮らし、かつての賑わい）や、地理的境界、非日常世界（伝説、宗教、絶景、異国情緒）を演出する内容をもっていることが判明した。すなわち、これら見所は、たんなる眺めを提供するだけでなく、場所の意味も合わせて提供していたと考えられる。西田正憲は、日本人の近世以前の伝統的な風景観について「実景よりも文学にあらわれる場所の特別の意味が重要なのである。それは後の〈視覚の風景〉に比べ〈意味の風景〉といってもよい。景観よりも意味が大切なのだ。このような意味とは本来環境に内在しているものではなく、われわれが投影するも

図54　南海の眺望現況（2015年12月、筆者撮影）

のであり、隠喩にほかならない。中世においては、風景とは隠喩による場所の意味にほかならなかった。風景へのこのまなざしは近世まで続く。」[135] と指摘する。西田のいう〈意味の風景〉は文学に登場する場所の意味に基づくが、伊勢路に展開する見所は、単なる〈視覚の風景〉ではなく、そこに視対象以外の情報を付加することでそれぞれの見所に意味をもたせている点では、これら見所も「意味の風景」としてとらえることができるだろう。つまり、伊勢路の見所は、「意味の風景」を構成しているといえる。

　さらに、これら見所を構成する意味の風景は、起点に近い伊勢近傍にあっては、人の営みなどの日常世界（賑わい、暮らし、かつての賑わい）を、荷坂峠は伊勢紀伊国界として境界を、目的地に近い熊野近傍にあっては非日常世界（伝説、宗教、苦難、異国情緒）を演出する内容をもっていることが判明した。つまり、伊勢路は、伊勢から熊野までの旅路の中で、日常世界から非日常の世界への旅を演出する仕掛けが施されていたと考えられるのである（**表34**）。

135　西田正憲（1999）：瀬戸内海の発見──意味の風景から視覚の風景へ：中公新書

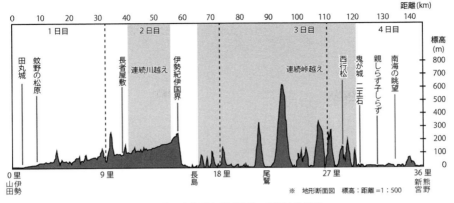

図55　熊野参詣道伊勢路沿道の見所立地状況

(5) まとめ

　以上の検討により、伊勢山田から熊野新宮までの熊野参詣道沿道には見所が多数成立し、道中案内等で紹介される状況が明らかとなった。熊野参詣道沿道に成立する見所は、いずれも熊野三山や伊勢神宮、西国三十三所巡礼とは関連せず、礼拝施設とは性格を異にする。これら見所は、地理的条件や地勢的条件を背景にして眺めの特殊性を視対象として示しながらも、人の営みや地理、伝説、宗教、苦難、異国情緒など場所の意味が示されていた。

　さらに、これら見所の立地を検討すると、歩行が容易で歩行に倦怠しがちな箇所に立地することが判明した。つまり、巡礼者に歩行を継続させる仕掛けであったことが明らかとなった。さらに、その見所の配列を検討すれば、伊勢近傍にあっては、日常世界（賑わい、暮らし、かつての賑わい）を、荷坂峠は伊勢紀伊国界として境界を、目的地に近い熊野近傍にあっては非日常世界（旅の伝説、旅の苦難、伝説、奇異、絶景）を演出する内容をもっていた。つまり、伊勢路は、伊勢から熊野までの旅路の中で、日常の世界から非日常の世界への旅を演出する仕掛けが施されていたと考えられる。

　こうした見所の性格は、礼拝施設と大きく異なる。礼拝施設が巡礼者に巡礼旅である事を確認させる機能を有していたのに対し、見所は巡礼者に日常世界から非日常世界への旅路を演出することで、巡礼旅を続ける意欲をわかせる機能を有していたと考えられる（図56）。

表34 見所の立地・視対象・情報と性格

名称	視対象	視対象以外の情報	推定される性格	日常／非日常
<伊勢山田>				
田丸城・田丸城下	城・町・人々	合羽・たばこ入れ・おひつる・紀州一万石久野家	賑わい	日常世界
蚊野松原	松原・村人・標柱	松茸	暮らし	日常世界
長者屋敷跡	野・谷間・塚	長者屋敷の跡	かつての賑わい	日常世界
<連続川越区間>				
伊勢紀伊国界	坂・峠・海・茶店	伊勢紀伊国界	境界	境界
<連続峠越区間>				
西行松	坂・峠・松・茶屋	西行	旅の伝説	非日常世界
鬼が城	大岩・岩窟	鬼が城	「鬼」の伝説	非日常世界
あふま権現二王石	大岩	あふま権現、二王石	宗教施設	非日常世界
親しらず子しらず	川・磯・大海・浪	親しらず子しらず	旅の苦難	非日常世界
南海の眺望	海・廻船・山の峯	眺望・狼煙・異国船・遠見・中国船	絶景・異国情緒	非日常世界
<新宮>				

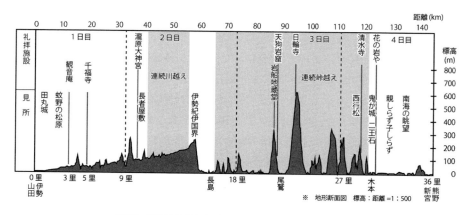

図56 熊野参詣道伊勢路沿道の礼拝施設・見所立地状況

4. まとめ

　本章においては、主に道中案内から重要な礼拝施設・見所を抽出し、史料や自治体史からそれぞれの礼拝施設、見所と巡礼との関係を把握するとともに、巡礼路の縦断図等により、その立地の特性と配列を明らかにすることで、17世紀から19世紀において、「伊勢神宮」と「熊野三山」を結ぶ道として機能した伊勢路の空間に配置された諸要素を特定した。

　まず、礼拝施設については、巡礼者の旅の行程1日あたりの歩行距離に必ず1ヵ所以上毎に礼拝施設に参詣させる空間的仕掛けが存在し、それらは道中案内によって巡礼旅と関連付けられていた。また、見所については、歩行に倦怠しがちな区間に巡礼者に気分を刷新させ、自身の位置を示す空間的仕掛けが存在し、それらは道中案内によって意味の風景を与えられ、日常世界から非日常の世界への旅を演出する意味を与えられていた。礼拝施設と見所は空間的仕掛けと道中案内の情報の組み合わせによって巡礼者の意識に変化を与えていたと考えられ、これら2つの要素は相互補完的であった。

　このように、17世紀から19世紀において、「伊勢神宮」と「熊野三山」を結ぶ道として機能した伊勢路に施された巡礼路の諸要素が抽出された。

3 近世の巡礼者が熊野参詣道伊勢路に見出した価値

(1) 巡礼空間の装置性

　第2節において、17世紀から19世紀において、「伊勢神宮」と「熊野三山」を結ぶ道として機能した伊勢路を構成する空間に配置された諸要素として、礼拝施設と見所が特定され、当時の人々が影響を受け、価値を見出していた対象であったことが判明した。

　まず、礼拝施設については、巡礼者が認識しやすい地点を中心に、適当な間隔をおいて巡礼に関連付けされた礼拝施設が展開し、巡礼者に信仰の旅であることを認識させるとともに、歩行する道が伊勢を起点に熊野三山へ通じる道であることを確認させる空間的仕掛けとして機能していた。また、見所は歩行が容易で歩行に倦怠しがちな箇所に立地し、巡礼者の気分を刷新するとともに、日常世界から非日常世界への旅路を演出し、巡礼旅を続ける意欲をわかせる空間的仕掛けとして機能していた。このような礼拝施設と見所の機能は相互補完的であり、いずれも熊野参詣道沿道の自然地理的条件を背景にしつつ、巡礼者の巡礼旅を促進させる空間的仕掛けとして機能していたと考えられる。すなわち、巡礼者はこれら空間的仕掛けによって、「道」を巡礼路として認識していたのである。

　下村彰男らは、「空間の異界性、非日常性を支え、来訪者の心の状態や気持ちの切り替えや高まりに働きかける空間的仕掛」を「装置性」と定義した[136]。伊勢路は閉じた面的空間ではなく、伊勢神宮と熊野三山という性格の異なる始点と終点を結ぶ細長い線状の空間であり、そこでの体験は連続的である。そこで本書においては、「性格の異なる始点と終点を結び、その間の移動において、気持ちの切り替えや高まりに働きかけ、連続した関連する体験を促す空間的仕掛け」によって道路空間の装置性は形成されると定義した。この装置性を有する巡礼空間に対し、巡礼者は、信仰の旅であることを認識し、伊勢と熊野を結ぶ道であることを確認し、巡礼旅を促される価値を見出していたと考えられる。つまり、装置性を有する伊勢路の道路空間に対して、巡礼者は価値を見出していたと考えられるのである。

136　下村彰男、江頭俊昭（1992）：近世における結艮空間の装置性に関する考察：造園雑誌 55（5）、pp.307-312

第2節は、主に道中案内の記述内容を基礎史料とし、道中案内の執筆者が一般の巡礼者に提案する巡礼体験の内容にもとづき、道路空間の有する装置性を明らかにしたものであった。そこで、本節においては、このような道中案内による事前の情報提供をうけたと考えられる巡礼者が、実際に巡礼旅を行ったときに、どのような巡礼体験をしたのかを明らかにすることを試みる。すなわち、熊野参詣道伊勢路の装置性について、当時の巡礼者が伊勢から熊野までの道路空間のどの地点においてどのような体験をし、どのような感情をもつに至ったのかを検証する。

(2) 研究方法

　近世の日記の記述から当時の人々の体験を明らかにする試みとしては、鎌倉について近世の道中日記から観光経路や滞在拠点の成立過程について検討した研究[137]や、嵯峨野について風景の重層性について検討した研究[138]がある。また、近代以降の紀行文や随筆型の案内書の記述から松島について旅行者の眺めの体験を明らかにした研究[139]がある。これらの研究は、過去の日記等の記述から当時の人々がどのような対象に対して、どのような価値を見出していたかを明らかにしようとするものである。

　そこで本節においては、これら先行研究を参考に、17世紀から19世紀の「道中日記」を基本史料とし、道中日記から巡礼者が記録した視対象・感情を示す語句を抽出・整理することで巡礼者の体験と感情の検討を試みる。具体的には、まずこれら日記の記述から視対象と感情に関する語句を抽出する。次に、それぞれの語句について、視対象については人物から空までの14項目、感情については、良い感情と悪い感情の2項目に語句を分類した上で、その語句が記述された巡礼路上の位置・区間を特定する。そのうえで、位置・区間ごとに記述される語句の数量や項目の偏り、組み合わせから、各位置・区間ごとの記述内容の特徴を把握し、それぞれの位置・区間を巡礼者がどのように認識していたのかを明らかにす

---

[137]　押田佳子・横内憲久・岡田智秀・瀬畑尚紘（2011）：紀行文より捉えた近世鎌倉における観光経路および滞在拠点の成立過程に関する研究：ランドスケープ研究74（5）
[138]　山口敬太・出村嘉史・川崎雅史・樋口忠彦（2010）：近世の紀行文にみる嵯峨野における風景の重層性に関する研究：土木学会論文集D vol.65 No.1, pp.14-26
[139]　伊藤弘（2011）：近代の松島における風景地の整備と眺めの関係：ランドスケープ研究74（5）

る。位置・区間については、礼拝施設および見所の各地点とそれ以外の区間に分け、それ以外の区間については、地勢的状況にもとづく4区間（伊勢山田から長者屋敷跡の平坦区間、長者屋敷跡から伊勢紀伊国界までの連続川越区間、伊勢紀伊国界から木本までの連続峠越区間、そして木本から新宮までの海浜区間）に分けて把握する。最後に、このようにして把握された視対象や感情の連続する体験のなかにおける変化から、装置性が巡礼者にどのような影響を与え、巡礼者が装置性にどのような価値を見出したかを明らかにし、装置性の効果を検証する。

(3) 結果
1) 巡礼者の視対象と感情の語句の抽出

18世紀から19世紀に記述された道中日記から視対象と考えられる語句、感情の発露と考えられる語句を抽出した。今回、分析対象としたのは、国立国会図書館の蔵書検索により検索できた西国巡礼日記や、自治体史・調査報告書所収の翻刻された日記などこれまでに筆者が参照・入手した道中日記のうち、伊勢山田から新宮までの巡礼旅を行っていることが判読できた18文献である（**表35**）。

次に、視対象にかかる語句について抽出を行った。その結果、視対象としては1379語句を抽出した。さらに抽出した語句を先行研究[140]を参考に14項目に分類を行った（**表36**）。一方、感情・評価にかかる語句としては161語句を抽出した。また、これら語句は言葉の意味と前後の文脈から、良い感情と悪い感情に分類した（**表37**）。

加えて、抽出・分類した語句について、その記述された地点を特定した。記述された地点は、ここまでの検討で把握した17箇所の礼拝施設および見所の地点と、それ以外の区間に分けた（**表38**）。

140　伊藤弘（2011）：近代の松島における風景地の整備と眺めの関係：ランドスケープ研究74（5）

表35　分析対象とした道中日記一覧

文献番号	書名	和暦	西暦	筆者
①	「その濱ゆふ」	宝永2年	1702	嵐雪・朝叟
②	「伊勢参宮道中記」	宝永3年	1703	某
③	「伊勢参宮・西国巡拝道中記」	明和2年	1765	木村有周
④	「西国三十三番巡礼紀行」	明和7年	1770	釣雪亭桐左
⑤	「西国順礼日記」	安永2年	1773	辻武左衛門
⑥	「伊勢参宮道中記」	天明6年	1786	大馬金蔵
⑦	「西国道中記」	天明6年	1786	某
⑧	「西国道中記（加筆）」	寛政2年	1790	某
⑨	「西遊記神都詣西国巡礼」	寛政8年	1796	鈴木牧之
⑩	「西国順礼記」	文化4年	1807	龍泉寺州椿禅師
⑪	「西国順礼道中記」	文化9年	1812	廣三郎
⑫	「西国順拝道芝の記」	文政10年	1827	某
⑬	「西国道中記」	天保12年	1841	角田藤左衛門
⑭	「道中日記帳」	弘化2年	1845	神戸由左衛門
⑮	「伊勢西国道中記」	弘化4年	1847	福田藤吾
⑯	「伊勢参宮道中記」	嘉永3年	1850	大和屋（木地屋）某
⑰	「道中日記帳」	安政3年	1856	渡辺吉蔵
⑱	「道中日誌」	明治13年	1880	宗田伝治右衛門

表36　視対象の分類

人物：	予、各々、我々、首、足、涙、汗、（人名）、人、姿、真裸、巡礼、同行、同半、友、友雁、二人、三名、四名、四たり、御師、案内、あるじ、宿のこもの、きもいり、舟長、船頭、川越人、山伏、遊女、里人、漁夫、あみ引、種時人、人力、夫婦、男女、宿老、女、賤の女、賤、小あるき、わらんべ、人通り、髑髏
食物：	澤水、茶、酒、地蔵餅、名物餅、餅、ちまき、魚、大鯛、さくら鯛、鱗、いわし、さわら、さんま、ひらきするい、さめ、かれい、干物、鰹節、山のいも、ふき、御数、煮〆、皿、御平、ぜんまい、椎茸、大根の切干、ミそ、豆、生麩、塩焼、青柚、だいだい、夕飯、昼、昼食、中食、弁当、煙草、なしつばきの葉

道具：	荷、つづら笈、白かしの棒、つへ、飯ごり、網すきかけ、扇、草鞋、笠、合羽、きせる、おいつる、順礼記、絵図面、納経、妙薬、二日灸、提重、袖、夏衣、ひとへもの、由来記、縁起、名、こがみ、御祓、御役所下札、船、艪杭、みさほ、のぼり、半弓、升、もり、くじらつきもり、さき本之ほそき所、ほそきつな、ゑ、生柴、まないた、天秤、車、熊野炭
設置物：	御仏、観音、千手観音、十一面観音、三十三観音、辻観世音、西国道引きの本尊、守ほんぞん、三法荒神、あみだ、薬師、下野国岩船地蔵尊うつし、岩船山地蔵尊、七五三縄、鳥井、地蔵、塚、墓、願主の名、俗名、面、右高野大和左なちさん道ト有、碑、石、石碑、石牌、供養塔かき、井かき、鹿垣、石垣、田地、墓石、詠歌、鯨の頭、跡、炉
建築物：	茶屋、茶店、峯茶屋、宿、小宿、宿や、泊り、泊り屋、泊り屋敷、旅籠、城、御城、御城下、村、むら、浜、小浜、漁浜、きの浦、町端、町はづれ、町はづれ、町、湊、人家、すすき葺、わらふき家、町、町家、在郷、市中、町中、三四軒、戸五百軒、家数五百軒計、戸数千軒、家数千軒、家千五百軒、家数千五百軒、寺、ふどう堂、十一面観音堂、御堂四間四面、観音堂、千手観音堂、手引観音堂、岩舟観音堂、堂、御堂、地蔵堂、岩船地蔵堂、日輪寺、大佛堂、三宝荒神ノ社、田村丸観音、北帝山清水寺、社、御社、宮、御宮、宮造り、両社、二社、三社、瀧原太神宮、鳴尾大神宮、奥玉命、竝大神宮、若宮大神宮、長生大神宮、猿田彦の社、いさなきの宮、滝原神社、並神社、ひむろ、廻船、船着湊、番所、役所
道：	道、坂、峠、平地、（地名）坂、（地名）峠、船、渡船、渡し、舟渡し、船渡し、橋、板はし、小橋、歩渡り、歩行渡り、山坂、大坂、小坂、坂上り、坂々、急登り、上り坂、下り坂、弐度渡り、山ノ間道、浜路、別道、浜道、敷石、石ノ敷詰、巌石の上、舟路道二ツ、二た道、野路、あぜ山道、へり道、平ば道、坂なし、道平カ、平平地、松原道、道筋、山道、山路、山の峯、ウネリ
動物：	馬、うし、蛭、蛍、雁、鶯
草木：	花、櫻麻、萱草、鬼あざみ、山菖蒲、蛇いちご、風蘭、つつじ、もち花、げんけ、萩、薄、鬼薄、麦、ほ、田、苗代、森、大成林、並木、名木、御宝木、松、松原、小松原、かさまつ、五葉之松、似松、弓はり松、狩野松原、西行松、杉、夫婦杉、兄弟杉、はうき杉、三枚屏風杉、鳥居杉、なん除杉、子持杉、男女杉、ヒヨクレンリ杉、七本杉、七色の杉、屏風杉、杉四杉、山田ノ滝祓杉、角力とり杉、田虫杉、檜ノ木、椎、榊、楓、梅、毛透梅、錦の梅、桜、西行桜、葉桜、榧、紅葉、つげ、大木、枯木、鳳凰竹、よし竹、竹、竹の葉、熟柿、よし、なら、青葉、白檀、壱の枝、柳、柏、ヒバ、杉山、木立、冬葉ノ木
時節：	日和、晴、天気、快晴、五月晴、雨、雨天、小雨、大雨、雨ふり、雪、雲霧、霞、八重霞、暁、地震
川：	清水、小流レ、川、河、大川、小川、川々、（川名）川、川二タ瀬、川三瀬、川原、川向、向山川渕、落口、ながれ、谷川、水かさ、出水、瀧、清滝、法滝、青きが滝
野：	原、野原、長者野、長者が野、原中、池、大池
山：	山、山々、山間、山中、土山、峯、中峯、山の峯、山上、山の中たん、紀の山、やき山、要害山、えぼし山、名山、谷、谷間、岩、大岩、立岩、岩山、六丈岩、天狗岩、阿唵の岩、般若岩、大石、二王石、岩屋、窟、岩家、大岩屋、洞、霊窟、鬼の岩屋、鬼か岩屋、鬼が城、鬼の岩や、花ノ岩、王子の岩屋、上段の間、下段の間、山岸、嶋、嶌々、小島、大嶋、はなれ嶋、魔見ヶ嶋、岬、赤島
海：	くまの浦、紀州浦、海辺、浜辺、海ばた、海ぞへ、海手、江、入江、海、入海、内海、海面、海中、海上、渚、磯、磯山、磯辺、磯辺り、荒磯、海岩、飛松、大ばんじゃく、波、浪、しら浪、波風、荒波、八月浪、波打ち、際、波間、潮、南海、大洋、大海、沖、浜、荒浜、七里ケ浜、小砂利浜、砂、玉子石、かたかみの池
空：	空、雲井、東雲、雲、海日、日の出、朝日、暁、朧月

※　情報は取り上げない。例）屋号、価格、地名、里数

表 37 感情（評価）に関する語句の分類

良い：	よし、よろし、能、吉、宜、殊、良し、大よし、上、上々、上々吉、又他なし、見物、おもしろき見物事、をかし、面白し、楽ミ、楽しさ、祝フ、慕ふ、恋し、幸い、涼し、うれし、珍し、ふしぎ、希異、すさまじ、いのちなりけり、却而つかれを忘る、心おかるる旅寝、深切、気もうちとけ、長閑、助る、絶景、景地、筆に及ばぬ景色、筆に尽くしがたし、風情いわむかたなし、景よきこといわんかたなし、景好、古今無双の景地、勝ル風景
悪い：	難所、大難所、難場、難儀、難渋、歩難し、難に迎フ、急、険路、嶮岨、悪し、ひざふるひまなこくるめきぬ、わきまへしらず、また越ゆべきとおもふものひとりもなし、南無大悲、残念、名残、いぶせし、淋し、涙をなかす、床し、哀し、無常を観ず、固唾を呑む、おそろし、込、込り入る、心細し、さみし、不自由、わかり難し

表38 視対象・感情数一覧表

地点名	起点(外宮)	区間1／田丸城	区間2	蚊野の松原	区間3	観音庵	区間4	千福寺	区間5	瀧原大神宮	区間6	長者屋敷	区間7	伊勢紀伊国界	区間8	岩船地蔵堂
人物	15	0	0	1	0	1	1	0	4	4	0	0	7	0	9	0
食物	2	2	0	0	0	0	1	0	5	0	0	0	3	0	18	0
道具	10	2	0	1	0	0	0	3	3	3	0	1	3	1	20	0
設置物	0	1	0	0	0	4	1	3	0	0	0	4	3	0	1	3
建築物	6	20	0	0	1	3	1	6	11	32	0	1	6	2	26	11
道	7	0	0	0	2	0	4	0	22	0	0	3	13	8	65	4
動物	2	0	0	0	0	0	0	0	0	0	0	1	0	1	2	0
草木	1	0	2	10	0	0	0	0	2	71	0	4	0	1	2	0
時節	2	1	0	0	0	0	0	0	5	1	0	0	3	1	6	0
川	9	0	0	0	0	0	0	0	19	0	0	0	21	0	20	0
野	0	0	1	0	0	0	3	0	0	0	0	10	5	0	0	0
山	0	0	0	0	0	0	0	2	0	3	0	2	1	2	15	5
海	0	0	0	0	0	0	0	0	0	0	0	0	0	2	29	1
空	1	0	0	0	0	0	0	0	0	0	0	0	1	0	8	0
合計	55	26	3	13	3	8	13	12	74	111	0	26	66	18	221	26
感情 良い	0	0	0	0	0	0	0	0	1	2	0	0	1	3	16	0
感情 悪い	5	2	0	1	0	0	3	0	9	1	0	0	3	1	15	1

2) 視対象数による区間の特徴の把握

次に、視対象の記述数について、4区間の比較検討を行った。まず、区間内で礼拝施設や見所が多ければ視対象数が増加する（**表39**）。そこで、礼拝施設や見所についてはこの分析からは除外し、それ以外の区間によって分析を行った。ついで、視対象数は区間距離が長ければ増加し、短ければ減少することから、単位距離当たりの数量で比較を行った。ただ、分析対象区間は地勢の変化が激しく、単位時間当たりの移動距離は地勢によって変化する。そこで、距離を空間距離ではなく時間距離である「里」を用いることにした。すなわち、1里あたりの視対象記述数によって比較を行った。

									第4区間								終点（熊野新宮）
区間9	天狗岩窟	区間10	日輪寺	区間11	西行松	区間12	清水寺	区間13	鬼ヶ城	区間14	二王石	区間15	花の岩や	区間16	親しらず子しらず	区間17	南海の眺望	区間18	
0	0	7	2	22	1	3	0	0	1	0	0	2	0	1	0	0	0	1
0	0	10	4	22	0	0	0	1	0	0	0	0	0	2	0	2	0	1
0	0	3	3	14	0	0	2	1	1	0	0	0	0	2	0	2	0	2
0	2	4	8	2	0	1	4	2	0	0	0	0	6	0	0	0	0	0
0	0	7	18	30	0	7	12	10	0	5	1	0	1	0	0	2	1	5
0	0	11	2	48	8	5	1	13	0	3	0	0	1	6	5	5	1	13
0	0	2	0	0	0	0	0	0	0	0	0	0	0	0	0	0	0	0
0	0	4	0	6	16	26	0	7	2	1	0	0	4	5	1	1	1	0
0	0	5	0	4	0	1	0	1	0	2	0	0	4	1	1	0	0	1
0	0	9	0	12	0	0	2	9	0	2	0	0	0	5	7	5	0	21
0	0	0	0	0	0	0	0	0	0	0	0	0	0	0	0	0	0	0
0	1	3	0	10	0	2	13	3	13	4	4	0	25	0	0	0	0	1
0	0	2	1	23	0	0	5	4	1	5	3	4	3	7	7	5	8	3
0	0	0	0	1	0	0	0	0	0	0	0	0	2	0	0	0	0	0
0	3	67	38	194	25	45	39	51	18	22	8	6	42	32	21	23	11	48
0	0	10	1	17	0	0	0	5	0	3	1	0	3	7	3	2	3	2
0	1	14	2	10	1	3	1	1	0	0	0	1	0	0	2	0	0	1

表39　距離と視対象数等関係表

	区間距離（里）	区間のみの視対象数	礼拝施設・見所箇所数	礼拝施設・見所での視対象増加数	合計視対象数
第1区間	10	148	6	196	344
第2区間	4	66	0	0	66
第3区間	18	578	6	149	727
第4区間	4	131	5	100	231
合計	36	923	17	445	1368

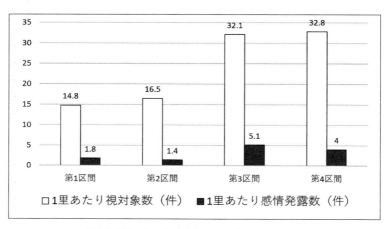

図57 道中日記に記述される1里ごとの記述内容

　その結果、伊勢山田から伊勢紀伊国界までの第1、第2区間においては、記述される視対象数が少なく、連続峠越え区間、海浜地帯の第3、第4区間においては視対象数が増加することが判明した（**図57**）。合わせて、感情発露件数も検討したところ、同様の傾向を示した。このことから、第1、第2区間は印象的な区間とはいえない一方で、第3、第4区間は印象的な区間であると考えられる。

　次に区間ごとの視対象の特徴を把握するため、区間ごとに、先に分類した14項目の記述数の多かった上位5項目の比較を行った（**表40**）。

　その結果、次のような特徴が把握された。まず、全区間を通じて多いのは道と川に関する記述である。巡礼者は道の上を歩き、川は歩行渡りにせよ舟渡しにせよ、歩く際の障壁となる存在であることをふまえると、道と川の記述の多さは巡礼旅が徒歩による移動であるという特性を反映しているとみられる。次に第1・第2区間においては、人物の記述が多い。これは、伊勢山田から田丸付近で、それまで一緒に旅をしてきた旅仲間と別れる記述が多いためと考えられる。地形の変化が著しくなる第3区間に至って記述の内容は大きく変化し、建築物や海、食物が多く出現する。建築物は、集落における宿の記述や峠における茶屋の記述が多く、食物の記述もまた宿や茶屋での記述が多い。海は峠や下り坂、集落付近など至る所で記述される。さらに第4区間に至って、建築物は大きく後退し、変わって海、時節、草木の記述が上位をしめる。この区間では、海、松原、さらに晴天や雨天といった気象状況が一体となった眺めの記述が増加する。このように、巡

礼者が注目する対象は旅が進むにつれて変化することが明らかとなった。

表40　各区間における視対象記述数の上位5項目

	第1区間	第2区間	第3区間	第4区間
1位	道	川	道	川
2位	川	道	建築物	道
3位	人物	人物	海	海
4位	建築物	建築物	食物	時節
5位	道具	野	川	草木

3) 視対象のタイプ分けによる特徴の把握

以上の分析の結果をふまえ、各区間と礼拝施設・見所も含めた伊勢から熊野の視対象に関する特徴把握を試みた。各地点・区間における視対象は、複数の視対象の組み合わせによって構成されている。そこで、先行研究を参考に、視対象の出現頻度を変数に主成分分析を用いて要素を縮約した上でクラスター分析を行い、視対象をタイプ分けした。

まず、**表38**で示した視対象の一覧表のデータを元に、地点名をケースに、視対象の分類を変数に設定し、主成分分析を行った。その結果、第4軸までの固有値が1以上で第4軸までに累積寄与率が77.42％となった（**表41**）。

表41　主成分分析結果（1）

主成分	固有値	寄与率	累積寄与率
第1軸	6.709	47.92%	47.92%
第2軸	1.531	10.94%	58.86%
第3軸	1.386	9.90%	68.76%
第4軸	1.213	8.67%	77.42%

第1軸は、食物、道具、道、時節に特に高い値が示されることから「営み性（人の営みを示すものと関係するか）」、第2軸は山と設置物が高い値を示すことから「立体性（立体的なものを対象としているかどうか）」、第3軸は建築物と草木が高い値を示すことから地表から高さを伴って存在する「地物性（地物を対象としているかどうか）」、第4軸は野の値が高いことから「平坦性（平坦地かどうか）」、と解釈された（**表42**）。これら4軸の因子得点を用いてウォード法によるクラスター分析によりタイプ分けを行った。その結果、至近景（建築物・野）5件、設置物＋建造物5件、道＋海5件、視対象少8件、道・川・至近景中心2件、山2件、設置物・野・海以外2件、建築物＋至近景1件、草＋建築物1件、海＋道＋営み1件、道中心1件、野1件、山注視1件に分類することができた。

　次にこれらのタイプと地勢との関係をみると、まず第1区間においては、近景に属する視対象が中心となることが分かった。第2区間の連続川越区間においては道・川・至近景中心、第3区間においては、至近景に加えて、道の要素が多く見られるようになり、第4区間に至って海の要素が強くなることが判明した（**表43**）。

　さらに、タイプとして1箇所もしくは2箇所しか存在しない箇所について検討すると、それらは、近世を通じて紹介される礼拝施設4箇所（瀧原宮・日輪寺・清水寺・花の窟）と、重要な見所2箇所（長者屋敷・鬼ヶ城）、さらに連続峠越・連続川越区間であり、こうした地点・区間が特異な眺めの体験を提供しているといえる。すなわち、伊勢路の装置性は、巡礼者の特異な眺めの体験として有効に機能していると考えられる。

4）　感情・評価語句の記述数に基づく特徴の把握

　さらに、感情・評価の語句について検討した（**図58**）。

　記述される感情の中身について検討すると、第1・第2区間では、「熊野路に趣きて　熊野路の春や淋しき人通り（**表35** 文献番号⑨、以下表番号は同様に略す）」、「心細くさみしき様に相成申候（文献番号⑪）」、「五十三次と違何欤不自由にて込り入申候（文献番号⑪）」など、巡礼者同士の別離の情や旅路への不安が吐露され、悪い感情が優先する。これは第1・第2区間では別離の対象としての人物の記述が多いことと対応すると考えられる。

　次に、第3区間の連続峠越区間では、「八鬼山にかかる。各いまだふみ見ぬさきよりひざふるひ、まなこくるめきぬ（文献番号①）」「皆自然石ノ石を段々敷て

表42 主成分分析結果（2）

	第1軸	第2軸	第3軸	第4軸
人物	.773	.023	.312	.082
食物	.870	.274	.172	-.045
道具	.906	.233	.174	-.047
設置物	-.104	.697	.109	.539
建築物	.505	.270	.737	-.058
道	.927	.213	.054	-.121
動物	.624	.005	-.111	.344
草木	-.085	-.153	.874	-.070
時節	.870	-.084	.061	.004
川	.784	-.133	-.099	.069
野	.011	-.041	-.096	.847
山	.216	.829	-.076	-.142
海	.766	.364	.003	-.322
空	.717	.443	-.084	-.111

（網掛けは絶対値が最も大きい軸）

表43 区間ごとのタイプ数

タイプ名	第1区間	第2区間	第3区間	第4区間	総計	実際の位置
視対象少	3		1	4	8	
設置物＋建造物	3		2		5	
至近景（建築物・野）	2		3		5	
設置物・野・海以外	2				2	
草＋建築物	1				1	瀧原宮
野	1				1	長者屋敷
道中心			1		1	区間8：連続峠越
道・川・至近景中心		1	1		2	区間7：連続川越 区間10：尾鷲付近
道＋海			1	4	5	
建築物＋至近景			1		1	日輪寺
海＋道＋営み			1		1	区間11：連続峠越
山			1	1	2	清水寺・鬼ヶ城
山注視				1	1	花の窟
総計	12	1	12	10	35	

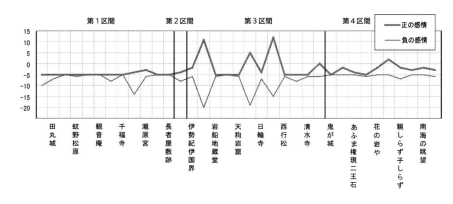

図58　伊勢山田から熊野までの正の感情・負の感情の変化

道ヲこしららゑ至極難所也（文献番号⑤）」「大ニ坂きう也（文献番号⑥）」「聞しに勝る難場也（文献番号⑪）」「それより行さき岩山にて大なん所（文献番号⑫）」「石高く誠ニ難所也（文献番号⑭）」「石すき誠難所也（文献番号⑰）」など、坂道での苦しさに伴う悪い感情が発露される一方で、「峠より少し下りおわせ町海見江而至極風景能処也（文献番号⑤）」「此処至極長閑なり目の下にくまの浦一めに見ゆる波は静やかに最早桜最中つつじ花咲申候ひとへものにて宜敷所なり古今無双の景地嶌々数々あり難所を忘るゝ計にて暫らく相休み一見仕申候（文献番号⑪）」「それより三丁上りて峠なり此所より海辺所々見わたりて景よき事いわんかたなし（文献番号⑫）」「尾鷲といふ所に宿しけるに、折ふしあるじの深切にて同行七人に粽二ツヽ振舞ひ、夕飯には山のいもにふきなど取まぜ賄なはれ、いかばかりうれしく是にて節供の祝義も調ない侍りて　よい宿や気も打とけて粽かな（文献番号④）」など、峠で目にする眺めの美しさや、宿泊施設に到着したときの安堵感にともない、良い感情が発露される。これは、第3区間で建築物や食物といった宿泊施設や峠の茶屋に関係する要素や、眺めの要素として海などが視対象の上位に見られることと関係すると考えられる。

さらに、第4区間の海浜地帯に至ると、「拠々面白き浜道也（文献番号⑤）」「廻船遙ニ見へて南海の眺望又他なし（文献番号⑧）」「松原道よき道筋なり（文献番号⑪）」「みな磯ノ小砂利浜にて景よき磯なり（文献番号⑫）」など眺めの美しさを賞賛する良い感情が多く見られる。これは、視対象で海や草木などの記述が増加することと関係すると考えられる。

このように、伊勢山田から新宮までの巡礼旅は、徒歩旅行という特性に起因して道や川に常に注意を払いつつ、旅の同行や旅を支える人々の営み、海や木々が織りなす眺めなど、巡礼旅をとりまく「風景」に注目して旅を進めており、それら風景と巡礼者の感情は密接に関係していることが明らかとなった。こうした巡礼体験は、伊勢山田から新宮にいたる巡礼旅を単調に終わらせない役割を果たしていたと考えられ、巡礼旅の中で心理的な変化を与え、巡礼者を新宮まで歩かせる上で重要な役割を果たしていたと考えられる。

(4) 装置性の効果

　巡礼者は伊勢山田から熊野新宮までの道中において、変化していく風景の中を、感情を次々と変化させながら旅していたことが明らかとなった（**表44**）。
　まず、視対象の記述の分析からは、全区間を通じて多いのは道と川に関する記述であることが判明した。このことは、巡礼旅が徒歩による移動であるという特性を反映していると考えられた。視対象記述数についてみると、第1・第2区間においては、人物の記述が多かった。地形の変化が著しくなる第3区間に至ると、建築物や海、食物が多く出現した。建築物と食物はいずれも集落の宿や峠の茶屋の記述に関連していた。海は峠や下り坂、集落付近など至る所で記述される。第4区間では、海、時節、草木の記述が上位をしめた。次に視対象のタイプ分けからは、まず第1区間においては、近景に属する視対象が中心となることが分かった。第2区間の連続川越においては道・川・至近景中心、第3区間においては、

表44　巡礼者の眺めの体験と感情

		第1区間	第2区間	第3区間	第4区間
視対象数上位		人物	人物	建築物・海・食物（宿・茶屋）	海・時節・草木
視対象タイプ		近景	道・川・至近景中心	至近景・道	海
特異な眺めの体験	区間		○	○	
	礼拝施設	瀧原宮		日輪寺・清水寺	花の岩や
	見所	長者屋敷			鬼ケ城
感情		負	正／負	正／負	正

至近景に加えて、道の要素が多く見られるようになり、第4区間に至って海の要素が強くなることが判明した。
　さらに、タイプとして1箇所もしくは2箇所しか存在しない箇所について検討すると、それらは、近世を通じて紹介される礼拝施設4箇所（瀧原大神宮・日輪寺・清水寺・花の岩や）と、重要な見所2箇所（長者屋敷・鬼ヶ城）、さらに連続峠越・連続川越区間であり、こうした地点・区間は特異な眺めの体験を提供していた。
　加えて、日記に記される感情は、第1区間においては負の感情が発露されるのに対し、第2区間、第3区間に至って正と負の感情が交互に激しく発露され、第4区間に至って正の感情が発露される状況が見られた。これら、感情の発露は視対象と密接にかかわっているとみられた。
　以上のように、伊勢路は、地勢とそこに配置された礼拝施設・見所の組み合わせによって感情を変化させる装置として有効に機能していたことが明らかとなった。巡礼者はこのような伊勢路の装置性に対して、感情を変化させることで巡礼旅を励まし、前へ進むよう促す価値を見出していたと考えられる。

第Ⅲ章

近世の地域住民からみた 「熊野参詣道伊勢路」

1　はじめに

　本章では近世において西国巡礼路の一部として熊野参詣道伊勢路（以下、伊勢路）が機能していた段階において、地域住民が伊勢路にどのような価値を見出していたのかについて検討する。

　近世の地域住民が伊勢路を旅する巡礼者とどのような関係を持っていたかについては、近世道中記や、尾鷲大庄屋文書、大泊の若山家善根宿納札の調査・分析を行った塚本明らによる研究の蓄積がある。塚本らは、大庄屋文書の分析から、地域住民が石畳の敷設など街道の維持管理を担っていたこと、紀州藩が一里塚の整備や道標の維持管理を命じていたこと、行政をになう大庄屋などが困窮した巡礼者を扶助し、費用を負担していたこと、あるいは、無料で宿泊場所を提供していた善根宿の実態等を明らかにしている[141]。塚本らによる一連の調査・研究は、近世における地域住民が、公的か私的かを問わず、巡礼者と関係をもち、これを扶助する役割を果たしていたこと明らかにしている点できわめて重要である。

　ところで、巡礼路そのものとの関係について考える時には、道の維持管理や整備に対する、地域住民の関わり方を明らかにすることが必要だと思われる。この点においても、塚本らはすでに石畳の敷設や道標の維持をはじめとした道の整備について整理を行っている。このうち、道標については、三重県教育委員会が実施した石造物調査において、悉皆的な調査を実施し、その結果がすでに公表されている[142]。この中では、道標に記載された文字、法量が一覧表に整理され、全体像が把握されるとともに、これら道標のなかには「くまの」を指し示す道標が多いことが指摘されている。また造立者についても、地域住民が設立したものが多いのではないかとの指摘がなされている。

　一方で、これまで道標については、個別の実測図を作成するなどの考古学的な調査が行われたことはなく、また道標の指し示す目的地を道標の持つ空間的情報ととらえ、その分布を詳細に検討したものは見られない。そこで、これら道標について、考古学的調査を行い、道標そのものの型式学的な検討と、道標に示された字句の検討による空間的情報の把握をとおして、地域住民が伊勢路にどのような価値を見出していたのかについて明らかにすることを試みる。

141　塚本明（2022）：江戸時代の熊野街道と旅人たち：塙書房
142　三重県教育委員会(2009)：三重県石造物調査報告Ⅰ
　　三重県教育委員会(2013)：三重県石造物調査報告Ⅱ

2　道標の定義

　道標は石造物の調査の対象となり、自治体による総合調査や自治体史において設置位置や設置年代、指し示す方向などが報告されることが多い。しかし、道標そのものを研究対象とした論考は意外と少ない。ここではまず道標の定義について検討する。これまでに見られる道標の定義については、以下のようなものが見られる。

・広辞苑「道標[143]」
　道路を通行するひとの便宜のため、木・石などに方向・距離などを記し路傍にたてた
　標示物。みちしるべ。
・山本光正による定義[144]
　①　行先地名等の表示
　②　道路名

　「道標」は、単なる地名や施設の名前を記す看板とは区別される必要がある。道標は、そのものが設置される土地とは異なる地名等を表示し、通行者が現在位置する場所から、別の場所へ誘導する働きをもつ。ただし、道（経路）に名称が付されている場合には、その名称を示す場合もある。そこで、本稿では以下の条件に合致するものを道標として取り扱う。

①　道路に設置され、通行者に場所に関する情報を提供するもの
②　道標設置地点ではない地名・施設名や街道名を表す文字や図像が示され、場合によっては、方向や距離が文字や形状、図像、配置の方法で示されているもの

143　新村出 (2008)：広辞苑第六版
144　山本光正 (1991)：近世及び近現代における道標の成立と展開：国立歴史民俗博物館研究報告　第32集、pp.23-68

3　確認された近世にさかのぼる道標の状況

　伊勢路の伊勢山田から熊野新宮約160キロメートルの区間において、道標の状況を調査した。まず、先行して実施されている三重県教育委員会の調査結果を参考にしつつ、伊勢から新宮までの区間を踏査し、道標の状況を確認した（**表45**）。その結果、近世にさかのぼるとみられる道標を25件確認した。これらはいずれも石製である。また、これらは伊勢路沿道やその周辺に今日も遺存しているものであって、沿道から撤去され、博物館や資料館等に保管されているものは含まない。その後、それら道標に対して、実測図を作成するとともに、必要に応じて拓本を採り、表記されている文字・図像を読み取った。

表45　熊野参詣道伊勢路の道標

番号	型式	所在地	銘文
1	Ｖ型式角柱	度会郡玉城町魚町	（正面）左　よしの　くま乃　みち （右面）（指さし）紀州街道 （裏面）さんくう道
2	Ｖ型式角柱	度会郡玉城町勝田	（正面）右くまのかうやよし乃　左たなばししまかた道 （右面）神照山廣泰寺　是より十五丁 （左面）文政七年甲申夏 （裏面）左さんぐうミち
3	Ｖ型式角柱	度会郡玉城町勝田	（正面）右くまのかうや　左さい乃かみ　くつか （右面）冨向山田宮寺　是より十丁 （裏面）すぐさんぐうミち （左面）文政七甲申夏
4	Ｖ型式角柱	度会郡玉城町原	（正面）梵字　國束寺観音道是より三十丁 （右面）神代より國を束ぬる寺なれは福智をわかつ佛なりけり　伊勢順禮九番札所　當山現住覺雄建之 （左面）西国順禮　左参宮道　手引観音江かけぬけ二十五丁 （裏面）文化十三年丙子十月施主　相可西村氏　吉祥寺見並氏　千代大松氏　坂井奥村氏　粟生辻村氏
5	Ｉ型式自然石	度会郡玉城町原	（右面）右くつかミち （正面）左さんくうみち
6	Ｖ型式角柱	度会郡多気町野中	（正面）右よしの　かうや　みち （右面）すくさんくう道 （左面）左さいこく道 （裏面）天保四年癸巳五月建之
7	Ⅲ型式駒形	度会郡多気町野中	（正面）左　くつか道
8	Ｖ型式角柱	多気郡多気町相鹿瀬	（正面）右　くまのみち順礼　手引の観音　是より十八丁 （右面）（梵字）国束寺観音道　峯道三十丁　田丸かけぬけ （左面）天保十二年九月吉辰　願主西麓十八村郷組中 （裏面）神代より　國を束ぬる寺なれば　福智をわかつ　佛なりけり　當山住職　覺雄建之
9	Ｖ型式角柱	多気郡多気町相鹿瀬	（正面）右　くまの道 （右面）左　さんぐう道 （左面）文政八年己酉春

10	Ⅰ型式 自然石	度会郡大台町神瀬	（正面）	左くまの
11	Ⅵ型式 仏像	多気郡大台町下三瀬	（正面） （右面） （左面） （裏面）	右平道より山田内宮まで九里 三界萬靈 左従是西国一番那智山廿八里 願主謹造立之 村中安全 天保第八季龍■
12	Ⅰ型式 自然石	多気郡大台町下三瀬	（正面）	みぎくまの道　ひだり高瀬　やまみち
13	Ⅴ型式 角柱	多気郡大台町下三瀬	（正面） （右面） （左面） （裏面）	すぐ栗谷れいふ神道是より三里廿四丁 左くまの 左　よしのはせかうや京大坂道 右　いせみち　是より宮川迄七里 文化七庚午年二月建焉施主山田舩江町　井川四郎■　河崎町　辻勘■
14	Ⅱ型式 割石	度会郡大紀町三瀬川	（正面）	（指さし）左くまの道 　　　　　みち
15	Ⅵ型式 仏像	度会郡大紀町駒（大内山一里塚）	（正面）	一番なち山へ二十七り 願主大西吉左衞門
16	Ⅲ型式 駒形	度会郡大紀町（大内山村）	（正面） （左面）	（指さし）くまの道 右いせ道
17	Ⅴ型式 角柱	北牟婁郡紀北町紀伊長島区長島（本町交差点）	（正面） （右面） （裏面）	是より那智山に二十四里　北　右くまの道 西　左いせ道 安政四年　施主　伊勢屋せん　小津屋とみ　宇田屋柳　嵐屋とき　田中屋とめ
18	Ⅳ型式 櫛形	北牟婁郡紀北町紀伊長島区長島（加田）	（裏面） （右面） （左面） （正面）	此三禅定門 文化十一戊天 四月十七日 左くまの道
19	Ⅳ型式 櫛形	尾鷲市矢浜	（正面）	くまのみち
20	Ⅰ型式 自然石	尾鷲市三木里町	（正面）	ひだりくまのみち
21	Ⅱ型式 割石	尾鷲市賀田町	（正面） （裏面）	左　熊野道　　　大川柳助 　　右　浅谷道　　　建之 安政元年十一月四日津浪高さ三丈（※記録による）
22	Ⅴ型式 角柱	熊野市新鹿	（正面） （右面） （左面） （裏面）	すく　なち山 右　なち山　左いせ道 天保二辛卯年／世話人角屋長九郎／石工　大矢太蔵 すく　いせ道
23	Ⅳ型式 櫛形	熊野市波田須町西波田須		左　なち山道
24	Ⅱ型式 割石	熊野市有馬町口有馬		右　くまのさん　志ゆんれい　道
25	Ⅰ型式 自然石	熊野市有馬町立石	（正面） （裏面）	右ほんくう近道　左しゅんれい道 文政三　辰七月十一日

4 考古学的調査

1. 研究方法
　主な考古学的調査手法は、道標の型式学的な分類に基づき、時期差や地域差を考察するものである。伊勢路沿道の近世にさかのぼるとみられる道標はすべて石製であることから、まず、すべての道標について実測図を作成した[145]。そのうえで、型式分類を行い、それをもとに時期差・地域差を考察して、状況の解釈を試みた。なお、時期差については、造立年号など、碑文調査の結果も参照した。

2. 型式分類
　まず、道標の形態に基づき、型式分類を行った。その結果、6型式に分類された（図59）。
　Ⅰ型式　　自然石の形のままのもの（自然石）。
　Ⅱ型式　　四角く整形した割石の一面を研磨して文字等を表記したもの（割石）。
　Ⅲ型式　　正面頂部が三角形で断面が長方形を示すもの（駒形）。
　Ⅳ型式　　正面頂部が円弧で断面が長方形を示すもの（櫛形）。
　Ⅴ型式　　正面が長方形で頂部が四角錐その他の形状をとるもの（角柱形）。
　Ⅵ型式　　仏像の形を示すもの（仏像形）。

3. 時期差・地域差の検討
　次に、型式間に時期差・地域差が見られるかについて検討した。
　まず、時期差について検討すると、Ⅰ型式、Ⅴ型式、Ⅵ型式で見られた紀年銘を持つものについては、いずれも19世紀前半の年代を示しており、型式間での有意な年代差は見出し難い状況であった。
　続いて、型式間に地域差が見られるかについて検討した。まず、道標は伊勢付近に多く見られ、南の熊野付近では少ないことに気づく。これは、伊勢付近は平野が広がり、他方向への街道分岐点が比較的多く存在する一方、南は山地が続き、街道分岐点が比較的少ないことから道標が少ないことによると考えられる。
　次に、型式ごとの分布状況を見てみると、Ⅳ型式が伊勢付近に多く見られるが、

145　道標の実測図作成にあたっては、竹田憲治氏、山路裕樹氏にご協力を賜った。記して感謝する。

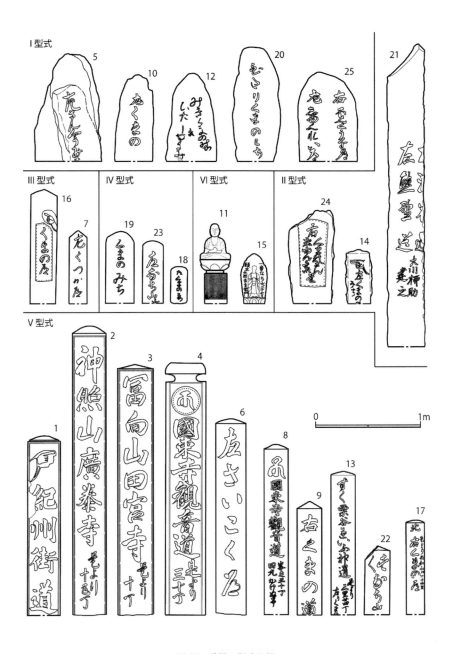

図 59　道標の型式分類

熊野付近にも存在しており、特定の型式が特定に地域に集中することなく、伊勢路全体で見られることが理解される。すなわち、特定の型式が、特定の地域と関連するとは見なし難い。

4. まとめ

　以上の考古学的調査の結果、伊勢路沿道の道標はわずか25個体が6型式に分類された（図60）。また、この型式はさらに細分できる可能性も残されている。最も個体数の多いV型式であっても、大きさにはばらつきがある。また、頭部の形状にも違いが見られる。一方で、特定の地域に特定の型式が関係することは想定できなかった。伊勢路沿道の道標は、型式が多様であり、一貫した規格性が認められないからである。このことから、これら道標は、同時期に何らかの強い主体が計画的に配置した、というよりはむしろ、さまざまな時期に、さまざまな造立主体が設置したことが想定されると言えよう。

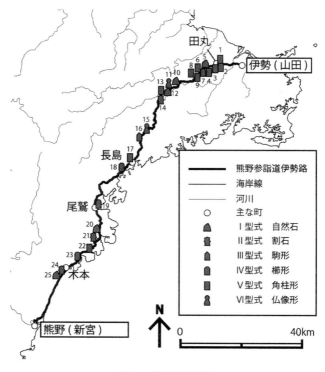

図60　道標の分布状況

5　碑文調査

1. 碑文の示す地名の空間分析

　次に、それぞれの道標に示される文字や図像から読み取れる情報について整理を行った。
　まず、道標に示されている地名について分析を行い、道標の指し示す空間的広がりを把握する。本調査で把握された道標は、道路の拡幅や自動車の通行確保などのために、近傍に移設されているものがほとんどで、厳密に近世からの原位置を保っているものはほとんどないとみられるが、設置されている場所が大きく変化している（たとえば数キロメートル以上動かされる）ものは少ないとみられた。そのため、道標の型式的な分布状況や道標の碑文の示す空間情報などの分析は、一定の意義があると考えられる。

(1) 道標のもつ遠距離の空間情報

　道標が示す地名のうち、巡礼路の起点である伊勢、目的地である熊野や、遠隔地の地名に注目し、道標の示す空間的広がりを把握した。
　その結果、複数の道標で「伊勢」「熊野」「那智山」「じゅんれい」「さいこく」に代表される巡礼起点・目的地、遠隔地の都市である「京」「大坂」「紀州（和歌山）」や霊場の「吉野」「高野」「はせ（長谷寺）」が認められた。
　そこで、これら道標の指す空間的広がりを地図上に示すことを試みた（図61）。道標に記された地点もしくは道標の立地点のうち、最も距離が長くなる2点を選択し、これを直径とする円弧を描いた。たとえば、道標が1地点しか示さない場合には、道標の立地点と道標が示す地点を直径とするとする円弧となる。
　その結果、伊勢と熊野（新宮・那智）の2地点を結ぶ円弧が見られた一方で、伊勢近傍では、遠隔地の京、和歌山などを結ぶ円弧が見られた。さらに、熊野へ向かって次第に縮小していく円弧群が認められた。このことは、道標が、伊勢と熊野を結ぶ双方向的な道路の性質をもちながらも、伊勢から熊野への方向性を持って通行を促す性質をもっていることを顕著に示すものであるといえる。

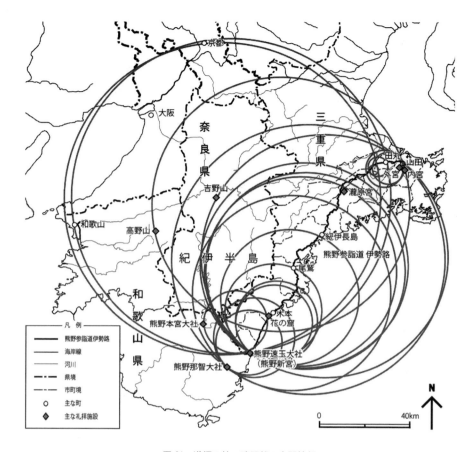

図61　道標の持つ遠距離の空間情報

(2) 道標のもつ近距離の空間情報

　次に、先に検討した道標の持つ遠隔地以外の空間情報について検討した（図62）。その結果、伊勢近傍において、「廣泰寺」、「田宮寺」、「国束寺」（5箇所）、「さいのかみ（幸神社）」、「手引観音（千福寺）」（2箇所）など、近隣の寺社を示す道標群が認められた。

　国束寺は『西国三十三所名所図会』において「湧福智山國束寺教授院」の項に「本尊十一面観世音を安す（中略）俗に國束の観音ト称す　相鹿瀬村の在中に道標の建石あり相鹿瀬より三十丁ばかり山分にあり観世音の利益あらたなるゆへ遠近より参詣する人多し」と記されており、観音霊場であったことが知られる。また、

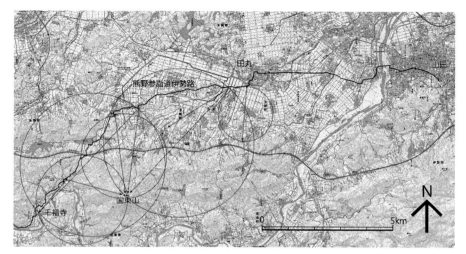

図62　道標の持つ近距離の空間情報

千福寺は伊勢路における重要な礼拝施設の1つであることが判明している（第Ⅱ章第2節）。

また、それぞれの道標が示す距離を見ると、十丁から三十丁の距離が示されている。一丁を109メートルとして換算すれば、1,090メートルから3,270メートルの距離であり、当時の巡礼者が1時間4キロメートルで歩行したとすれば巡礼路から1時間以内で到達できる位置にある。

このように、近世の道標には巡礼路から1時間程度で到着でき、かつ巡礼に関連すると思われる寺社への立寄りを促す空間情報を示していたと考えられる。

2. 碑文の示す造立者の情報

道標には、指し示す地名や距離・方向以外に、道標を設置した人物等の情報や、道標を設置した目的を想起させる文言が刻まれているものも見られる（**表46**）。これら設置者を示す文言には、「建之」「施主」「願主」「世話人」といった語を使うものが見え、氏名のみを刻むものもある。

今回把握された25件の道標のうち、設置者を示すとみられる文言が刻まれているものは7件認められた。また、7件のうち、6件は地域住民や地域住民の代表とみられ、さらに、このうち2件には道標が行先として示す寺院の僧侶の名前が併せて示されていた。残りの1件は伊勢の住民が設置者となっていた。

表46　碑文に見る造立者の名称と性格

番号	型式	所在地	造立者	造立者の性格
4	V型式角柱	度会郡玉城町原	國束寺　現住覺雄 施主　相可西村氏　吉祥寺見並氏　千代大松氏　坂井奧村氏　粟生辻村氏	住職 地域住民
8	V型式角柱	多気郡多気町相鹿瀬	国束寺　當山住職覺雄建之 願主西麓十八村郷組中	住職 地域住民
13	V型式角柱	多気郡大台町下三瀬	施主山田舩江町　井川四郎■　河崎町　辻勘■	伊勢の住民
15	VI型式仏像	度会郡大紀町駒（大内山一里塚）	願主大西吉左衛門	地域住民か
17	V型式角柱	北牟婁郡紀北町紀伊長島区長島（本町交差点）	施主　伊勢屋せん　小津屋とみ　宇田屋柳　嵐屋とき　田中屋とめ	地域住民か
21	II型式割石	尾鷲市賀田町	大川柳助	地域住民か
22	V型式角柱	熊野市新鹿	世話人角屋長九郎	地域住民か

　次に設置目的について整理したところ、11件の道標に設置目的を類推できる字句が見られた（**表47**）。このうち、特定の寺社への立寄りを促すために設置したとみられるものが6件あった。これは、特定の寺社への尊崇を示すための行為であるとみられる。また、11番の坂瀬の道標は、「三界万霊」「村中安全」の文字が見え、設置された年代が天保8（1837）年であることから、天保の大飢饉を受けて、村の安全と死者の供養を祈願して設置されたものと考えられる。この道標は仏像形であることも示唆的である。

　賀田の道標は今日では縦に半裁されており、銘文は半分しか読み取りができないが、記録では「安政元年十一月四日津浪高さ三丈」と刻まれていたとあって、津波の高さが示されていたとみられる[146]。地域住民の大川柳助が津波の被害を忘れないように、道標に津波の記録を刻んだのだという[147]。紀伊長島区長島（本町交差点）の道標は女性5人による造立とみられるが、道標設置の3年前に先の津波が発生して長島の町も大きな被害が出ており、これに関連して造立された可能性がある。

146　倉本為一郎（1953）：南輪内村村誌：南輪内村、p.65
147　道標の立つ賀田の住民である大川善士氏の教示による。

このほか、大内山の道標は地蔵形であり、加田の道標は櫛形で人物名が墓石に近い形状の石材に刻まれており、いずれも、供養と関係する可能性がある。
　このように、道標の造立には地域住民が関与しており、特定の寺社への帰依や、仏・死者の供養、津波の記憶の伝達などを造立の目的としてあわせもっていたと考えられる。

表47　道標の設置目的にかかる銘文

番号	型式	所在地	関連銘文	設置目的
2	Ⅴ型式 角柱	度会郡玉城町 勝田	（右面）神照山廣泰寺　是より十五丁	神照山廣泰寺への立寄り
3	Ⅴ型式 角柱	度会郡玉城町 勝田	（正面）左さい乃かみ　くつか（右面）冨向山田宮寺　是より十丁	幸の神 国束寺 冨向山田宮寺への立寄り
4	Ⅴ型式 角柱	度会郡玉城町原	（正面）梵字　國束寺観音道是より三十丁	国束寺への立寄り
7	Ⅲ型式 駒形	度会郡多気町 野中	（正面）左　くつか道	国束寺への立寄り
8	Ⅴ型式 角柱	多気郡多気町 相鹿瀬	（右面）（梵字）　国束寺観音道　峯道三十丁 田丸かけぬけ	国束寺への立寄り
11	Ⅵ型式 仏像	多気郡大台町 下三瀬（坂瀬）	（正面）三界萬霊 （右面）願主謹造立之 （左面）村中安全 （裏面）天保第八季龍■	村中安全
13	Ⅴ型式 角柱	多気郡大台町 下三瀬	（正面）すぐ栗谷れいふ神道是より三里廿四丁	栗谷霊符山への立寄り
15	Ⅵ型式 仏像	度会郡大紀町駒（大内山一里塚）	（正面）一番なち山へ二十七り　願主大西吉左衛門	供養か
17	Ⅴ型式 角柱	北牟婁郡紀北町紀伊長島区長島（本町交差点）	（裏面）安政四年　施主　伊勢屋せん　小津屋とみ　宇田屋柳　嵐屋とき　田中屋とめ	津波供養か
18	Ⅳ型式 櫛形	北牟婁郡紀北町紀伊長島区長島（加田）	（裏面）此三禅定門	供養か
21	Ⅱ型式 割石	尾鷲市賀田町	（裏面）安政元年十一月四日津浪高さ三丈（※記録による）	津波の注意喚起か

3. まとめ

　以上、碑文の調査からは、道標は伊勢から熊野へ向かう旅を促す情報をもっていたこと、道標の中には巡礼に関連する寺社への参詣・立寄りを促す内容が存在していたこと、造立には地域住民が関与しており、造立の目的は死者の供養や、神仏への帰依、記憶の伝達などをあわせもっており、単に旅行者の扶助のみを目的としたものではなかったことが明らかとなった。

6　近世の地域住民が「熊野参詣道伊勢路」に見出した価値

　伊勢路沿道の道標は、考古学的な調査の結果、規格性に乏しく、多様な主体がさまざまな時期に設置したものと考えられた。また、道標に刻まれた碑文の読み取り調査の結果、熊野の方向のみを示す道標が多数存在することが判明した。

　道標のもつ空間的な広がりから考察すると、道標は伊勢から熊野へ向かう旅を促していたことから、道標の設置者はこの経路が伊勢から熊野へ向かう巡礼路であることを認識していたと考えられる。また、巡礼路の本道から離れた場所にある寺社を示す道標も見られた。これは、道標に巡礼路を歩く巡礼者を周辺の寺社へ誘導する役割を期待していたことを示し、巡礼路の基本的経路に対し、選択的経路を提示していたといえる。

　このように、道標は本来、旅行者の扶助を目的として設置するものである。しかし、地域住民は旅行者を扶助すると同時に、寺社への帰依や死者の供養、情報の伝達など自らの目的（多くは宗教的目的）を実現するために道標を設置していた。つまり、巡礼者を扶助することが、功徳を得ることにつながると認識していたとみられる。このことは、道標を設置する道が単なる通行路ではなく、巡礼路という特定の目的を持った道として認識されていたことを間接的に示しているとも考えられる。

　すでに先行研究で明らかにされているように、地域住民は、紀州藩の指示に従って、石畳の敷設など街道の維持管理や、一里塚の整備等の整備を行うとともに、大庄屋などが費用を負担して困窮した巡礼者を扶助するなど、巡礼路の維持管理や巡礼者扶助を実施していた。すなわち、地域住民にとって巡礼路や巡礼者は、幕藩体制における行政機関の指示のもと、維持管理・扶助といった負担を負う対象として認識されていたと考えられる。一方で、無料で宿泊場所を提供していた

善根宿は、巡礼者に宿を提供することで功徳を得ようとするものであり、道標を設置する地域住民の考え方に近いといえる。
　このように、近世の地域住民は伊勢路に対して維持管理・扶助の負担をする場として認識していたと考えられるとともに、善行によって功徳を得て、自身の願いを実現する場としての価値を見出していたと考えられる。

第Ⅳ章

近代以降の地域住民からみた「熊野参詣道伊勢路」

1 はじめに

　近代に入ると、熊野参詣道伊勢路（以下、伊勢路）は急速にその巡礼路としての性格を失ってゆく。明治政府による宗教政策は伊勢神宮と熊野三山に大きな影響を与え、船や鉄道といった近代交通は歩行によらない旅を実現し、その結果、徒歩巡礼者の人数は大きく減少した。

　そこで、本章では、まず近代に入ってからの伊勢路における巡礼の状況について確認を行う。次いで、近世において重要な礼拝施設であった寺社のうち、近代以降の展開について情報を収集することのできた、石仏庵（観音庵）、荒神堂（日輪寺）、清水寺を取り上げ、それぞれの変遷を通じて、近代以降に主に地域住民が巡礼路とその諸要素にいかなる価値を見出していたのかを解明する。

2 道中日記と道中案内からみた巡礼の変化

1. 道中日記の記述

　まず、道中日記と道中案内から巡礼の変化について把握する。これまでに確認された近代に行われた西国巡礼にかかわる4件の道中日記を確認すると、明治13（1880）年の宗田伝治右衛門の日記では、道路の改修区間は確認されるものの、徒歩による伊勢から熊野への巡礼旅が従前どおり行われている[148]。ところが、明治27（1894）年に旅した天田鉄眼の日記では、伊勢神宮を起点に当初は徒歩で巡礼しているものの、長島で「男共。木本迄汽船に乗れと勤む。心願なれは徒歩より行くと云ふに。強て乗せんとて口々に罵る。」[149]とあって、汽船が一般化し、完全徒歩による巡礼が行われていない状況が窺われる。また、大正3（1914）年に旅した細川道契は、京都から伊勢に鉄道で入り、伊勢神宮に参詣したのち、鳥羽から汽船で勝浦へ向かっており、徒歩による巡礼にはこだわっていない[150]。さらに大正14（1925）年に旅した荻原井泉水は伊勢に向かわず、大阪天保山より汽船で新宮へ入っている[151]。このように、巡礼の移動手段が徒歩から近代交通へ変

148　宗田伝治右衛門（1880）：道中日誌：表郷村郷土資料集第14集：表郷村教育委員会
149　天田鉄眼（1894）：順礼日記：昭和58（1983）年愚庵会復刻版
150　細川道契（1925）：新撰観音信仰講話：鴻盟社
151　荻原井泉水（1929）：観音巡礼：春陽堂

化すると同時に、伊勢神宮と西国巡礼の関係性が失われていく様子が看取される。

2. 道中案内の記述

次に、近代以降に発刊された西国巡礼の道中案内について、その記述内容を確認・整理した。その結果、20世紀に入ると、伊勢の記述が見られなくなり、汽船の記述が掲載されていた(**表48**)。また、西国巡礼の交通路について、昭和4(1929)年『観音巡礼』付録の『西国みちしるべ』では、「昔の交通路と今の交通路とは非常に変わつてゐる。昔は全然、徒歩に依つたものだが―巡礼といふからは当然、徒歩を行願とすべきものではあらうが―汽車や電車の発達してゐる今日、てくてくと歩くものは殆どいない。」とした上で、紀州方面へは「那智山青岸渡寺(第一番)(中略)大阪より汽船に依るのが最も便利だ。(中略)東京名古屋方面よりする人、及び伊勢に参拝してから行く人には、鳥羽より勝浦に向ふ船もあるが、此航路は大阪勝浦航路のものに比して、船体も小さく、速力も遅いといふ事を知らねばならぬ。」とあって[152]、汽船が主要な移動手段となり、伊勢神宮と西国巡礼の関係が失われていることが看取される。

3. 紀伊半島東岸の汽船交通網

道中日記、道中案内に汽船の記述が見られることから、さらに汽船について整理した(**表48、図63**)。明治30(1887)年、神田汽船が大阪－熱田間に定期航路を開設し[153]、明治34(1901)年には大阪商船株式会社がこれを引き継ぐ。明治36(1903)年には、大阪熱田線が毎日1便運航しており、寄港地は、「大阪、兵庫、和歌山、御坊、田辺、串本、古座、勝浦、三輪崎、木ノ本、二木島、九鬼、尾鷲、島勝、長嶋、波切、鳥羽、津、四日市」とされている。このように、明治30年代(19世紀末～20世紀初頭)には伊勢(鳥羽)から熊野へ向かう移動手段として汽船利用が一般化していたと考えられる[154]。

---

152 荻原井泉水(1929):観音巡礼:春陽堂
153 大阪商船(1903):大阪商船航路案内、pp.171-199
154 定期船就航頃から、汽船が移動手段として一般化したとするが、天田鉄眼の日記はほぼ同時期である。角克明(1999):近代における紀州沿岸航路の発展と陸上交通:和歌山県のばあい:交通史研究43巻、pp.55-75

4. まとめ

　西国巡礼の道中日記と道中案内から、19世紀末になると、汽船利用が一般化し、徒歩による巡礼が消滅していく状況が把握された。また、伊勢神宮と西国巡礼の関係が次第に失われていくことが判明した。これは、汽船によって、大阪や名古屋から那智山青岸渡寺に近い勝浦に直接到達できるようになり、巡礼の経路が変化したためと考えられる。このように、19世紀末頃には、伊勢から熊野へ徒歩で向かう西国巡礼者はほとんど消滅したものと考えられる。

表48　西国巡礼道中案内にみる伊勢と汽船の記述の有無 [155]

発行年	書名	伊勢の記述	汽船の記述
明治12（1879）年	西国順礼大和廻り道中細見増補指図記	あり	なし
明治12（1879）年	西国順礼旅便利	あり	なし
明治13（1880）年	西国卅三所道中記	あり	なし
明治13（1880）年	西国三十三所観音順拝道中図会	あり	なし
明治18（1885）年	西国三拾三所観音霊験記図会	なし	なし
明治21（1888）年	西国三拾三所観音霊験記図会	なし	なし
明治22（1889）年	西国三拾三所観音霊験記図会	なし	なし
明治24（1891）年	西国三拾三所観音霊験記図会	なし	なし
明治45（1912）年	観音霊場西国三十三所順拝案内記	なし	※あり
大正11（1922）年	近畿遊覧一日の旅 附・皇陵参拝案内、西国霊場案内	なし	あり
昭和4（1929）年	観音巡礼（西国みちしるべ）	なし	あり
昭和9（1934）年	遍路と巡礼（西国みちしるべ）	なし	あり

※　1番那智山から2番紀三井寺の間に汽船がある記述がある

---

[155] 収集し分析対象とした道中案内は以下のとおり。石川和助（1880）：西国卅三所道中記：石川和助・米谷廣蔵（1885）：西国三拾三所観音霊験記図会：日就堂、柳岸居士（1886）：西国三拾三所観音霊験記図会：宋栄堂、柳岸居士（1888）：西国三拾三所観音霊験記図会：博愛堂、山本吉太郎（1889）：西国三拾三所観音霊験記図会：奎運堂、柳岸居士（1891）：西国三拾三所観音霊験記図会：刀根松之助、本庄敏行（1912）：観音霊場西国三十三所順拝案内記：法文館、野田文六（1922）：近畿遊覧一日の旅 附・皇陵参拝案内、西国霊場案内：文界堂、荻原井泉水（1929）：観音巡礼：春陽堂、荻原井泉水（1934）：遍路と巡礼：創元社。

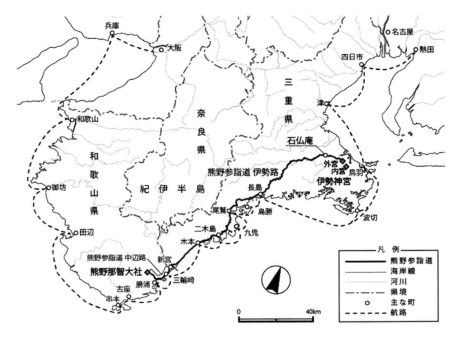

図63　20世紀初頭の大阪熱田線航路と熊野参詣道
(『大阪商船株式会社航路案内』(1903) をもとに筆者作成)

3　石仏庵

1. はじめに

　石仏庵は現在の三重県度会郡玉城町原に所在する寺院跡で、第Ⅱ章2節において、巡礼に関連付けることを意図して新たに設置されたことが判明した寺院である。近世には原大辻観音庵として、伊勢神宮を起点に熊野へ向かう西国巡礼者が参詣した寺院であり、巡礼に関連する礼拝施設として巡礼者に認識され、伊勢路の装置性を形成する空間的仕掛けとして機能していた。また、寺院の様子は19世紀半ばの絵 (**図64**) で克明に記され、往時の様子を窺い知ることができる。さらに今日でも旧境内には信仰対象物を含む多くの石造物が遺されており、その銘文には造立に関与したと考えられる人物名が多数見られる[156, 157, 158]。こうしたこ

156　竹田憲治 (2014)：熊野参詣道と原大辻観音庵の石造物 (1)：伊勢の中世189、p.4
157　竹田憲治 (2014)：熊野参詣道と原大辻観音庵の石造物 (2)：伊勢の中世191、p.4
158　竹田憲治 (2014)：熊野参詣道と原大辻観音庵の石造物 (3)：伊勢の中世192、p.3

とから、近世から現代に至るまで、寺院に関わったと考えられる人々の変遷を把握することが可能である。

　そこで、本節においては、寺院に関わったと考えられる人々を、管理運営を実際に実施した人々と費用の負担者（寄進者）との両面からとらえるとともに、管理運営の内容を、施設の整備と日常の維持管理の二つの要素から検討し、石仏庵の管理運営方法の変化を明らかにする。

　まず石仏庵の基本的な変遷を文献史料、絵画資料、旧境内に遺されている石造物群等の遺物から把握する。次いで、時代ごとの住職等、管理運営の実施者について踏まえたうえで、文献史料、石仏庵境内の空間構成、石仏庵に遺存する石造物群等からみた寄進者の時代ごとの変化を整理する。その上で、道中案内（ガイドブック）と巡礼者の道中日記から近代以降の巡礼状況を把握し、社会的変化も踏まえて、石仏庵の管理運営がなぜ変化していったのかを明らかにする。最後に、以上で明らかとなった管理運営方法の歴史的な変化に基づき、人々が石仏庵にいかなる価値を見出していたのかを解明する。

2．研究方法

　まず、石仏庵の変遷と管理運営の実施者については、近世に刊行された名所図会や自治体史等の文献史料から把握する。次いで、寄進者の時代ごとの変化についても、文献史料を調査するとともに、石仏庵の空間構成の変化と寄進者の空間分布から解明する。まず、石仏庵の空間構成については、『西国三十三所名所図会』の挿絵から近世の空間構成を、現地踏査によって現在の空間構成を把握し、双方を比較してその変化を読み取る。さらに、石造物群の寄進者の空間分布については、石造物の銘文から寄進者と思われる人物の地名と氏名が対（セット）になって記されているものを抽出し、銘文の地名と寄進者数を把握して、寄進者の空間的分布図を作成して時代ごとの特徴を読み取る。最後に、石仏庵の管理運営に関わる実際の実施者及び寄進者の変化と社会状況との関係から、石仏庵の管理運営方法の変化について整理する。

3．石仏庵の変遷

　まず、石仏庵は文政8（1825）年三河国篠塚村謂信寺宜黙大和尚の隠居寺として創建されたという[159, 160]。境内に遺存する石造物の銘文から見ると、18世紀前半の紀年銘をもつ石灯籠が1基見られるものの、それ以外は19世紀初頭以降の

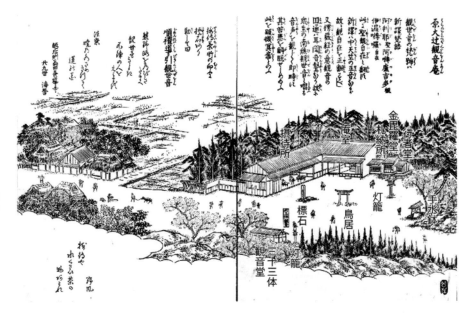

図64　原大辻観音庵（『西国三十三所名所図会』より、キャプションは筆者加筆）

銘であり、19世紀初頭に大規模な整備がされたものと考えられる。この時期の銘をもつものには、標石（文化2（1805）年）、階段耳石（文化5（1808年））、役行者椅像（文政3（1820）年）などがある。三十三躰観音石仏とそれを取り巻く玉垣に紀年銘はないが、階段と一体的に造られたとみれば、文化5年頃の造立と考えられる。文献記載の文政8年創建の伝は、これら境内の整備がほぼ完了した段階を指すものであろう。また、西国三十三所観音巡礼の道中を紹介する『西国三十三所名所図会』（嘉永6（1853）年）の挿絵（**図64**）では、庵室、摂待所、札納所、行者堂、金毘羅堂、鳥居、標石、灯籠、手水鉢、三十三躰観音堂等が示されている。このように、石仏庵は19世紀初頭に大規模に整備され、19世紀の半ばには伊勢路の礼拝施設として紹介されるまでになっていた（第Ⅱ章第2節）と考えられる。

159　玉城町（1995）：円通山石仏庵と三十三体石仏：玉城町史、p.142
160　創建者の名称は史料によって異なり、「宜黙」「宜然」「宣然」と示す文献が見られる。一方、石仏庵旧境内の石造物の銘文には「宜黙」の名がみえる。そこで、本書においては、「宜黙」を用いる。ただし、引用文においてはその限りではない。

表49　石仏庵の変遷

番号	年代	事象・事物
1	享保5（1720）年銘	「石灯籠」
2	文化2（1805）年銘	「順礼道引観世音」標石
3	文化5（1808）年銘	「三十三躰観音堂」階段耳石
4	文政3（1820）年銘	「役行者椅像」
5	文政8（1825）年	宜然大和尚隠居寺として創建（玉城町史）
6	嘉永6（1853）年	『西国三十三所名所図会』挿絵
7	明治23（1890）年	寺堂を移築、再建（玉城町史）
8	明治28（1895）～明治31（1898）年	「日清戦争戦没者供養碑」
9	明治33（1890）年	「金毘羅堂階段下旗立」
10	明治40（1907）年銘	「日露戦争戦没者供養碑」
11	大正3（1914）年銘	「伊勢新四国八十八箇所第五十番」石柱
12	昭和4（1929）年銘	「観音堂再建記念」石板
13	昭和23（1948）年	廃寺（玉城町史）
14	平成初（1988）年頃	寺堂建築の「原小集会所」への建替
15	平成12（2000）年銘	「庚申堂・行者堂」
16	平成21（2009）年	「熊野街道道標」
17	平成23（2011）年銘	「鳥居」

　次いで、文献によると、石仏庵は明治23（1889）年に原村の枝郷である庄出の善哉寺を移築して再建されたとある[161]。現在の伊勢市を中心とする南勢地区では、明治初年頃に、行政が主導して無檀・無住寺院の廃寺を進める施策を展開している[162]ことから、この頃石仏庵も一度廃寺となり、その後再建されたものと考えられる。現地踏査により現況を確認すると、標石、三十三躰観音堂、行者堂は建替や修理があったとしても、今日でも原位置をほぼ保っているとみられる。また、金毘羅堂は庵室の隣接地から三十三躰観音堂東側へ移っている（**図65**）。

161　玉城町（1995）：玉城町史、p.142
162　明治6（1873）年の岡村家文書に、石仏庵の立地する東原村近傍の下田辺における廃寺願が見られる。その中で「無本寺、殊ニ無檀家ニて永続難出来心配仕折柄、先般無檀無住之向は御廃止被仰出候ニ付」とあり、石仏庵所在地周辺においても寺院の整理が行われていたことが知られる。岡村家文書（1873）：明治六年（一八七三）廃寺願：玉城町史近世・近代史料集第八巻所収、p.685

また現在の金毘羅堂階段下には旗立（明治33（1899）年）があり、19世紀末までには移動したことが看取される。また、摂待所と札納所は消滅し、摂待所の位置には明治28（1894）年に戦没者供養碑が造立されている。石仏庵の再建に際して、摂待所や札納所は再建されなかったものと考えられる。さらに、明治40（1907）年に日露戦争戦没者供養碑が、大正3（1914）年には「伊勢新四国八十八箇所第五十番」の石柱が造立され、昭和4（1929）年には三十三躰観音堂が修復されたことが「観音堂再建記念」の石板から知られる。

　昭和23（1948）年、住職が死去して廃寺となった[163]。明治23（1889）年に再建された寺堂は原区の集会所として利用され、昭和63（1988）年頃までは遺存していたが[164]、その後、平成初年頃に建て替えられたとみられる[165]。また、平成12（2000）年には、行者堂・庚申堂が一棟として建て替えられている[166]。平成21（2009）年には平成16（2004）年に一部が世界遺産に登録された伊勢路を通して歩く環境づくりとして三重県が道標を設置し、平成23（2011）年には、庚申堂・行者堂前に鳥居が設置されている。

163　玉城町（1995）：円通山石仏庵と三十三体石仏：三重県玉城町史上巻、pp.142-143
164　玉城町（2005）：玉城町史下巻、p.813
165　ゼンリンの住宅地図を見ると、平成5（1993）年の地図には原小集会所の文字は見えないが、平成6（1994）年の地図には見える。また、現地を踏査すると原小集会所の建物に隣接して物置小屋があり、銘文からは平成6（1994）年に寄贈されている。これらから、遅くとも平成5（1993）年頃までには建て替えが行われたものと判断される。ゼンリン（1993）：ゼンリン住宅地図'93度会郡〈北部〉小俣町・玉城町・度会町・御薗村・二見町、p玉城町47、ゼンリン（1994）：ゼンリン住宅地図'94度会郡〈北部〉小俣町・玉城町・度会町・御薗村・二見町、p玉城町47
166　現在の堂の棟木に「平成十二年三月」の銘がある。

4. 管理運営の実践者の変化

次に、管理運営の実践者の変化について整理する。まず、石仏庵は文政8（1825）年三河国篠塚村謂信寺宜黙大和尚の隠居寺として創建されたことから、石仏庵の創建から明治初年の廃寺までの期間においては、住職の居住する寺院であった。明治23（1889）年の再建の後は、昭和3（1928）年頃に記述されたとみられる史料に、「住職世代二世、尼僧四世」と記され[167]、昭和4（1929）年の石板にも「現住七世中津啓法」の名が見えることから、住職・尼僧が居住する寺院となったと考えられる。このように、創建から昭和23（1948）年の廃寺に至るまで、石仏庵に居住する住職が日常の維持管理や整備を行っていた。ところが、廃寺となって以降は原区が管理者となったとされ[168]、これ以降、管理運営の実施者は住職から原区民へと変化したと考えられる。

5. 管理運営の費用寄進者の変化

（1）文献史料から見た寄進者の変化

まず、石仏庵の創建から明治初年の廃寺までの期間においては、創建の契機が隠居寺であったことから、庵寺であって寺檀制度に組み込まれる檀那寺ではなかったと考えられる。一方、『西国三十三所名所図会』や道中案内[169]では石仏庵が紹介されており、巡礼者は西国巡礼ゆかりの寺院として立寄りを促されていたとみられる。このことから、巡礼者が寄進者として期待されていたと考えられる。また、昭和3（1928）年頃の度会郡東外城田尋常高等小学校郷土教育資料には、「本寺ハ一定ノ檀徒ヲ有セズ本区内全部ノ尊信ヲ受クルヲ以テ却テ他ノ二寺ヨリ豊ナリ」と記されている。明治初年頃にいったん廃寺となり、明治23年に再建されたのちは、特定の檀家は有していないながらも、原区全体からの寄進を受けていたことが看取される。

167　度会郡東外城田尋常高等小学校（1928頃）：3 石佛庵：郷土教育資料全、三重県立図書館蔵
168　玉城町（2005）：玉城町史下巻、p.807
169　例として、天保年間の道中案内に、「原東の入口本尊順礼道引観世音西国札所始り」という記事がある。俣野通尚・池田東籬（1840）：天保新増西国順禮道中細見大全：平野屋茂平：斎宮歴史博物館蔵

(2) 石仏庵の空間構成の変化から見た寄進者の変化
1) 近世段階での石仏庵

次に、石仏庵の空間構成の変化から、寄進者の変化を考察する。

まず、『西国三十三所名所図会』の挿絵（図64）から、近世段階での石仏庵の空間構成を把握する。石仏庵の中央を東西に貫いている街道が伊勢路である。東側（右側）が伊勢方面、西側（左側）が熊野方面であり、所在地の東原村の集落は、石仏庵よりも西側に位置している。次に、街道と境内の関係についてみると、境内と街道の間に境界はなく、街道の北側には本堂にあたる庵室と摂待所がL字型に配置され、街道の南側には三十三躰観音堂が描かれており、街道の通過者はあたかも境内を通過するかのように感じられる空間構成をとっていることが読み取れる。また、通常寺院の入口に設置される手水鉢は、境内の最も東側に見られる。これは西側の東原村の集落の住民の便より、伊勢から熊野へ向かう巡礼者の便を意識して設置されていると考えられ、巡礼者を境内に誘導する役割を果たしている。さらに手水鉢から境内を望むと、広場には、鳥居や標石、木製の灯籠が屹立しており、その奥には広い開口部をもつ摂待所が設置され、巡礼者の立寄りを促している。また、西国三十三所札所本尊を模して造立された観音像を納めた三十三躰観音堂の向かい側には、「巡礼道引観世音」の文字を記した標石が立っており、三十三躰観音堂とともに西国巡礼との関係性を明示し、手水鉢から境内へ入らなかった巡礼者を再度、北側境内へ誘導する役割を果たしている。このように、近世段階での石仏庵は巡礼者の立寄りを促す空間構成をもっていたことが読み取れる。なお、『西国三十三所名所図会』の挿絵左下には「摂待や　水くさひ茶の　物あわれ」の川柳が記されている。『名所図会』の筆者は、「摂待」所で茶の接待をうけた際、茶が「水くさひ」ものだったということを、皮肉をこめて表現しており、石仏庵に幾許かの寄進を行っていたものと考えられる。

2) 現在の石仏庵の空間構成

次に、現在の石仏庵の空間構成を検討する。まず、街道（伊勢路）と旧境内の関係から見ると、原小集会所と街道の間には生垣があり、街道と敷地を隔てている。生垣は伊勢側の端と標石の横に切れ目があり、それぞれ自動車と歩行者の出入口となっている。伊勢側の端の入口に絵図に描かれていた手水鉢は見られず、基盤石のみが遺存する。なお、現在手水鉢は庚申堂・行者堂前（弘化4（1847）年）、金毘羅堂西側（紀年銘なし）、秋葉堂前（文政4（1821）年）にそれぞれ設置

されている。次に、標石はほぼ原位置にあると思われるが、生垣と一体化しており、伊勢側から望むと目立たない（図66）。鳥居は行者堂前に設置され、木製灯籠は失われている。摂待所のあった場所には日清戦争供養塔が設置されている。街道の南側に位置する三十三躰観音堂と標石の関係に変化はないが、標石の北

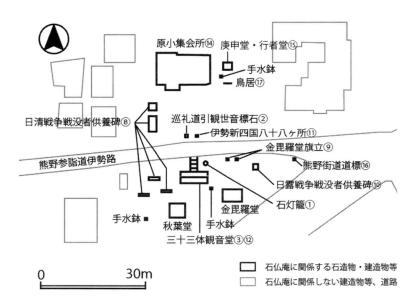

図65　石仏庵現況建物等配置図
（国土地理院地図をもとに現地踏査の成果を筆者加筆、○数字は表49に対応）

図66　石仏庵現況（2013年9月、東側より筆者撮影、キャプションは筆者加筆）

側に西国三十三所巡礼に関連する寺院本堂である庵室や摂待所は存在しない。なお、広場は駐車場として利用されている。このように、現在の石仏庵においては、三十三躰観音堂と標石から西国巡礼縁故の地であることは認識できるものの、街道と旧境内の関係性は断ち切られているものと考えられる。

3）　まとめ

　近世の石仏庵は巡礼者を境内に誘導する空間的仕掛けをもっていたことが明らかとなった。伊勢方面からやってきた巡礼者は、手水鉢や三十三躰観音堂、巡礼道引観世音標柱などの施設によって境内に誘導され、摂待所において茶の接待を受け、寄進を行っていたと考えられた。しかし、現代においては、旧街道と旧境内の間には生垣があり、旧境内には本堂に当たる庵室や摂待所は存在していないことから、街道と旧境内の関係性は断ち切られていると考えられた。

(3)　石造物等に見られる寄進者の空間的分布

1)　石造物等の全体概要

　石造物は、18世紀半ばの享保年間銘の石灯籠を最古とし、文化年間から天保年間の19世紀前半（近世期）を中心とする一群、19世紀末から20世紀初頭（明治期）を中心とする一群、20世紀前半（大正期から昭和初期）の一群が確認された。20世紀後半以降（昭和戦後期から平成期）造立の石造物は認められないが、この時期の造営にかかる建造物は認められ、あわせて対象とする。以降に、各期の特徴を述べる。

2)　19世紀前半（近世期）

　19世紀前半の造立と考えられる石造物で、地名・寄進者名が見られたのは、「順礼道引観世音標石」と「三十三躰観音堂」の観音像台座・玉垣・階段（耳石）（**表49、図65-②③**）である。寄進者名と地名が対になって刻されているものは65件、110名が確認された。また、1件の石造物に複数の地名や寄進者名が刻されているものが見られ、さらに同一人物の人名が別の石造物に重複して刻まれているものが10名分存在していた。そこで、重複分を除いた100名分の地名と寄進者名を分析対象とした（**図67**）。

　まず、標石と三十三躰観音堂の観音像台座には勧進元と考えられる観音庵宜黙の名前があり、三河の地名が付されていた。文献に見られる三河出身の伝と合致

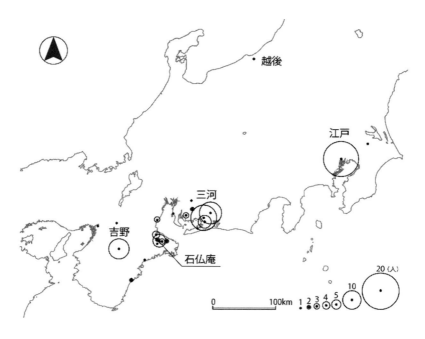

図 67　19 世紀前半（近世段階）の寄進者の分布

する。寄進者に付された地名は、現在の地名で、新潟県上越市、茨城県河内町、東京、大阪、奈良県吉野、京都府木津川市、愛知県岡崎市、新城市、田原市、常滑市、豊川市、豊田市、豊橋市、西尾市、三重県津市、松阪市、伊勢市、玉城町、多気町、大台町、紀北町、熊野市、当村（三重県玉城町原）となっていた。地名と対になる人名の数は東京（江戸）が最も多く 19 名、愛知県豊川市が 14 名、新城市が 12 名と続き、奈良県吉野も 11 名と多い。当村は 7 名で、5 番目に多い。また、現在の三重県内は、津市、松阪市、伊勢市の参宮街道沿いの各町や、大台町千代、紀伊長島、熊野木之本といった伊勢路沿道の地名が見られた。

　三河に寄進者が多く見られるのは、勧進元の宜黙縁故の地であるためと考えられる。また、役行者椅像が境内に安置されていることから観音庵は修験とも関係があると考えられるが、吉野に寄進者が多く見られるのは修験縁故の地であるためと考えられる。また、江戸に集中的に分布が見られるが、三十三躰観音像の中心で一回り大きい一番那智山の台座に見られる丸茂屋久兵衛は標石にも同じ名が見え、石仏庵整備に際して特別な存在であった可能性が指摘されている[170]。また、

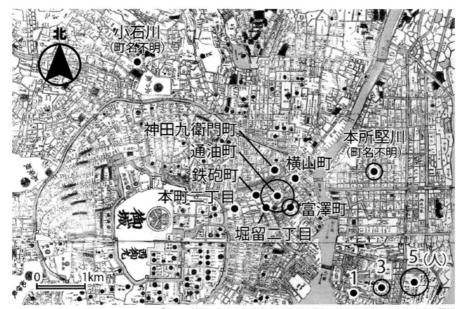

図68　19世紀前半（近世段階）の江戸における寄進者の分布
（髙柴三雄（1848）『嘉永御江戸絵図』（国立国会図書館蔵）をもとに筆者作成）

文政7（1824）年刊行の『江戸買物独案内』と突合すると[171]、同じく標石に名の見える丸茂屋佐七とともに、合羽装束問屋で旅装品を扱う問屋であったことが分かる。また丸茂屋久兵衛と同じ町内の通油町からは丸茂屋久兵衛以外に4人が参加しており、それ以外の本町二丁目1名、堀端（堀留）二丁目1名、富澤町3名、横山町1名、神田九衛門町1名、鉄炮町1名はいずれも通油町を中心とした半径1キロメートル圏内に収まる。そこから外れるのは、小石川■■■町（■は判読不明文字）1名、本所堅川3名（所在する町名はいずれも不明）となる（図68）。以上から、江戸における寄進者の分布は通油町の丸茂屋久兵衛を中心としていると読み取れる。丸茂屋が旅装品を商う問屋であることを考慮すれば、宜黙は旅装品販売をとおして巡礼者等と関係のある丸茂屋に、巡礼関連地の整備として寄進を依頼し、その後丸茂屋久兵衛を拠点に勧進を行ったとも考えられる。このように、

170　竹田憲治（2014）：熊野参詣道と原大辻の観音庵の石造物（1）：伊勢の中世 189、p.4
171　中川五郎左衛門（1824）：江戸買物独案内：山城屋佐兵衛

寄進者の分布は、宜黙縁故の地と考えられる三河、吉野に加え、旅装品を巡礼者に提供し巡礼者が出立する江戸、巡礼者が通過する参宮街道、伊勢路沿道など、巡礼関連地に広く分布していたことが判明した。

3） 19世紀後半から20世紀初頭（明治期）

19世紀後半から20世紀初頭の明治期の銘をもつ石造物には日清戦争戦没者供養碑（5基）と日露戦争戦没者供養碑（1基）（表49、図65 −⑧⑩）が見られた。日清戦争戦没者供養碑は明治28（1895）年から31（1898）年までの紀年銘をもつ。碑には戦没者氏名（東原村縁故者）、揮毫者名、文選者名が記載されている。最も大型のものは、三重県知事が上部の篆額を揮毫し、文は度会郡長が撰し、筆は大神神社宮司の手になる。残り4基についても状況はほぼ同様で、篆額を三重県知事ではなく三重県選出衆議院議員である尾崎行雄が揮毫するものが2基ある。一方、日露戦争戦没者供養碑は1基あり、明治40（1907）年の銘をもつ。正面に三重県知事の名があり、右面には発起人として、「大字東原中」の文字が見える。こうしたことから、日清戦争供養碑と日露戦争供養碑はいずれも東原村の居住者等を対象に、三重県や度会郡、地元選出国会議員など行政が関与し造立されたものと考えられる。

4） 20世紀前半（昭和初期）

この時期の石造物で地名と人名が対になっているものとしては、三十三躰観音堂の左右、玉垣にはめ込まれた石板がある（表49、図65 −⑫）。石板は「本堂再建」の文字があることから、三十三躰観音堂の再建への寄進者名と考えられる。世話人に金毘羅講中、最後には現住七世中津啓法の名が見え、勧進元と考えられる。石板には87名の寄進者名があり、このうち、地名と対になって登場するのは82名分である。寄進者に付された地名は当所が78名と最も多く、名古屋2名、瀬戸1名、津1名、森庄1名である。森庄は石仏庵所在地である原の西側隣接地の多気町森荘である可能性が高い。このように寄進者の分布は、石仏庵所在地が大半をしめ、わずかに周辺都市の名古屋、瀬戸、津が見られたのみであった（図69）。

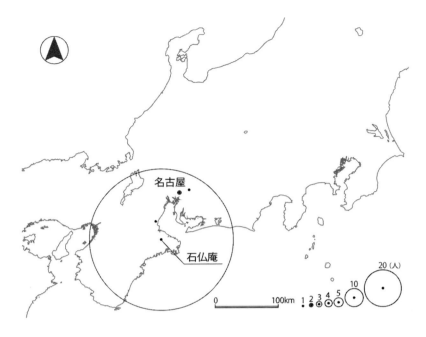

図69　20世紀前半（昭和初期段階）の寄進者の分布

5）20世紀後半以降（戦後から平成期）

　昭和23（1948）年に廃寺となって以降、新たな石造物は認められない一方、施設の建設は行われた。まず、平成初年頃、それまで遺存していた石仏庵の寺堂が解体され、現在の原小集会所（**表49、図65－⑭**）が建築されている。次いで平成12（2000）年には、原小集会所東側に隣接して、庚申堂・行者堂（**表49、図65－⑮**）が新築されている。平成21（2009）年には伊勢と熊野への距離を記した道標（**表49、図65－⑯**）が三重県によって設置されている。さらに平成23（2011）年には原区によって鳥居（**表49、図65－⑰**）が設置されている。

6）まとめ

　石仏庵に遺存する石造物群等の寄進者の空間的分布を見ると、石仏庵の整備段階とみられる19世紀前半段階においては、勧進者縁故の土地である三河、吉野、石仏庵所在地の東原村だけでなく、巡礼関係の土地である江戸、参宮街道・伊勢路沿道からの寄進を多く集めていた。ところが、19世紀後半から20世紀初頭段

階に入ると、新たに造立される石造物は東原の住民を対象としたものに変化し、県や郡といった行政が関与するようになる。そして、20世紀前半にかけて、寄進者の大半は東原村の住民へと変化していった。なお、戦後になると新たな石造物の造立は認められないが、20世紀末から21世紀初頭には原区住民を対象とした施設の建設や原区住民による寄進が行われ、県によって道標が設置されていた。

(4) 小括

　以上、管理運営の費用寄進者の変化について、文献史料、石仏庵の空間構成の変化、石造物等に見られる寄進者の空間的分布から把握した。その結果、石仏庵は近世期において、巡礼者縁故の者から寄進を募って境内の整備を行い、また整備後は巡礼者を境内に立ち寄らせて寄進を促していたこと、明治期に入り地域住民ゆかりの石造物を行政の関与のもと造立して地域住民との関係を構築するとともに、昭和初期にいたって地域住民の寄進によって境内の整備を行い、この間、東原村全村の尊信を受けその寄進によって維持されていたこと、戦後に廃寺となって以降は原区が管理し、平成期に入ってからも原区が引き続き新たな整備を行っていたことが明らかとなった。

6. まとめ

　石仏庵は19世紀初頭から前半に勧進者縁故の土地である三河、吉野に加え、巡礼者の起点である江戸や、熊野三山へ向かう参宮街道・伊勢路沿道から寄進を集め、施設が整備されていた。その空間は、伊勢から熊野へ歩行する巡礼者を境内へ招き入れる仕掛けを有しており、管理運営の費用を巡礼者に負担させる仕組みとして機能していたと考えられた。この時期、石仏庵は、住職により巡礼関係者から寄進を募ることで整備、維持されていたものと把握された。ところが、明治期に入ると、西国巡礼と伊勢神宮の関係性が失われるとともに、19世紀末には汽船が一般化し、大阪や名古屋から直接勝浦へ到達できるようになった結果、伊勢から熊野へ徒歩で向かう巡礼者はほとんど消滅した。一度廃寺となった石仏庵が明治23（1890）年に再建された際、摂待所と札納所は設置されず、摂待所の跡地に戦没者供養碑が造立されたのはこの直後であり、これは石仏庵が巡礼者を主要な信仰者とした寺院から、周辺地域住民を主要な信仰者とした寺院へと変化したことを示すものと考えられる。20世紀初頭に行われた三十三躰観音堂修復は寄進者の大半が周辺地域住民であり、この時期東原全体が日常からも寄進をし

ていた。このように、この時期の石仏庵は住職が実施者となり、地域住民が寄進することで整備、維持されていたといえる。

　昭和23（1948）年に廃寺となって以降、石仏庵の旧境内は原区により管理されることになり、寺堂は地区の集会所として利用された。しかし、その寺堂も、20世紀末に新しい集会所へ建て替えられた。一方、平成16（2004）年に伊勢路の一部が世界遺産に登録され、旅行者が伊勢路を通して歩く環境づくりが進められる中で、道標が行政によって設置され、それに呼応するように新しい鳥居が地域住民によって寄進されていた。

　このように、石仏庵は、巡礼者の見られた近世段階において、住職が巡礼関係者及び巡礼者から寄進を募ることで整備、維持されていたが、明治期に巡礼者が消滅する中で、地域住民との関係性を構築し、地域住民から寄進を募ることで整備、維持する寺院へと変化していた。また、戦後廃寺となって以降は地域住民が管理者となり、地域住民が利用する施設へと変化していた。しかし21世紀初頭の伊勢路の世界遺産登録を契機に、行政が徒歩旅行者向けの道標を設置するなど、新しい変化が生じていた（**表50**）。

表50　石仏庵の管理運営の変化

時期	日常の寄進者	整備の寄進者・関与者	実施者	巡礼者
近世段階	巡礼者	宜黙縁故地、巡礼縁故地（江戸、巡礼路沿道）、東原村	宜黙住職	徒歩で通行
明治期段階	（東原区内全部）	東原村 行政（三重県、度会郡等）	住職	通行しない
大正〜昭和初期段階	東原区内全部	東原	住職	通行しない
戦後〜世界遺産登録前段階	-	原区	原区民	通行しない
世界遺産登録後段階	-	原区 行政（三重県）	原区民	旅行者が若干通行

4 荒神堂

1. はじめに

　荒神堂は現在の三重県尾鷲市に所在する寺院で、自然環境を背景に中世以前に創祀され、近世には、熊野・伊勢・西国巡礼に関連付けられ、巡礼者に参詣を促す施設であった寺院である。近世には伊勢神宮を起点に熊野へ向かう西国巡礼者が参詣した寺院であり、巡礼に関連する礼拝施設として巡礼者に認識され、伊勢路の装置性を形成する空間的仕掛けとして機能していた（第Ⅱ章第2節）。

　また、寺院の様子は19世紀半ばの絵図に克明に記され[172]、往時の様子を窺い知ることができる。また、令和元（2019）年に行われた大修理の際に発見された墨書[173]から、主に近代以降、寺院に参詣した人々や関与したとみられる人々の変遷を把握することが可能である。

　そこで、本節においては、近代以降の荒神堂の展開について、これら資料から寺院に関わったと考えられる人々を把握し整理する。

2. 研究方法

　まず、自治体史等の文献調査から、八鬼山周辺における近代道路整備の状況を把握する。次いで、巡礼者の日記から、八鬼山越えでの体験を整理して、荒神堂の状況を把握する。さらに、令和元（2019）年の堂修理事業に際して発見された落書等から、近代以降の荒神堂における信仰のあり方について把握する。また、堂修理事業に際して発行された記念誌から、地域住民の荒神堂に対する認識を把握する。

3. 近代道路整備と八鬼山越えの回避

　八鬼山越えは尾鷲から木本（現在の熊野市）へ向かう経路上に位置する。しかし、八鬼山越えは坂道が険しいことから、明治21（1888）年に、より北側を迂回して木本へ向かう矢ノ川峠越えの車道の整備が行われた。大正11（1922）年に乗合自動車が尾鷲－木本間に開業するが、それも矢ノ川峠越えをする経路であり、八鬼山越えは尾鷲－木本間の主要な交通路から外れてゆくことが理解される（**表51、図70**）。

　明治13（1880）年に八鬼山を旅した宗田伝治右衛門の遺した『道中日誌』によ

172　暁鐘成（1853）：西国三十三所名所図会
173　八鬼山荒神会保存会（2019）：八鬼山荒神堂～落慶記念～

ると、宗田は八鬼山を越えて日輪寺（荒神堂）に参詣している。そこでは、餅が売られ、三宝大荒神縁起を1枚1銭5厘で購入している。宗田は伊勢で三日市大夫（旧御師）に宿泊し、伊勢から伊勢路を旅していることから、近世以来の伝統的な巡礼旅をしていたものと考えられる。また、この記事からは、日輪寺が茶店を併設した寺院として継続していることが確認される。[174]

次に、明治26（1893）年に尾鷲から木本へ向かった天田鉄眼の日記を見ると、新たに整備された矢ノ川峠越えへ回り、八鬼山越えを利用しておらず、荒神堂は経由していない[175]。

一方、三重県の郷土史家の泰斗である大西源一が明治末年に熊野へ向かった旅の回想によると、八鬼山で「たまに行きあうのは、郵便の逓送人か西国の順礼者位」と記述しており、この時期にも西国巡礼者が徒歩で旅をしている状況があったことが知られる。また、西国三十三所名所図会に描かれた状況とほとんど変化がないとしており、この時点でも日輪寺荒神堂と茶店が存続している状況が看取される[176]。

---

174 宗田伝治右衛門（1880）：明治13年「道中日誌」：表郷村郷土資料集第14集：1975年、表郷村教育委員会、白河市立図書館蔵
　　同廿三日、晴ル、
　　一、八鬼山、尾ワセ〔より〕登り七十五丁大難所也、
　　日輪寺、名物餅、五ツ代一銭五リ
　　〇三宝大荒神縁起　一枚　一銭五リ　『行先の道をくまのと思うらん　あしよわづれに世話をやき山』
　　八ツノ鬼近郷ノ人ヲ害シ往来ノ旅人ヲ悩マシテル時、
　　延暦年中弘法大師悪魔ヲ降伏シ、八ツノ鬼ノ死骸ヲ塚ニツキ、其上ニ荒神ノ尊像ヲ安置ス、又大三日夜、御一心ニ荒神ヲ行シケルニ、雲霧晴レ、日輪ノ如ク光リ見エケレバトテ、今ノ寺ヲ日輪寺ト名付ケタリトカヤ、
　　沢力の買たる由来にあり写ス、
　　八十山より下り七十五丁、木立斗り也、
175 天田鉄眼（1894）：順礼日記：昭和58（1983）年愚庵会復刻版
　　やうやく尾鷲に宿る。けふは六里雨折々ふる
　　二日　故道は左の方八鬼山越。名高き難所なり。新道は右の方矢の川峠。上り四里。下り三里。八鬼山越に比べては。やや遠しと雖も。路の難易。同日の論にあらずといふ。去れは今日は新路を行く。七里の山中。人家は只三戸のみ。大又を歴て小坂の里に宿る　路八里半　天氣よし
　　三日　小坂山を越えて。木本に出つ。
176 大西源一（1952）：熊野路の今昔
　　「明治の末年私らは熊野への往復に、年に一回は必ず八鬼山を越えたものであるが（中略）上下三里の山路でたまに行きあうのは、郵便の逓送人か西国の順礼者位のものであった。」
　　「私が通行した明治末においても、大たいそれ（筆者註：西国三十三所名所図会）と」変りはなかつたが、十五郎茶屋などという茶屋は、もう廃めていた。」

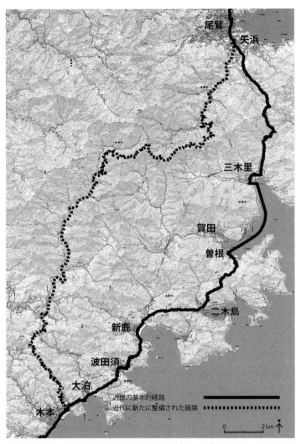

大日本帝国陸地測量部（明治四十四年測図）「木本」「尾鷲」を参照し作図

図 70　尾鷲から木本へ至る経路の変化

表 51　八鬼山峠越えに関わる近代交通網の整備[177]

明治 21（1888）年	矢ノ川峠道第一次改修
大正 6（1917）年	矢ノ川峠道第二次改修
大正 11（1922）年	乗合自動車開業（尾鷲－木本）
昭和 2（1927）年〜11（1936）年	紀伊自動車「安全旅客索道」（ロープウェー）
昭和 9（1934）年	（鉄道）紀勢東線尾鷲延伸
昭和 11（1936）年	省営バス開業　尾鷲－紀伊木本間
昭和 34（1959）年	（鉄道）紀勢本線全通

このように、大正年間にバスの運行が矢ノ川峠経由で運行される以前までは、西国巡礼者をはじめ、一定の人々が八鬼山越えを通行しており、日輪寺は茶屋を併設した寺院として存続していることが看取される。

4. 堂の建て替えと信仰の継続

　次に、日輪寺荒神堂の建物について検討する。西国三十三所名所図会の挿絵では、堂は妻入に描かれているのに対し、令和元（2019）年に修理される以前の堂は平入であった。このことから、近代以降に建て替えられたことが想定された（**図71**）。令和元（2019）年、堂の解体修理が行われた際に調査が行われ、棟木から墨書が確認された[178]。墨書には「明治貳拾六年己七月作人大工尾鷲高町世古昌吉仲丞吉」とあって、明治26（1893）年に尾鷲の大工が工事を請け負い、建て替えが行われたことが判明した。

　また、この解体修理においては、板壁の下から本来の漆喰壁が発見され、この漆喰壁に巡礼者らの落書が認められた。それらは昭和3（1928）年から9（1934）年の年号入りで、神仏巡拝、廻国供養といった祈願文とともに、大連、東京、高知など参詣者の出発地とみられる地名が記されていた（**表52**）。これらの中には明確に西国巡礼であると示すものはないが、長距離を徒歩で行く巡礼行為が1930年代まで行われていたことを示している。

図71　『西国三十三所名所図会』挿絵（左）と令和の修理直前の荒神堂（右）

177　三重県（2019）：三重県史通史編　近現代2上
178　八鬼山荒人堂保存会（2019）：八鬼山荒神堂〜落慶記念〜

一方、落書の中には出征兵士が遺したと思われるものが存在する。昭和9(1934)年の落書には「祈武運長久」の文字が、昭和17（1942）年の落書には「けふよりは　かへりみなくて　大君のしこの御楯と　出で立つ我は」との文字がみえる。地元には出征兵士の祈願所であったと語り伝えられており、九鬼から尾鷲へ行く時に祈願に立ち寄ったという。

表52　落書一覧

年代	筆記具	筆者	内容
昭和3（1928）年	墨書	大連市住人	「為三界萬霊菩提　奉納日本廻国供養」
昭和6（1931）年	墨書	不詳	「行者修行　奉納大願成就祈念」
昭和9（1934）年	鉛筆書	東京市住人	「神佛霊跡順拝」
昭和9（1934）年	鉛筆書	（個人名・4人）	「祈武運長久」
昭和17（1942）年	鉛筆書	（個人名）	「けふよりは　かへりみなくて　大君のしこの御楯と　出で立つ我は」
年代不詳	鉛筆書	高知県住人	「大霊遍昭金剛　大宇中大霊動廻国修行」

5. 戦後の動き

　荒神堂は、戦後も修験寺院として存続したが、昭和30年頃を最後に住持が山をおりたという。その後も地域では火伏の神として信仰された[179]。

　一方、世界遺産登録後10年を経て、荒神堂周辺の整備を行う動きが出てくる。まず、荒神堂の向かい側に遺されていた小屋の撤去作業が行われた[180]。この活動は、平成28（2016）年11月5日、6日の2日間にわたって、地元有志、熊野古道保存会、熊野古道語り部友の会、熊野古道サポーターズクラブの参加者らのべ47名によって行われた。

　次いで、商工会議所で八鬼山荒神堂改修プロジェクトが立ち上げられ、堂の改修が行われた。八鬼山荒神堂改修プロジェクト会長の野田隆代氏は平成26（2014）年に初めて荒神堂を見た時に、堂の傷みが激しい状況を目にして「これが尾鷲の

179　川端守（2019）：八鬼山についてのあれこれ：八鬼山荒神堂〜落慶記念〜：八鬼山荒神堂保存会
180　熊野古道サポーターズクラブ：活動報告　保全体験【八鬼山】http://higashikishu.org/supportersclub/report/20161105/［2022年8月6日閲覧］

図72　改修後の荒神堂（2021年3月、筆者撮影）

誇る世界遺産の八鬼山荒神堂か」との感想をもったという。その後、平成30（2018）年7月に八鬼山荒神堂改修プロジェクト開始し、一般社団法人八鬼山荒神堂保存会を設立して所有者が社団法人へ土地を譲渡することで、修理事業が進展した。また、修理費用については、荒神堂周辺の尾鷲市域に属する九鬼、向井、矢浜、三木里などの地域住民や、企業・団体が、合計2,000万円の工費を寄付した[181]。その結果、令和元年（2019）9月28日に落慶法要を迎えた（**図72**）。

---

[181] 野田隆代（2019）：八鬼山荒神堂落慶法要を迎え：八鬼山荒神堂〜落慶記念〜：八鬼山荒神堂保存会

6. まとめ

　近世において、伊勢路沿道の重要な礼拝施設として機能した八鬼山荒神堂は、明治期に入っても引き続き礼拝施設として存続していた。明治時代以降になると、徒歩の巡礼者には八鬼山越えを回避して矢ノ川峠越えをする者もあったが、それでも八鬼山越えをした者がいたことが、文献や荒神堂壁面の落書から確認された。

　他方で、昭和初期になると、出征兵士が祈願に訪れていたことが、壁面の落書から確認された。また、八鬼山は巡礼者が参拝するだけでなく、地域住民が信仰する場ともなっており、戦後も火伏の神として信仰が継続していた。しかし、この時期、堂を管理していた堂守はいなくなった。

　世界遺産登録後は、地域住民によって世界遺産にふさわしい堂とするべく、堂の改修が計画された。この修理は商工会議所を中心に地域住民が寄付を行い実施されていた。

　このように、荒神堂は、巡礼者が減少していく近代以降においても巡礼者の礼拝施設として維持されていたが、昭和初期には、地域住民の新たな祈願の内容を受け入れ、地域の中で信仰される寺院へと変化していた。また、21世紀初頭の伊勢路の世界遺産登録を契機に、地域住民が主体となって、世界遺産にふさわしい堂にすることを目的に、小屋の撤去や堂の改修工事を実施するなど、新しい変化が生じていた。

5　清水寺

1. はじめに

　清水寺は現在の三重県熊野市に所在した、自然環境を背景に中世以前に創祀され、近世には、熊野・伊勢・西国巡礼に関連付けられ、巡礼者に参詣を促した寺院である（第Ⅱ章第2節）。近世には伊勢神宮を起点に熊野へ向かう西国巡礼者が参詣する寺院として巡礼者に認識され、伊勢路の装置性を形成する空間的仕掛けの機能を担っていた。

　近代交通網が整備され徒歩巡礼者が消滅する近代において、地域住民が伊勢路をいかに認識していたのかを解明するため、近世においては西国巡礼者が重要な礼拝施設として認識していた清水寺が、近代以降において、どのような変遷をたどり、地域住民にどのように認識されてきたのかを明らかにする。

2. 研究の方法

　清水寺は現在すでに廃寺となっており、主要な堂宇は存在せず、聖所である岩塊と周辺の建物基壇および半壊した一部建物が残存するのみである。しかし、旧境内や麓の大泊の集落から続くいわゆる「観音道」沿道には石仏や町石など豊富な石造物が遺されている。そこで、まず、遺存する石造物の実態を把握するため現地踏査を実施するとともに、石造物の銘文を確認して、それらが示す内容、設置目的、設置年代や設置者（寄進者）を把握する。さらに、近世の道中記や『西国三十三所名所図会』『紀伊続風土記』『紀伊南牟婁郡誌』『熊野市史』『奥熊野百年誌』、および地域史にかかる新聞記事から、近世から近代にかけての清水寺の変遷を明らかにする。

　なお、調査の対象となった銘文入りの石造物は、清水寺旧境内21件、観音道沿道43件の合計64件である。

3. 時代ごとの変遷

（1）近世の経緯

　まず、清水寺旧境内の石造物について調査した（**表53**）。その結果、17世紀から18世紀にかけての石造物が認められ、とくに享保12（1727）年の石垣・石段寄進を示す石垣の記念碑は、この時期に清水寺の整備が行われたことを示している。

表53　清水寺跡の近世造立の石造物

年代	種類	寄進者
慶安3年（1650）	石仏2躯	松田武太夫
享保4年（1719）	手水鉢	木本住民
享保12年（1727）	石垣・石段	木本住民

　一方、文献では元禄3（1690）年の『西国三十三所道しるへ』にすでに清水寺と思われる寺院の記述が見られ[182]、『紀伊南牟婁郡誌』所引の享保12（1727）年「御

182　元禄3年（1690）『西国三十三所道しるへ』
　　是より大泊村の観音へ道あり此町より右の山のうへなり町より道のり十三丁程あり此所に田村丸の建立し給ひし観音堂あり長一寸八分こかねの千手観音也海底より揚給ふ仏とかや

尋に付書上げ申覚」に見える観音堂縁起伝によれば、創建は大同 4 (809) 年とされ、天正年間 (16世紀後半) には堀内氏善が一族の九鬼氏を別当に補任したとあるので、寺院としては中世末には一定の実体があるものとみられる。さらに元和～寛文年間 (17世紀) には紀州徳川家が別当九鬼氏を地士に補任するなど、領主らが九鬼氏にこの寺院の管理にあたらせたことが理解される。一方で、この覚には、「‥右観音堂は在所より十町計り山奥にて常住も難成折々の通地にて御座候に付‥」との記述もあって、この寺院は僧侶が常住せず、麓から通って維持管理を行っていたことが分かる。天保 10 (1839) 年『紀伊続風土記』には「巌窟に作り掛けたる方四間の堂」との記述が見え、この時期は聖所である岩塊に接続する方四間の小ぶりな堂が存在していたのみであると考えられることから、享保年間の「常住も難成」の状況が継続しているものと思われる。さらに、『紀伊南牟婁郡誌』には、享保 4 (1719) 年の地震により木造千手観音坐像が破損したこと、天保 14 (1843) 年に火災が発生し仮堂が再興されたことに関する記事があり、これらから 19 世紀半ばに至るまでこの寺院は何度か堂の建替え等を行いながらも、継続して管理されていたことが理解される (**表 54**)。

表 54　近世までの清水寺の展開

年代	出来事
古代～中世	創建　磐座信仰・霊水信仰
天正年間	堀内氏善の帰依、別当九鬼氏「御尋に付書上げ申覚」
慶安 3 (1650) 年	石仏 2 躯の寄進（石造物銘文）
元禄 3 (1690) 年	西国巡礼の礼拝施設　『西国三十三所道しるへ』
享保 4 (1719) 年	地震被害　千手観音菩薩像被災『紀伊南牟婁郡誌』 手水鉢の寄進（木本住人）（石造物銘文） 和歌山の僧　門岩和尚による縁起執筆
享保 12 (1727) 年	郡奉行あて文書 石垣・石段の寄進（木本住人）（石造物銘文）
天保 10 (1839) 年	巌窟に作り掛け方四間の堂『紀伊続風土記』
天保 14 (1843) 年	火災、仮堂再興『紀伊南牟婁郡誌』

図73　鈴原古登興記念碑（2022年1月、筆者撮影）

(2) 近代～現代の経緯

　近代に入り、清水寺にも変化が見られる。向井弘晏氏の報告によると[183]、明治27（1894）年、古泊浦の古城秀行氏が僧侶の玉芝貫明氏（賀田・市木）に再興を依頼したという。この時、清水寺には小堂があり、法話所を設置して、賀田～市木で布教活動を実施した。明治27・28（1894・1895）年の日清戦争の際には出征兵士の安全祈願の場となり、この時木本の戦死者がなかったことから、霊験あらたかであると崇敬された。明治34（1901）年に玉芝貫明氏が死去したのち、大正年間から鈴原古登興氏、鈴原蘇峰氏が堂守として清水寺に入る。この頃は観音縁日の出店、大泊の人々の盆踊り、厄払いの餅まきが行われるなど、賑やかであったという。その後、太平洋戦争の際には再び出征兵士の武運長久の祈願所となり、家族は毎朝4時から、観音堂へ登拝した。戦後になって、昭和39（1964）年廃寺となった。

　この経緯を踏まえ、石造物調査の結果を見てみると、大正年間から平成年間の紀年銘をもつ石造物が認められ、とくに大正6（1917）年から昭和12（1937）年

183　向井弘晏（2020）「泊観音の今昔と玉芝貫明宗氏」『吉野熊野新聞』令和2年9月20日付

の期間に石造物の造立が集中する状況が認められた。

　まず、大泊から清水寺に至る観音道の整備に関する石造物が見られた。最も古いものは現在の観音道の大泊側入口に近い地点に建てられた道標で、大正6(1917)年の銘がある。また、清水寺境内には大正7(1918)年の銘をもつ観音道改修費寄付の石碑が見え、清水寺までの町石も紀年銘をもつものはいずれも大正年間の造立である。屋敷修繕費寄付の石碑もあり、この時期、清水寺とその参道の整備が活発に行われたことが看取される。こうした整備の背景に鈴原古登興氏の活動があったことが、鈴原古登興氏死去の翌年、大正13年（1924）の銘をもつ記念碑からわかる（図73）。記念碑には、「女史性温厚善尊崇神佛及其良人入営竊祈安健往拝伊勢神宮十年于茲矣次興廢寺修堂宇又入愛國婦人會盡力游説総裁賞之」との記述があって、鈴原古登興氏は清水寺復興に尽力するとともに、愛国婦人会に入会して表彰されたことが知られる。昭和3(1928)年には、観音道沿いに西国三十三所の札所本尊を模した石仏群が造立されるが、銘文から昭和天皇即位記念での造立であることが分かる。その後昭和10(1935)年と12(1937)年に同一と思われる人物の寄進による石仏と灯籠がそれぞれ造立されている。

　この時期のことについて文献上の記述を見れば、昭和53(1978)年発行の『奥熊野百年誌』には「泊（現熊野市大泊町）観音と、水大師（井戸町）は、近郷近在はもちろん、遠く北牟婁や新宮、和歌山方面の篤信者が命日ごとに参詣し大賑いを呈したものであるが、終戦後は民間信仰の民俗行事は、ほとんどすたれてしまったのは淋しいことである・・・泊観音は、遠近の尊崇を集めて来たのは当然で、命日の七月十八日には参詣者が多く、大賑いをした。ことに、日清、日露戦争のときなど「戦さ神」として出征家族は日参りや、ハダシ参りで武運長久を祈願した。・・・泊観音信仰は、明治後期から大正初めにかけ最盛期であったが、戦後はいつしか顧みるものがなくなった。」との記述があって、戦前には観音の縁日に参詣客が多くいたこと、日清・日露戦争の際には出征兵士家族による祈願場となっていたこと、明治後期から大正初めが最盛期であったこと、戦後すたれたことが分かる。ただし石造物調査の成果と照合すれば、石造物は昭和12年まで造立が続いており、明治後期から大正初めを単純に最盛期とするのはためらわれる。

　一方、同じ『奥熊野百年誌』所載の、昭和12年（1937）頃と思われる記録[184]には、「二十段ばかりの石段をのぼると、左の方にささやかな御堂がある。これが清水寺である。・・・私は本堂に上って恭しく礼拝をすませた。・・・鈴原古登与女子碑と刻して・・・仕方なしに台石に登って碑文をうつしにかかった・・・ここま

表55 近代以降の清水寺の展開

年代	出来事
明治27（1894）年頃	玉芝貫明氏が堂整備に着手
明治年間	日清・日露戦争期の安全祈願
大正年間	鈴原古登與氏による講の結成、境内、参道の整備
大正6（1917）年	道標「奉納右は観音道」（新宮住人）
大正7（1918）年	記念碑「但観音道改修費寄附」（木本住人）
大正11（1922）年	記念碑「屋敷修繕費寄附」（寄進者不明）
大正11（1922）年	町石「観音様二丁」（五郷住人）
大正2（1923）年	町石「観音様へ八町」（五郷住人）
大正12（1923）年	鈴原古登興氏、死去（碑文）
大正13（1924）年	鈴原古登興記念碑造立
昭和3（1928）年	三十三体観音石仏寄進
昭和6（1931）年	軍神田村麿への信仰
昭和10（1935）年	石造千手観音菩薩立像
昭和12（1937）年	石灯籠
太平洋戦争期	出征兵士の祈願
昭和39（1964）年	廃寺、本尊前立千手観音像、清泰寺へ移設
昭和58（1983）年頃	堂荒廃

で写した時、静寂そのままのようなこの深山の静けさを破って、突然「コラ！そこへノボッテ」という大声がした。自分は子供の悪戯言かと気にしなかったが、あまりの大きな声に一寸ふり向くと、お堂の前に、この坊の主人であろう坊主らしい人が立っているのに気がつき、自分が叱られているのである。」という状況の記載がある。このことから、昭和12（1937）年頃には堂守が常住していたことが判明する。また、昭和13（1938）年加田利八『郷土歳時記』（『奥熊野百年誌』所引）には、「観音詣で　七月十日観音様にお参りすると、千日にかけ合うという。・・・泊村の観音堂も田村麿の御建立と伝えられ、・・・その十日の祭日には、多数の参詣者がある。殊に日支事変に際しては、軍神田村麿さんの祭られた観音さんと

184　倉本氏（年代不詳）：観泊観音行。本記録中に年号は記載されていないが、記録中で倉本氏（郷土史家の倉本為一郎氏と思われる）は「荒坂津史跡顕彰会と熊野史跡調査員」の名刺を差し出したとある。荒坂津史跡顕彰会は神武天皇聖蹟調査に関係するものと思われ、昭和12年には荒坂津史蹟顕彰会が荒坂津に関する書籍も発行していることから、この前後の出来事と推測される。大西源一（1937）：神武天皇聖蹟熊野荒坂津：荒坂津史蹟顕彰会

図74　聖所に安置された石仏（2022年1月、筆者撮影）

いうので、一層の賑いをみせたものである。観音さんのご利益は、普門品に解かれているように「観音を念ずれば無量の苦も免れる」・・・種々の禍害も観音の妙智力で、苦を逃れることを得るという。」とあって、観音縁日には多数の参詣者があること、満州事変に際しては軍神として信仰を集めたこと、種々の禍害を逃れられると考えられていたことなどを記している[185]。

　戦後になると清水寺は次第に求心力を失っていく。昭和20年代頃（1945－1955）には、子どもたちが、メジロ捕りや椎の実ひろいを行う遊び場ともなっており、地域住民に親しまれていた様子がうかがえるが[186]、昭和39（1964）年には廃寺となった。

185　昭和58（1983）年発行の『熊野市史』では「同じ関係［筆者註：漁民が山神を漁業の神として信仰すること］をもとにして、大泊の清水寺［別名大泊観音］の信仰が発生したと考えられる。事実、境内に建つ石碑の銘には、西山、泊、三輪崎、鵜殿、太地、木本、荒坂、二木島、市木、大泊、新宮の講社名が刻まれている。市木と西山をのぞいて、皆漁村、海岸沿いの信者である。山上の清水寺から海が見えるのと、仏教と結合した山中の霊水信仰があるのと、大泊観音が漁民信仰の対象となるには、大きな原因であったのであろう。」として、これらは、漁民信仰に基づくものとする。しかし、こうした石碑はいずれも近代になって寄進されたものであり、玉芝貫明氏と鈴原古登興氏の布教活動の範囲によっていると考えられ、講社の範囲を、ただちに清水寺の信仰発生源と結び付けて考えることは躊躇される。

186　向井弘晏（2020）：泊観音の今昔と玉芝貫明宗氏：吉野熊野新聞 令和2年9月20日付

昭和 58（1983）年頃になると、「登り詰めた所に堂がある。なかは荒れていたが、千手観音を安置したと思われる所のほかに、天然の岩場を用い仏像を安置場所にした所［ママ］があった。（現在も何も祀られていない）そこで護摩が行われていた。」「当寺［筆者註：清泰寺］近隣の山上にある"泊観音"といわれた比音山清水寺は、今は参詣する人もなく、荒廃してしまっているが、［中略］此処にあった前立の千手観音は、当寺に客仏として安置されている。」[187]といった状況であって、廃寺以降、本尊は堂内から撤去され、礼拝施設としての機能を完全に失っていることが理解される。

　このように近代になって一度荒廃した清水寺は明治 27（1894）年頃から復興され、大正年間に整備がすすみ、観音信仰と愛国・出征兵士の祈願とが結合して近郊の信仰を集めたが、戦後の昭和 39（1964）年には廃寺となったことが把握された（表 55）。

（3）世界遺産登録頃以降の経緯

　平成 14（2002）年、大泊から清水寺へ至る参道は伊勢路の一部として史跡に指定された。さらに、平成 16（2004）年には紀伊山地の霊場と参詣道の構成資産として世界遺産に登録された。

　石造物の状況をみれば、まず、平成 14（2002）年の史跡指定をうけて、大泊の清水寺参道入口に文化庁・三重県・熊野市による史跡標柱が造立される。また平成 26（2014）年には岩塊の聖所に向井弘晏氏によって石造千手観音菩薩立像 1 躯が安置される（図 74）。

　また、整備の状況をみれば、地域住民による維持管理が平成 16（2004）年頃から開始し、平成 17（2005）年と 26（2014）年の 2 度にわたって倒壊した寺堂の撤去が行われている[188]。

　さらに、地域住民が維持管理に参加する動機としては、「私はただ、泊観音に来て歩いている人が、快適に歩いてもらえるように、との思いでやっています。『お前良くやっとるな、ご利益あるだろう』とみなさんによく言われますが［ママ］、私もご利益って一体何だろうと思いました。思い至ったのは、私が元気に、毎日ここへ来て整備できるということがご利益なんだろうなということでした」[189]と

187　昭和 58（1983）年『熊野市史』
188　向井弘晏（2020）：泊観音の今昔と玉芝貫明宗氏：吉野熊野新聞 令和 2 年 9 月 20 日付

の発言がみえ、来訪者扶助を直接の目的とはしながらも、自己の健康や生きがいなど、自己実現を願っていると読み取ることができる。

このように、世界遺産登録を契機に地域住民が観音道に関与し、倒壊し再建の困難な堂宇を撤去して整備を行うとともに、聖所に石仏を安置して礼拝施設としての機能を回復させていたことが明らかになった。また、その動機としては、来訪者扶助を直接の目的とはしながらも、自己実現を図ることが表明されていた。

4. まとめ

近世に坂上田村麻呂によって西国巡礼に関連づけられていた清水寺は、西国巡礼者が参詣する観音霊場として巡礼者を受け入れていた。この寺院の維持管理は大泊の九鬼氏が別当として担当していたが、寺院に常住する僧侶はなかった。

明治7（1874）年に一度廃寺となり、再興されたのちには、巡礼者を対象とした寺院ではなく、坂上田村麻呂伝承に基づき地域の出征兵士を守護する場とされ、布教活動は観音信仰と愛国婦人会の活動が結びついて東紀州の各地で行われた。この時期、日常の維持管理は布教者自らが寺院に常住して行い、施設整備の費用は東紀州各地からの寄進によっていた。第二次世界大戦後は、子どもの遊び場として親しまれていたものの、次第に信仰を失い、昭和39（1964）年に本尊を山上から降ろして廃寺となった。これは第二次世界大戦後に「愛国」が急速に後退したことが原因とも考えられる。

世界遺産登録は清水寺に再び変化をもたらした。まず、国・県・市という公共団体が清水寺跡に関与するようになった。さらに、地域住民は、倒壊した建物を撤去して「環境整備」を行ったうえで、聖所に石仏を安置して礼拝施設としての機能を回復させた。また日常の維持管理も地域住民が担っていた。しかし、住民の祈願の内容はそれ以前とは大きく異なり、来訪者扶助を直接の目的としながらも、自らの健康や自己実現を願っていた。

このように、清水寺は2度の中断を経ながらも、近代以降も信仰の場として機能し続けていた。また、清水寺に対する信仰内容は、巡礼者のための礼拝施設から、愛国武運祈願の場、自己実現の場へと変化していった。

189　熊野古道を守り語り継ぐ『向井弘晏（むかい・ひろやす）さん』（ゲンキみえ）ゲンキ③ネット 2020年4月22日　http://genki3.net/?p=138852［2022年1月10日閲覧］

6 近代以降の地域住民が「熊野参詣道伊勢路」に見出した価値

　ここまでみてきたように、近世に重要な礼拝施設として機能し、近代以降も引き続き存続した3つの寺院について、その展開を検討した。その結果、近代以降の徒歩巡礼者の激減、第二次世界大戦後の社会変化、熊野参詣道の世界遺産登録という共通する地域社会の大きな変化を経験しながら、各寺院の在り方はそれに合わせて変化していたことが判明した（**表56**）。

　近代の初頭、神仏分離の影響でそれまで伊勢路の重要な礼拝施設として機能していた各寺院はいったん廃寺になった（明治6(1873)〜7(1874)年）。しかし、地域住民は信教の自由が一定保障されたのち、それら寺院を再建して信仰を回復していた（明治23(1890)〜27(1894)年）。ただし、その信仰の在り方は西国巡礼の礼拝施設としての信仰ではなく、「愛国」と結びついた出征兵士の武運祈願など、地域住民の身近で新たな祈りの内容に基づいていた。一方で、この段階でも八鬼山日輪寺荒神堂では、複数の回国巡礼者・修行者の祈願の状況が認められた。これは、伊勢路の代名詞ともなっていた八鬼山越え特有の事象なのか、石仏庵や清水寺でも認められた現象であったのかどうかについては、現時点で判断できる材料はない。

　第二次世界大戦後、いずれの寺院も常住する住職を失った。日輪寺は本尊が存置され寺堂として存続したが、石仏庵と清水寺は本尊が移設・撤去された。その結果、石仏庵は旧境内がそのまま地元東原区の管理となり、旧本堂は区の集会所として再利用されることになった。ただ、三十三躰観音石仏や役行者、金毘羅、庚申といった礼拝対象が現地に遺されたことから礼拝施設としての機能は部分的に遺された。一方、清水寺は礼拝施設としての機能をほぼ喪失してしまった。現地に遺されたのは、地蔵2躰と参道沿いの観音石仏のみであった。

　その後、いずれの寺院も世界遺産登録後に変化をみせていた。まず、石仏庵は平成23(2011)年に鳥居が設置されていた。日輪寺荒神堂は平成28(2016)年に堂前の小屋を撤去し、令和元(2019)年に堂を改修した。清水寺では、平成17(2005)・26(2014)年に倒壊した寺堂を撤去し、平成26(2014)年には聖所に石仏を安置して、礼拝施設としての機能を回復させていた。このような礼拝施設としての機能回復の目的は必ずしも明確ではないが、「世界遺産にふさわしい」、「泊観音に来て歩いている人が、快適に歩いてもらえるように、との思い」といった言説からは、

表56　石仏庵・日輪寺・清水寺の展開

	石仏庵	荒神堂	清水寺
<近世～近代初頭>			
創始・整備	19世紀初頭	中世以前	中世以前
住職	常住	常住	無住（通い）
信仰者	巡礼者	巡礼者	巡礼者
信仰内容	巡礼道引観音	西国巡礼前札所	京都音羽山清水寺（西国札所）所縁
廃寺	明治6（1873）年頃	明治7（1874）年6月	（荒廃）
<近代>			
再興・修理	明治23（1890）年再建（寺堂移築） 昭和4（1929）年石仏堂修理	明治26（1893）年堂改修	明治27（1894）年再興 大正年間～昭和初期に大規模整備
住職	常住	常住	常住
信仰者	地域住民	遠隔地の巡礼者（大連・1,400km圏） 地域住民	近郊の住民（太地55km圏） 地域住民
祈願内容	日清・日露戦争記念碑	回国供養・回国修行 出征兵士祈願	愛国 出征兵士祈願
<戦後>			
廃寺	昭和23（1948）年廃寺	継続	昭和39（1964）年廃寺
信仰対象の扱い	本尊　移設 三十三体観音石仏、行者、庚申、金毘羅存置 本堂は地区集会所として利用 平成12年行者・庚申の堂建設	本尊　存置 隣接する茶店は平成16年までに撤去	本尊　移設 堂は放置
住職	なし	常住→無住	－
信仰者	（地域住民か）	地域住民	－
祈願内容	（不明）	火伏	－
<世界遺産登録後>			
再整備	平成23（2011）年鳥居新設	平成28（2016）年小屋撤去 令和元（2019）年堂改修	平成17（2005）年堂倒壊・撤去 平成26（2014）年残存建物撤去、石仏安置
所有者	東原区	個人→社団法人	（不明）
信仰者	（地域住民か）	地域住民 旅行者	地域住民 旅行者
祈願内容	（不明）	世界遺産へのふさわしさ	健康・自己実現

地域の文化を来訪者に見せたいという直接的な目的や、それを行うことが自身の自己実現につながるという思いが読み取れた。

　これらの状況からは、地域住民が各寺院に対して見出していた価値が変化していったことがうかがえる（**表57**）。近代においては、愛国や出征という情報に基づき、各寺院境内の空間において、本尊（仏像）に対して礼拝行為や寄進行為を行うことで、愛国心の発露という意味的価値や、兵士の安全確保という機能的価値を見出していたと思われる。戦後、それぞれの寺院が無住化していく中で、それでも信仰が継続した荒神堂では荒神を火伏の神とみなし、新たに火災除けという機能を見出していたと思われる。さらに、世界遺産登録後は、世界遺産に関連する資産であるという情報に基づき、各寺院に対して、世界遺産という意味、旅行者の支援という機能、自己実現という文脈の、それぞれの価値を見出してきたと考えられる。

表57　近代以降の地域住民が見出した価値

時代	主体	情報	空間	対象物	行為	見出した価値
近代	地域住民 近郊住民	愛国・出征	石仏庵境内 日輪寺境内 清水寺境内	本尊・仏像	礼拝 寄進	（意味）愛国心発露 （機能）利益（兵士の保護）
戦後	地域住民	なし	石仏庵境内	建物	集会	（機能）地域振興
戦後	地域住民	火伏等	日輪寺境内	本尊	礼拝	（機能）利益（火伏）
戦後	（地域住民）	（なし）	清水寺境内	（なし）	（なし）	（なし）
世界遺産登録後	地域住民	世界遺産	石仏庵境内 日輪寺境内 清水寺境内	境内施設 仏像	整備・寄進 礼拝	（意味）世界遺産 （機能）旅行者支援 （文脈）自己実現

第Ⅴ章

現代の研究者からみた「熊野参詣道伊勢路」

1　はじめに

　平成 12（2000）年頃から、熊野参詣道伊勢路（以下、伊勢路）においても、世界遺産登録に向けた動きが次第に活発化し、平成 14（2002）年には国史跡指定、平成 16（2004）年には世界遺産登録されるに至った。この間、伊勢路を含めた紀伊山地の霊場と参詣道に対して、さまざまな研究者が関与し、三重県、奈良県、和歌山県の文化財担当者はその価値の記述を確定していった。

　本章においては、こうした作業の結果、研究者が伊勢路に対して見出した文化遺産としての価値について整理する。また、世界遺産「紀伊山地の霊場と参詣道」における位置づけを把握するために、伊勢路以外の熊野参詣道との比較により、伊勢路の特徴を整理する。

　研究の方法は、世界遺産の登録推薦書、世界遺産登録記念誌、保存管理計画、国指定文化財等データベースおよび伊勢路にかかる歴史研究の論文等の文献調査による。

2　熊野参詣道の位置づけと内容

1.　熊野参詣道の位置づけ

　世界遺産「紀伊山地の霊場と参詣道」の「参詣道」には、大峯奥駈道、熊野参詣道、高野参詣道が挙げられ、それぞれの参詣道の違いは以下のとおり示されている。

- 高野参詣道　金剛峯寺へと至る参詣道
- 大峯奥駈道　吉野・大峯と熊野三山を結ぶ修行の道
- 熊野参詣道　熊野三山に至る参詣道

さらに、熊野参詣道は以下の 4 つの経路からなる。

- 中辺路（なかへじ）　紀伊半島の西岸をとおる紀路のうち、紀伊半島を横断して山中を通る経路
- 大辺路（おおへじ）　紀伊半島の西岸をとおる紀路のうち、海岸沿いを通る経路
- 小辺路（こへち）　紀伊半島中央部を通り霊場「高野山」と「熊野三山」を結ぶ経路
- 伊勢路　紀伊半島の東岸を通る経路

　このように、世界遺産「紀伊山地の霊場と参詣道」において、伊勢路は、「参詣道」のうちの一つである「熊野参詣道」の中でも、「紀伊半島の東岸を通る経路」として、

登録資産となっている。

2. 熊野参詣道の内容

　次に、伊勢路の内容について、『世界遺産登録推薦書[190]』の記載内容と先行研究[191]から把握する。

(1) 概要

　熊野三山は、熊野本宮大社、熊野速玉大社、熊野那智大社の三社の総称で都である京都からも日本の各地からも遠い紀伊半島南東部に位置するため、参詣者のそれぞれの出発地に応じて複数の経路が開かれた。

　熊野三山への参詣は10世紀前半から始まり、15世紀頃まで盛んに行われた。その後、熊野三山だけを目的とする熊野詣は衰退するが、民衆の社寺参詣が盛んになる17世紀以降は、多い年で年間3万人ともいわれる西国巡礼者が訪れた。かれらは伊勢神宮への参詣の後、伊勢路を利用して最初の巡礼地（札所）である那智山青岸渡寺へ向かい、その途中で熊野三山のひとつである熊野速玉大社（新宮）に参詣した。また西国巡礼者は、那智山青岸渡寺から熊野参詣道中辺路を利用して次の巡礼地へ向かう途中、熊野本宮大社にも参詣した。

　このように、中世に熊野三山への参詣に利用された熊野参詣道は、近世には熊野三山をも含む西国巡礼の経路とされ、引き続き盛んに利用された。また、今日では、熊野参詣道は名所旧跡としての神社や仏閣を訪ね歩く人々にとっても、著名な道筋としてよく使われている。

(2) 熊野参詣道中辺路

　熊野参詣道中辺路は、京都あるいは西日本から熊野三山へ参詣する道筋のうち、最も頻繁に使われた経路で、紀伊半島西岸の田辺から半島を横断するように東方へ進み、熊野三山を巡る道である。10世紀前半を最初として参詣者の記録が数多く遺されている。道の途中に熊野神の御子神を祀った「王子」もしくはその遺跡が点在するのが特徴である。11〜13世紀の上皇及び貴族の参詣に際しては、これらの王子において、修験者の指示に従って奉幣、読経といった神仏混淆の宗

190　世界遺産「紀伊山地の霊場と参詣道」三県協議会（2005）：2　登録の価値証明：世界遺産紀伊山地の霊場と参詣道, pp.43-44
191　小山靖憲（2000）：熊野古道：岩波新書

教儀式のほか、法楽のための舞、相撲、和歌会などが行われた。また15世紀に数が増した西国巡礼者も利用した道である。

　湯峯温泉は湯垢離場で、有史以前に発見されたと伝えられる。温泉の薬効に基づく薬師信仰の場であり、12世紀初期には湯屋が置かれていた。

　熊野川は紀伊山地の北部に源流を発し、南流して熊野灘に注ぐ全長183キロメートルの河川である。熊野参詣道中辺路を通り「熊野三山」を参詣する場合は熊野川の舟運によって往復することが多く、ほかに類例の少ない「川の参詣道」として貴重である。両岸には山が迫り、点在する奇岩怪石の数々はすでに12世紀には「熊野権現の持ち物」と考えられ、また、後には形の特徴に応じて独特の命名が行われた。

（3）熊野参詣道大辺路

　熊野参詣道大辺路は紀伊半島西岸の田辺から熊野参詣道中辺路と分かれて海岸線に沿って南下し、熊野三山に至る道である。熊野参詣道中辺路と比較すると距離が長く、奥駈をする修験者や、西国巡礼を三十三回行う「三十三度行者」と呼ばれる専門の宗教者が通る経路であった。17世紀以降は、観光と信仰を兼ねた、俳人や歌人などの旅行者が利用した。

（4）熊野参詣道小辺路

　熊野参詣道小辺路は紀伊半島中央部を南北に通り、熊野三山と高野山の両霊場を最短距離で結ぶ経路である。大坂方面から熊野に参詣するのに都合のよい経路として開かれたが、約70キロメートルの行程の間に標高1,000メートル以上の峠を3度も越えねばならず、熊野参詣道の中でも最も険しい道の一つである。天正元（1573）年に高野山からこの道を通って熊野に詣でた武士の記録があり、17世紀、18世紀の記録もある。沿道には小規模な寺院や旅館の遺跡のほか、道標や石仏などがあり、現地の岩石を割って敷設した石畳も所々に遺っている。

（5）熊野参詣道伊勢路

　伊勢路は、紀伊半島東岸中部にあり天皇の祖先神を祀る神社として古代以来崇敬を集めてきた伊勢神宮と熊野三山を結ぶ道である。10世紀後半には参詣道として成立していたことが推定されるが、通行する人々が増えるのは、地方民衆の巡礼が活発化し、伊勢参宮と観音信仰に基づく西国巡礼が盛んになる17世紀以

降のことである。伊勢神宮の外宮周辺に広がる山田の町を起点とし、途中の「花の窟」からは、海岸沿いに七里御浜を通り熊野速玉大社へ至る街道と、内陸部を熊野本宮大社へ向かう街道に分岐する。七里御浜には、景勝の地として参詣者に知られた熊野の鬼ヶ城と獅子巌もあり、良好な文化的景観を形成している。

　七里御浜は平坦な砂礫の海岸で、参詣道の一部として使われてきた。当初参詣者は海浜を歩いていたが、17世紀初期に黒松の防風林が植えられて以降は防風林の中を歩くようになった。しかし19世紀後半になっても、海浜を歩いて熊野速玉大社へ向かう旅人もいたことが、文献等から知られる。弓なりに22キロメートルにわたって広がる雄大な景観は、伊勢路第一の景勝の地として親しまれ、現在も良好な文化的景観が保たれている。

　花の窟は、伊勢路の分岐点の海岸に位置し、人々の信仰を集めてきた神社である。神体は高さ45メートルほどの巨岩そのもので、一般の神社に見られる神殿や拝殿が未だ成立していない古代の自然崇拝の形態を彷彿とさせる。三重県指定の重要無形文化財である「花の窟のお綱かけ神事」は神話に記された祭礼と同様の内容をもつもので、現在も毎年2月・10月に行われている。

　熊野の鬼ヶ城と獅子巌は火成岩の岸壁が波や風の浸食を受けて独自の地形を生み出した自然の景勝地である。鬼ヶ城は数段にわたる階段状の洞窟をなし、獅子巌はその名の示すとおり獅子の形状をしている。熊野参詣道沿いの名所として江戸時代に多くの参詣客の目を楽しませた良好な文化的景観である。

3. 他の熊野参詣道との比較

前節までの記述内容から、熊野参詣道の4つの経路について特徴を整理した（**表58**）。

表58　熊野参詣道の経路ごとの特徴

経路名	経路位置	起点／終点	利用の盛期	利用者	利用目的	通行方向
中辺路	紀伊半島を横断	田辺／熊野三山	10世紀から19世紀	皇族・貴族・武士・庶民	熊野詣西国巡礼	双方向
大辺路	西海岸沿い	田辺／熊野三山	17世紀から19世紀	修験者・宗教者、俳人・歌人	熊野詣修行観光	双方向
小辺路	中央部、紀伊半島を縦断	高野山／熊野三山	16世紀から19世紀	畿内の住人	熊野詣西国巡礼	双方向か
伊勢路	東海岸沿い	伊勢神宮／熊野三山	17世紀から19世紀	地方民衆	西国巡礼	一方通行

まず、熊野参詣道の4つの経路はいずれも共通して起点と熊野三山を結んでいる。これは、熊野参詣道が熊野三山への参詣道であるということに起因する。また、いずれも19世紀に利用を終える。

一方、経路の起点は、大きくは紀路として京都や西日本から紀伊半島の西海岸に入り、その途中の田辺となる中辺路・大辺路と、霊場の高野山、伊勢神宮の小辺路・伊勢路に分かれる。なお、伊勢神宮は世界遺産「紀伊山地の霊場と参詣道」に登録された霊場に含まれていないが、「天皇の祖先神を祀る神社として古代以来崇敬を集めてきた」とされるきわめて重要な神社である。

利用の盛期は、10世紀以降継続的に利用された中辺路に対し、残りの経路はいずれも、主に地方民衆による旅が活発化する16・17世紀から19世紀にかけて利用されている。伊勢路は10世紀から11世紀にさかのぼる記録は存在するが、断片的である。利用者は、中辺路が皇族・貴族から庶民まで幅広い人々であるのに対し、大辺路は修験者・文学者、伊勢路は地方民衆が利用しており違いが見られる。

利用の目的はいずれも熊野三山への参詣であるが、熊野を最終目的地とする「熊野詣」と、札所として熊野三山へ参詣する「西国巡礼」の2種類がある。このうち、

西国巡礼に限定的に用いられたのは伊勢路のみである。また、通行方向は、中辺路・大辺路・小辺路が双方向的に通行されたとみられるのに対し、伊勢路は伊勢神宮参拝後に熊野三山へ向かう経路であることから一方通行である。

このように、熊野参詣道はいずれも熊野三山への参詣道であり、19世紀には巡礼路としての利用を終える共通性が見られる一方で、伊勢路は、中辺路・大辺路・小辺路と比較して、利用された期間が限定的であること、利用者に西国巡礼目的の民衆が多かったこと、通行方向が伊勢神宮から熊野三山への一方通行であることに特徴があるといえる。

4. 熊野参詣道伊勢路の内容と登録資産

前節において既に把握したように、伊勢路を構成する登録資産には、田丸を起点とし、花の窟で分岐して熊野速玉大社へ至る「七里御浜道」と熊野本宮へ至る「本宮道」からなる「参詣道」と、沿道に立地し古代の自然崇拝の形態を彷彿とさせる「花の窟」と景勝の地として参詣者に知られた「熊野の鬼ヶ城」と「獅子巖」が含まれている。

世界遺産登録の前提となる国内法では、文化財保護法によって史跡として熊野参詣道にぶら下がる形で伊勢路、七里御浜、花の窟が、天然記念物及び名勝として熊野の鬼ヶ城、獅子巖が指定されている。また、伊勢路のうち史跡指定されているのは、個別に名称を付された細切れの区間のみとなっており、全長約160キロメートルのうち、32.9キロメートルの区間となっている[192]（**表59**）。

このように、巡礼路である伊勢路は、史跡に指定されかつ、世界遺産に登録されている区間とされていない区間が存在し、礼拝所である花の窟と景勝地である熊野の鬼ヶ城と獅子巖が含まれるなど、複雑な状況が看取される。

192　世界遺産「紀伊山地の霊場と参詣道」三県協議会（2006）：世界遺産「紀伊山地の霊場と参詣道」保存管理計画

表59 熊野参詣道伊勢路の構成資産

名称		区間	総延長又は面積
史跡熊野参詣道・伊勢路	ツヅラト峠道	度会郡大紀町大内山志子谷から北牟婁郡紀北町紀伊長島区島原間	1.8 km
	荷坂峠道	北牟婁郡紀北町紀伊長島区東長島地内	1.1 km
	三浦峠道 （熊ヶ谷道）	北牟婁郡紀北町紀伊長島区道瀬から同区三浦間	1.8 km
	始神峠道	北牟婁郡紀北町紀伊長島区三浦から同町海山区馬瀬間	1.6 km
	馬越峠道	北牟婁郡紀北町海山区相賀から尾鷲市北浦町間	2.5 km
	八鬼山道	尾鷲市矢浜大道から同市三木里間	6.6 km
	三木峠道 羽後峠道	尾鷲市三木里から同市賀田間	1.8 km
	曽根次郎坂・太郎坂	尾鷲市曽根町から熊野市二木島町間	4.0 km
	二木島峠道 逢神坂峠道	熊野市二木島町から同市新鹿町間	3.1 km
	波田須の道	熊野市波田須町地内	0.3 km
	大吹峠道	熊野市西波田須町から同市大泊町間	1.4 km
	観音道	熊野市大泊町地内	0.9 km
	松本峠道	熊野市大泊町から同市木本町間	0.7 km
	横垣峠道	南牟婁郡御浜町神ノ木から同町阪本間	2.0 km
	風伝峠道	南牟婁郡御浜町栗須から熊野市紀和町矢ノ川間	1.1 km
	本宮道	熊野市紀和町矢ノ川地内 〃　〃　小川口から小栗須 〃　〃　小栗須から湯の口 〃　〃　湯の口から大河内 〃　〃　楊枝川地内	0.8 km 0.6 km 0.2 km 0.4 km 0.2 km
史跡熊野参詣道	七里御浜	熊野市井戸町から南牟婁郡紀宝町鵜殿	18.0 km
	花の窟	熊野市有馬町字上ノ地130-1、130-2、130-3	19,707 ㎡
天然記念物及び名勝 熊野の鬼ヶ城附獅子巖		熊野市木本町字城山1789、同市井戸町字馬留596	45,752 ㎡

3　国史跡「熊野参詣道」として見出した価値

　世界遺産登録の前提となった文化財保護法に基づく国史跡指定に際しては、熊野参詣道は一括して指定がなされており、伊勢路単独の指定は行われていない。国指定に際し、熊野参詣道として見出されている文化遺産としての価値は以下の通りである。

　　指定名称：熊野参詣道　紀伊路　中辺路　大辺路　小辺路　伊勢路　熊野川
　　　　　　　七里御浜　花の窟
　指定年月日：平成12（2000）年11月2日
　分離・追加指定年月日：平成14（2002）年12月19日
　追加年月日：平成28（2016）年3月1日
　指定基準：
　　我が国の歴史の正しい理解のために欠くことができず、かつ、その遺跡の規模、遺構、出土遺物等において、学術上価値あるもの
　　三　社寺の跡又は旧境内その他祭祀信仰に関する遺跡
　　六　交通・通信施設、治山・治水施設、生産施設その他経済・生産活動に関する遺跡
　内容：
　　熊野参詣道は、熊野三山、すなわち熊野本宮（熊野坐神社）、新宮（熊野速玉大社）、那智（熊野夫須美神社・那智大社）の三社に参詣する道で、院政期には紀伊路と伊勢路があった。中世において最も利用されたのは紀伊路のうち中辺路であり、京より南下してきた熊野参詣道は、田辺で海沿いを行く大辺路と分かれ、山間を縫って本宮を目指した。院政期には、多数の参詣者が通行したが、特に上皇の参詣は多く、後白河上皇34回、後鳥羽上皇28回、鳥羽上皇21回、白河上皇9回、女院も待賢門院の13回とかなりの頻度で参詣を重ねている。そうした利用につれて参詣道の整備も進んだ。当時の参詣の様子は、藤原為房の『為房卿記』、藤原宗忠『中右記』、藤原定家『後鳥羽院熊野御幸記』など多くの貴族の日記、記録に詳細に綴られているが、貴顕のみならず庶民や病者も多かったことが記されている。本宮参詣ののちは熊野川を川下りして新宮を参詣し、そののち海岸沿いに浜の宮に至り、それより再び内陸に入り那智に参詣した。その後は、新宮から熊野川を上って本宮に

至る、来たときと逆の行程を辿るか、大雲取越・小雲取越を経て本宮に戻ることもあった。また、本宮から湯峰に道が通じており、湯峰の湯に入り疲れを休めた。

　熊野参詣道は、古代末期より近世、近代に至るまで、貴顕のみならず一般庶民また病苦の民衆までが熊野三山への信仰と憧憬によって歩んだ古道であり、我が国の歴史ならびに社会・文化を知る上で欠くことのできない貴重な交通遺跡として平成12年に史跡に指定されたものである。

　史跡指定理由を見ると、世界遺産登録にあたって見出された霊場をつなぐ道という評価よりはむしろ、古代から中世にかけて上皇・貴族らによって行われた熊野参詣の歴史的事実に中心を置いており、近代に至るまで利用された日本の歴史ならびに社会・文化を知る上で欠くことのできない交通遺跡としての重要性に価値が見出されている。

4　世界遺産「紀伊山地の霊場と参詣道」として見出した価値

1. 世界遺産の登録にあたって証明された価値

　日本は、昭和47（1972）年にユネスコにおいて採択された「世界の文化遺産及び自然遺産の保護に関する条約」を平成4（1992）年に批准[193]して以来、国内の遺産のうち、登録要件に合致するものの世界遺産登録を順次推進してきた。その中で「紀伊山地の霊場と参詣道」は平成16（2004）年に世界遺産リストに記載された[194]資産で、本州の中央部、紀伊半島に所在する文化遺産である。現在の三重県・奈良県・和歌山県の3県に属し、平成28（2016）年に境界線の軽微な変更が承認されて資産範囲が拡大した。拡大後の面積は506.4ヘクタールに及ぶ[195]。

　以下、「世界遺産登録推薦書[196]」および「境界線の軽微な変更に関する提案

193　外務省ホームページ：世界遺産条約　www.mofa.go.jp/mofaj/gaiko/culture/kyoryoku/unesco/isan/world/isan_1.html［2015年9月27日閲覧］
194　ユネスコ世界遺産センターホームページ　http://whc.unesco.org/en/list/1142［2015年12月23日閲覧］
195　UNESCO World Heritage Centreホームページ　https://whc.unesco.org/en/list/1142/［2018年11月4日閲覧］

書[197]」の記載内容から、価値証明の内容を把握する。

　紀伊山地は、太古の昔から自然信仰の精神を育んだ地で、奈良盆地のすぐ南に位置することから、都の人々にも神々がこもる特別な地域として信仰されるようになった。その背景の下に、6世紀に日本に仏教が伝来し7世紀後半に国家を鎮護する宗教となって以降、紀伊山地は仏教の山岳修行の場となり、9世紀に伝えられた真言密教もまたこの地を山岳修行道場として定着した。

　10世紀中頃から11世紀代には、日本古来の山岳信仰に密教や中国伝来の道教の神仙思想などを採り入れた修験道が成立した。修験道は山岳修行により超自然的な能力を獲得することを目的とする宗教で、紀伊山地の中でも特に大峰山系の山岳地帯が中心的な修行の場となった。

　また、9～10世紀にかけて仏教の影響が優勢となるにつれ、「神仏習合」の思想が広く流布することとなり、紀伊山地はその聖地としても信仰を集めるようになった。

　一方、10～11世紀頃には「末法思想」が流行し、死後に阿弥陀仏の居処である極楽浄土に往生することを願う「浄土教」という仏教の教えが貴族や庶民の間に広まった。これに伴って紀伊山地には浄土があると信じられるようになり、この地の霊場としての性質がいっそう強まった。

　この地方の神聖性が浄土と関連づけてことさら重要視されるようになった背景には、深い山々が南の海に迫るという独特の地形や、山と海が織りなす対照的な景観構成が大きく影響していたものと考えてよい。

　このような特有の地形及び気候、植生などの自然環境に根ざして育まれた多様な信仰の形態を背景として、紀伊山地には「吉野・大峯」「熊野三山」「高野山」の顕著な三つの霊場とそれらを結ぶ「参詣道」が形成された。

　「吉野・大峯」は、修験道の中心地として発展し、10世紀中頃には日本随一の霊山として崇敬を集めるようになった。また、日本各地から多くの修験者が訪れる聖地となり、全国各地に「吉野・大峯」をモデルとした山岳霊場が形成された。

　「熊野三山」は、「熊野本宮大社」「熊野速玉大社」「熊野那智大社」の三つの神社と「青岸渡寺」及び「補陀落山寺」の二つの寺院からなる。三つの神社はも

196　世界遺産「紀伊山地の霊場と参詣道」三県協議会（2005）：2　登録の価値証明：世界遺産紀伊山地の霊場と参詣道、pp.43-44
197　日本国（2016）：境界線の軽微な変更に関する提案書

ともと個別に自然崇拝の起源をもっていたと考えられるが、10世紀後半に仏教の影響を受けて互いに他の二社の主祭神を合祀するに至り、それ以来「熊野三所権現」として崇められるようになった。「熊野三山」への参詣は、11世紀に皇族及び貴族の一行が修験者の行者に導かれて盛んに行うようになり、15世紀後半には庶民が中心となり、16世紀以降は「熊野比丘尼」と呼ばれる女性布教者の活動などによって大いに活況を呈した。また、「熊野三山」の社殿は他の神社建築に類例を見ない独特の形式をもち、全国各地に勧請された約3,000ヶ所以上の熊野神社における社殿の規範ともなった。

「高野山」は空海が唐からもたらした真言密教の山岳修行道場として弘仁7(816)年に創建した「金剛峯寺」を中心とする霊場である。金剛峯寺の伽藍形式は、真言密教の教義に基づく独特のもので、全国に4,000ヶ寺ある日本の真言宗寺院における伽藍の規範となった。

3つの霊場に対する信仰が盛んになるにつれて修行者や参詣者が増加し、「大峯奥駈道」「熊野参詣道」「高野参詣道」と呼ばれる3種類の「参詣道」が整えられた。これらの参詣道は人々が下界から神仏の宿る浄域に近づくための修行の場に他ならず、ほかの地域における一般の街道とは明らかに性質を異にしていた。

以上のように、紀伊山地の霊場は主として修験道の拠点である「吉野・大峯」、熊野信仰の中心地である「熊野三山」、真言密教の根本道場である「高野山」の3箇所からなり、これら3つの霊場とそれらを結ぶ「参詣道」は一千年以上にわたりおびただしい数の信仰者をひきつけ、日本人の精神的・文化的な側面における発展と交流に極めて重要な役割を果たしてきた。

また、日本古来の自然崇拝の思想では、深遠なる常緑樹叢及び峻厳なる岩塊に覆われた山、山肌に露出する特定の巨岩及び水量豊かな滝、巨大な老木などの自然物又はそうした自然が所在する地域に神が降臨するとされ、熊野速玉大社の「ゴトビキ岩」や熊野参詣道沿いの「七里御浜」に臨む「花の窟」「那智原始林」及び「仏教岳原始林」「那智大滝」などは、そのような自然崇拝の思想に基づいて神聖視された後に神社の神域へと発展し、仏教とも融合する過程で、修験道などの山岳信仰における行場としても重視されるようになった。これら霊場又は行場が所在する地域はいずれも深遠な自然の山岳地帯にあり、場所がもつその強力な神聖性の故に顕著な文化的景観を形成しているといえる。

「紀伊山地の霊場と参詣道」は、「信仰に関わる有形・無形の多様な文化的諸要素が自然の諸要素と一体となって体現された信仰の山の模範例と位置づけるこ

とが可能であり、アジア・太平洋地域を代表する信仰の山のひとつとして極めて高い価値を有する事例」といえる。

このように、紀伊山地においては、中国大陸から請来された山岳密教の霊場をはじめ、日本古来の自然崇拝に根ざす山岳信仰又は神道と中国大陸及び朝鮮半島から伝来した仏教及び道教との融合によって形成された日本固有の神仏習合の霊場や修験道の霊場などが同一の山岳地域に併存している。また、これら3つの霊場が参詣道によって結ばれることにより、霊場と参詣道を含む深遠なる山岳景観が信仰に関連する顕著な文化的景観を形成している。

以上の価値証明に基づき、合致するとされた世界遺産の登録基準は（ii）（iii）（iv）（vi）である。

登録基準ii） 紀伊山地の文化的景観を構成する記念物と遺跡は、東アジアにおける宗教文化の交流と発展を示す神道と仏教との比類ない融合の所産である。

登録基準iii） 紀伊山地の神道の神社と仏教寺院は、それらに関連する宗教儀礼とともに、1,000年以上にわたる日本の宗教文化の発展を示すたぐいまれな証拠である。

登録基準iv） 紀伊山地は、日本の多くの地域における神社や寺院の建築に深遠なる影響を与えた［神社建築及び神社建築の］独特の形式を生み出す背景となった。

登録基準vi） 同時に紀伊山地の遺跡と森林景観は、1,200年以上の期間にわたって、永続的かつ並はずれて良好に記録された信仰の山の伝統を反映している。

2. 世界遺産登録資産

上述の価値の属性には、霊場の「吉野・大峯」「熊野三山」「高野山」と「参詣道」が挙げられ、それらの構成資産は以下のとおり示されている（**図75**）。

① 吉野・大峯　吉野山　吉野水分神社　金峯神社　金峯山寺　吉水神社　大峰山寺
② 熊野三山　熊野本宮大社　熊野速玉大社　熊野那智大社　青岸渡寺　那智大滝　那智原始林　補陀洛山寺
③ 高野山　丹生都比売神社　金剛峯寺　慈尊院　丹生官省符神社
④ 参詣道　大峯奥駈道

熊野参詣道　中辺路　小辺路　大辺路　伊勢路
高野参詣道　町石道　三谷坂　京大坂道不動坂　黒河道

なお、それぞれの構成資産はさらに文化財保護法によって法的保護の対象に指定されたさまざまな国指定文化財によって構成されている。

5　現代の研究者が「熊野参詣道伊勢路」に見出した価値

　本章では、研究者が伊勢路に対して見出した文化遺産としての価値について、国史跡、世界遺産双方の段階で見出された価値を整理した。

　まず、国史跡指定にあたっては、霊場を結ぶ巡礼路というよりはむしろ、古代から近代に至るまで利用されてきた日本の歴史ならびに社会・文化を知る上で欠くことのできない交通遺跡としての重要性に価値が見出されていた。

　一方で、世界遺産「紀伊山地の霊場と参詣道」については、「信仰に関わる有形・無形の多様な文化的諸要素が自然の諸要素と一体となって体現された信仰の山の模範例と位置づけることが可能であり、アジア・太平洋地域を代表する信仰の山のひとつとして極めて高い価値を有する事例」であると認識されていた。

　こうした研究者による価値付けは、いずれも他者との比較によって見出された価値である。国史跡指定にあたっては、「我が国の歴史ならびに社会・文化を知る上で欠くことのできない交通遺跡としての重要性」が価値として見出された。このことは、他の交通遺跡と比較して、特に重要であるという認識が示されたものである。また世界遺産登録にあたっては、「信仰の山の模範例」であり、「アジア・太平洋地域を代表する信仰の山のひとつとして極めて高い価値を有する事例」とされていた。このことは、他の信仰の山と比較して、特に模範的な事例であるという認識が示されたものである。

　一方で、こうした価値認識は、極めて概念的な「熊野参詣道伊勢路」に対して見出された価値であるといえる。巡礼がかつて行われたという歴史的事実に基づき、巡礼路・霊場という比較可能な学術用語で把握され、それをもとに他の文化遺産と比較してその特徴を把握しようとしたものである。そのため、この価値認識には、具体的な空間や人の行為は含まれていない。第Ⅱ章でみた近世の巡礼者は、実際に空間を移動する中で、巡礼空間に価値を見出していた。これは、自身と対象との関係性に価値を見出したものである。このように、巡礼者たち自身が

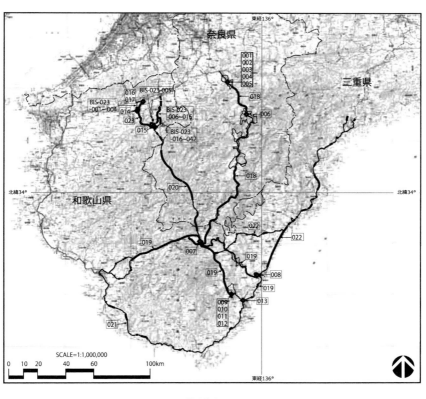

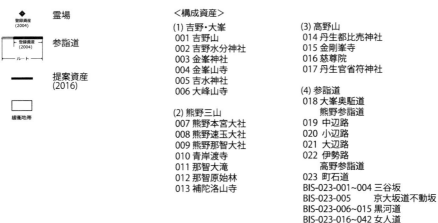

図75 紀伊山地の霊場と参詣道 構成資産
(世界遺産紀伊山地の霊場と参詣道 「境界線の軽微な変更に関する提案書」より抜粋)

価値を見出す方法と、研究者が文化遺産として価値を見出す方法は異なるのである。

　第Ⅰ章でも述べたように、文化遺産の「価値づけ」は史跡指定や世界遺産登録を正当化するための学術的な手続きであり、研究機関や行政に所属する専門家が研究をとおして価値を特定するプロセスである。すなわち、文化遺産は、従来文化遺産として認識されていなかったものが、この「価値づけ」をとおして文化遺産として認識されるに至る[198]。以上から、文化遺産の「価値づけ」によって新たに見出されるものは、専門家が学術的調査研究により見出した「俯瞰的価値」であるととらえることが可能であろう。

198　このプロセスを「遺産化」と呼ぶ場合も見られる。例として以下の文献等がある。木村至聖（2020）：〈遺産化〉とは──遺産研究と社会学的アプローチ：社会学で読み解く文化遺産：新曜社

第Ⅵ章

現代の行政、地域住民、観光者からみた「熊野参詣道伊勢路」

1　はじめに

　熊野参詣道伊勢路（以下、伊勢路）は平成14（2002）年にその一部が国史跡に指定され、平成16（2004）年に世界遺産に登録された。これを契機に、観光者や地域住民、行政があらたな関係を伊勢路と切り結んでいると思われる。そこで、本章においては、行政の中でも文化財保護部局が保護の対象としている内容、観光者にたいして推奨されている行動、行政・地域住民が行う管理運営方法、さらに行政が設置し受託者のNPO団体が運営している世界遺産のガイダンス施設の活動を整理して、現代の行政、地域住民、観光者が伊勢路に対して見出している価値を把握する。

2　文化遺産保護行政が保護対象とする文化遺産「熊野参詣道伊勢路」の空間と諸要素

1．本節の目的

　平成15（2003）年、三重県は三重県下に所在する世界遺産の構成資産となる一連の史跡等を対象として保存管理計画を策定した。さらに、世界遺産登録の際に付された勧告に基づき保存管理計画が改定され、平成17（2005）年、現行の『世界遺産「紀伊山地の霊場と参詣道」保存管理計画』[199]が発効し、令和5（2023）年現在、行政の文化財保護部局はこれに基づき資産の保護を図っている。しかしその一方で、当該保存管理計画が存在しながらも伊勢路でも史跡指定範囲においてトレイルランニングイベントが実施される[200]など、巡礼路という歴史性に必ずしもふさわしくないイベントが行われる一方で、未指定区間については等閑に付されたままであるなど、保存管理計画の実効性も課題となっている。そこで、本節においては、日本における保存管理計画の経緯を踏まえたうえで、『世界遺産「紀伊山地の霊場と参詣道」保存管理計画』が意図する保護の対象と方法を解明する。

199　世界遺産「紀伊山地の霊場と参詣道」三県協議会（三重県・奈良県・和歌山県）（2006）：世界遺産「紀伊山地の霊場と参詣道」保存管理計画
200　THE NORTH FACE ホームページ　http://www.goldwin.co.jp/tnfcgi/news/log/20100921114913.html［2010年9月21日更新、2016年8月3日閲覧］

研究の方法は、最初に、そもそも「保存管理計画」という保護の指針がいかなるものであるのかについて把握するため、「保存管理計画」に関する議論、文化庁の施策からみる「保存管理計画」の経緯、世界遺産条約が求める「management plan」の状況をまとめ、『世界遺産「紀伊山地の霊場と参詣道」保存管理計画』策定の前提を明らかにする。次に、『世界遺産「紀伊山地の霊場と参詣道」保存管理計画』から、伊勢路に関する部分について、登録推薦書記載事項[201]も参考にしつつ、当該保存管理計画が意図する保護の対象と保護の方法について明らかにする。以上の内容はいずれも文献調査による。

2. 日本における「保存管理計画」の概要

(1) 保存管理計画をめぐる議論

　まず、これまでに見られる保存管理計画をめぐる議論について把握する。

　日本において、文化財にかかる記事を最も多く掲載する雑誌は、文化庁が監修する『月刊文化財』であろう。この『月刊文化財』所収の保存管理計画にかかる記事を収集したところ（**表60**）、題名に「保存管理計画」の単語を含むものは3件、「保存管理計画」に類似する単語を含むものを入れて合計7本であった。また、それら記事は2000年以降に集中していた。

表60　『月刊文化財』における「保存管理計画」関係記事一覧

通号	著者名	発表年	論題
＜記念物の保存管理計画＞			
438	平澤　毅	2000	名勝における保存管理計画と保存修理事業[202]
511	高遠達也	2006	東京都における文化財庭園の保存管理計画
589	柴田慈幸	2012	宮沢賢治の世界観を表す「イーハトーブの風景地」と保存管理計画
＜重要文化財（建造物）の保存活用計画＞			
607	下間久美子	2014	重要文化財（建造物）保存活用計画の策定について
＜伝建地区の保存計画＞			
444	宮本雅明	2000	歴史的集落・町並みの調査と保存計画
559	上野勝久	2010	伝建地区制度における調査と保存計画
＜近代化遺産の活用＞			
413	深堀　登	1998	「旧横浜船渠株式会社第二号船渠（ドック）」の保全活用計画について

次いで、保存管理計画を取り上げた論考について概観する。
　まず、稲葉信子は世界遺産条約のもとめる遺産のマネジメントシステムを端緒に、遺産マネジメントという概念を導入し、これを「遺産の価値に変化を与える要素の管理にかかわる利害関係者の合意形成のプロセス、それを合意事項として行政文書にしたものがマネジメントプラン」と定義した[203]。
　平澤毅は名勝の保存管理に関する経過や保存管理計画策定の実績等について概観し、戦前においては現状を変更することを制度によって禁じるのが適切な方途であったということ、戦後、現状変更の許可申請の増加に伴い、保存管理計画等によって現状変更の取扱い基準が定められているものについてはそれを基準に許可事務を処理するとしたこと、2000年度以降、『史跡等整備のてびき』の策定を契機に、保存管理計画の策定が進展したことなどを指摘した。また、近年では現状変更等規制を主軸とした保護措置から本質的価値と現状とを踏まえて基本的な保存管理と整備活用の理念と姿勢を示す内容に変化してきているとした[204]。平澤の指摘する『史跡等整備のてびき』とは、文化庁文化財部記念物課が平成16（2004）年に発行した『史跡等整備のてびき～保存と活用のために～Ⅱ計画編』のことで、保存管理計画の策定は「第1章史跡等の整備事業の過程／第3節整備事業の流れと各過程／4．保存管理計画の策定」の項目において紹介されている。また、その目的は、史跡等の本質的価値と構成要素を明確化し、それらを適切に保存・管理していくための基本方針、方法、現状変更等の取扱基準の策定等とされている。
　庄子亮平は、日本の世界遺産における包括的保存管理計画が世界遺産委員会の作業指針が示す内容を満たしているかを検討した。その中で定期的な改定が意図されていないこと、地域住民が策定・改定に参画する仕組みがないこと、保存管理計画の運用責任が明示されていないことなどの課題が存在することを指摘し、日本の文化財保護制度と世界遺産委員会が想定する保護制度には齟齬がある点を

201　世界遺産「紀伊山地の霊場と参詣道」三県協議会（三重県・奈良県・和歌山県）（2005）：世界遺産「紀伊山地の霊場と参詣道」
202　平澤は当該論考の中で、「保存管理計画は、管理団体である地方公共団体が名勝の保存管理を適切に行っていく上での行政的指針を整理し明示するもの」と明快に定義している。
203　稲葉信子（2011）：変化をマネジメントする——対処療法からの脱却、そして遺産ガバナンスへ：地域における遺跡の総合マネジメント——平成22年度遺跡整備・活用研究集会（第5回）報告書：国立文化財機構奈良文化財研究所
204　平澤毅（2011）：名勝の保存管理計画策定に関する考察：ランドスケープ研究74（5）

明らかにした[205]。

　和泉大樹は国指定名勝について観光資源とみなし、『保存管理計画』の活用方案から、鑑賞以外の「有効な活用的観点」として、ニューツーリズムのコンテンツに目を向ける必要があると主張した[206]。

　このように、保存管理計画をめぐる議論が進展するのは、2000年代以降のことであり、しかも、その議論は極めて限定的である。また、その議論からは、現状変更の制限の基準に端緒をもつ記念物の保存管理計画と、世界遺産条約に端緒をもつマネジメントプランの両者が混在している状況が示されているとともに、保存管理計画に示される「活用」が観光の文脈からも注目されつつあることが分かる。

(2) 文化庁の施策から見る保存管理計画

　次に、保存管理計画の経緯について、文化庁の施策を通して整理する。文化庁から発出されている保存管理計画に関係する通知等を整理した(**表61**)。すると、文化庁の保存管理計画の施策については、現状変更の取扱い基準に端緒をもつ記念物の保存管理計画と、関係者間の合意形成に基づく所有者等による自主的な保存・活用の促進を目的とする保存活用計画の2者が存在することが明らかとなった。

205　庄子亮平（2015）：日本の世界遺産保存管理計画の研究〜「石見銀山遺跡とその文化的景観」の保存管理計画の今後に向けて〜：2014学位論文梗概集（世界遺産学・学術）：筑波大学大学院人間総合科学研究科世界遺産専攻・世界文化遺産学専攻
206　和泉大樹（2016）：観光資源としての「名勝」──『保存管理計画』にみる活用方案からのアプローチ：阪南論集　社会科学編 51-3、pp.137-146

表61　文化庁による保存管理計画にかかる行政通知等施策

発出年	内容
＜記念物＞	
昭和48 (1973) 年	「記念物の現状変更に係る審議手続き基準」発出 現状変更の取扱い基準が定められているものについては、これを基準に許可事務を処理する
昭和48 (1973) 年	国庫補助による保存管理計画策定事業開始
平成16 (2004) 年	『史跡等整備のてびき～保存と活用のために～Ⅱ計画編』刊行 史跡等の本質的価値と構成要素を明確化し、それらを適切に保存・管理していくための基本方針、方法、現状変更等の取扱基準の策定等を目的
＜建造物等＞	
平成11 (1999) 年	「重要文化財（建造物）保存活用計画の策定について（通知）」発出 保存活用計画は、所有者等が重要文化財（建造物）の現状と課題を把握し、保存・活用を図るために必要な事項や、所有者等が自主的に保存・活用のために行うことのできる範囲等を明らかにし、また、これらに関して所有者等と都道府県及び市町村教育委員会・文化庁の間の合意を形成しておくことによって、所有者等による自主的な保存と活用が円滑に促進されることを目的として策定
平成25 (2013) 年	「文化財建造物等を活用した地域活性化事業費国庫補助要項」 保存活用計画の策定経費が補助対象

(3) 世界遺産条約が求める"management plan"

　近年の世界遺産条約においては、"management plan"が重視されている。「紀伊山地の霊場と参詣道」登録当時の"作業指針[207]"においては、登録推薦書に"management plan"を添付するように求めていた。さらに近年は、このmanagement planの中に、目的、策定の経緯、資産の概要、資産の価値、主要な課題、政策や目標に適した行動、実施計画、経過観察計画、見直しのスケジュール等をもりこむように求めている[208]。このことは、現在遺産の抱える課題を抽出し、それらに臨機に対処していくための「管理計画」を意図しているものと考えられる。

207　"Operational Guidelines for the Implementation of the World Heritage Convention" Provisional Revision WHC.02/2 July 2002　http://whc.unesco.org/archive/opguide02.pdf
208　UNESCO, ICCROM, ICOMOS and IUCN(2013)：Managing Cultural World Heritage (World Heritage Resource Manual)：UNESCO World Heritage Centre　http://whc.unesco.org/document/125840

(4) まとめ

　保存管理計画は、極めて行政的な課題であることから、これまで学術的に検討・検証されることが非常に少なかった。また、日本における保存管理計画は記念物の「現状変更」の取扱い基準の策定に端を発したものと、建造物の保存・活用促進を目的とした保存活用計画の2者が存在していることが明らかとなった。一方、世界遺産条約における"management plan"は、現在遺産の抱える課題を抽出し、それらに臨機に対処していくための「管理計画」を意図しているものと考えられる。

　このような保存管理計画を取り巻く状況を踏まえると、『世界遺産「紀伊山地の霊場と参詣道」保存管理計画』は、世界遺産条約が求める"management plan"と、日本の記念物保護行政における「現状変更」の取扱い基準に端を発した「保存管理計画」の影響を受けているものと考えられる。

3. 『世界遺産「紀伊山地の霊場と参詣道」保存管理計画』の保護

(1) 分析方法

　『世界遺産「紀伊山地の霊場と参詣道」保存管理計画』の意図する保護を明らかにするため、保存管理計画から、順に保護の対象となるものを抽出し、その保護の方法を整理する。その順序は以下のとおりである。

　①資産の内容→②指定範囲→③構成要素→④保存管理の方法→⑤現状変更の許可範囲→（⑥構成資産の土地の周辺環境を構成する諸要素→⑦構成資産の土地の周辺環境を構成する諸要素の保存管理の方法）→⑧整備活用

　このうち、整備活用については、『世界遺産「紀伊山地の霊場と参詣道」保存管理計画』に項目の記載はあるものの、具体的な内容が把握しがたいことから、平成18（2006）年3月に策定された『熊野街道歴史の道整備活用計画（改訂版）』の内容を参照する。

　以上の結果、**表62**として整理された。

表 62　熊野参詣道伊勢路の保存管理方法

価値	属性	資産	指定範囲	構成要素	保存管理の方法	現状変更の許可範囲	整備
巡礼路	巡礼起点	伊勢神宮	×	×	×	×	×
	巡礼目的地	熊野三山	あり	あり	あり	あり	あり
	道	田丸～熊野三山約160kmのうち下記を除く区間	×	×	×	×	○
		峠道(石畳道、約34km、沿道の茶屋跡・一里塚)	線形	道の線形	現状保存、整備	日常的維持管理、自然崩壊に対する復旧	○
			幅員	土道・石畳道・縁石で固めた階段等に分類される路面の形態			
				路面を斜めに横断する「洗い越し」と呼ぶ排水路			
			沿道の景観	ヒノキ・スギなどの針葉樹の人工林、広葉樹林・竹林(※)	現状維持(※)	×	×
			茶屋跡・一里塚などの関連施設	一里塚、茶屋跡、水飲み場、巡礼供養碑・町石・道標・石仏などの石造物	現状の維持	日常的な管理、自然崩壊に対する復旧、整備、林業施策計画に基づく植栽・伐採、景観阻害工作物の撤去	○
		七里御浜	約18kmの区間	熊野灘の海面、汀線、砂礫浜の地形、岩礁	史跡の保護や自然景観の保全にも配慮したものへと誘導	港湾・海岸管理者が実施・許可した海岸工事、利用者の安全確保・浸食防止の管理工事、安全確保の土地掘削、公益上認められる工作物設置	×
		加持鼻王子跡	梶ケ鼻大岩	現状の適切な保存管理	「維持の措置」に当たる行為	×	
	礼拝施設	花の窟	境内地	花の窟の巨岩、王子の岩屋の岩塊、拝所、神社敷地、鳥居、灯籠	現状保存管理	整備	
				お綱かけ神事	×	×	×
		その他の礼拝施設	×	×	×	×	×
	見所	熊野の鬼ケ城と獅子巖	鬼ケ城	凝灰岩の大岩壁、波食洞窟	経過観察	維持の措置、学術調査、整備	
			獅子巖	凝灰岩の岩塊	景観を維持、補修		
		その他の見所	×	×	×	×	×
	参詣者	参詣者	×	×	×	×	○

※『世界遺産「紀伊山地の霊場と参詣道」保存管理計画』より作成、整備の項目は『熊野街道歴史の道整備活用計画(改訂版)』より作成。○は該当する、×は該当しないを示す。※沿道の景観は、構成資産の土地の周辺環境を構成する要素

(2) 分析結果
1) 資産内容と指定範囲の齟齬

　文化遺産としての「熊野参詣道伊勢路」は伊勢神宮から熊野三山に至る巡礼路の空間全体としてとらえられるが、現在の指定範囲は、「参詣道そのものの線形、復員、沿道の景観が往時の状態で遺存する峠道などを中心」とした総延長 32.9 キロメートルの区間、七里御浜、花の窟に限定されており、それ以外の区間は指定されていない。これは、「史跡の指定基準」に合致する考古学的遺構の残存する区間のみが史跡に指定されたためと考えられる。また、礼拝施設や見所も、極めて著名で従前から把握されていた「花の窟」と「熊野の鬼ヶ城と獅子巌」のみが保護の対象となっており、その他の礼拝施設・見所は指定の対象となっていない。これは、史跡指定当時、それぞれの礼拝施設や見所が巡礼空間の諸要素として有していた重要性が、十分に解明されていなかったためと考えられる。さらに、伊勢神宮、参詣者はいずれも指定されていない。日本の神社の本宗として今日も広く崇敬される伊勢神宮や、熊野への参詣者、すなわち人間の行為・行動は、「遺跡」という概念でとらえることのできない、いわば、無形的な要素であり、史跡の構成要素たりえなかったと考えられる。

2) 構成要素と保存管理方法の齟齬

　花の窟の「お綱かけ神事」は構成要素として記載されているが、保存管理の方法に記載はない。これは、当該保存管理計画が「史跡」の保存管理計画として記述されているために、三重県指定無形民俗文化財の「お綱かけ神事」の保存管理の方法は記載されなかったものと考えられる。

3) 保存管理の方法と現状変更の許可基準の記載事項

　保存管理の方法は、表現にばらつきはあるものの、いずれも「現状の保存」を基本とする。また、現状変更の許可基準と合わせてみれば、「整備」を記載し、現状を保存したうえでの整備を意図していることが理解できる。一方、保存管理の記載がありながら、整備について記述をしないものがある（沿道の景観、七里御浜）。これらはいずれも、所有者が個人や国であるため、保存管理計画の策定の中心となった三重県教育委員会が整備について記述し難かったものと考えられる。

4) 無形的要素と整備活用

平成10（1998）年3月に策定された『三重県歴史の道整備活用総合計画』においては、熊野街道として田丸から新宮対岸の成川までを対象として整備を実施することとしており、街道としての一体性を重視していた。また、世界遺産登録後の平成18（2006）年3月に策定された『熊野街道歴史の道整備活用計画（改訂版）』においても、田丸から成川までの参詣道に加え、道以外の史跡指定範囲も対象にしている。つまり、指定地の周辺にもその整備活用の対象範囲は及んでいるとみられる。しかし、具体的な整備方法は、史跡指定範囲の峠道部分のみを示しており、当該整備計画が実質上は「峠道」の整備計画となっていると判断される。

このように、整備活用においては、史跡の構成要素たりえなかった要素のうち、指定範囲以外の参詣道と、無形的要素の参詣者が整備活用の対象となっていると考えられる一方で、実質上は指定範囲の「遺構」を対象とした整備が意図されていると考えられる。

5) 小括

日本における史跡の保存管理計画は、記念物の現状変更許可基準の必要性から始まっており、その性格は今日も強く残っている。そのため、世界遺産条約のもとめる"management plan"の性格とは必ずしも一致しない。『世界遺産「紀伊山地の霊場と参詣道」保存管理計画』は従来の日本の保存管理計画を踏襲し、史跡の指定範囲の構成要素の現状保存を前提としたうえで、それら現状を変更する基準を示すことで、資産の保存を行うことを意図している。その結果、文化遺産「熊野参詣道伊勢路」の資産とすべき伊勢から熊野までの空間としての道全体は保護の対象とはならず、遺構の残存する範囲の道が細切れに保護の対象となっていると考えられる。また、礼拝施設や見所も、極めて著名で従前から把握されていた「花の窟」と「熊野の鬼ヶ城と獅子巌」のみが保護の対象となっており、その他の礼拝施設・見所は指定の対象となっていない。このほか、今日も祭祀が継続する伊勢神宮も史跡の構成要素とは見なされていない。

このように、空間としての巡礼路全体は、文化遺産としては保護の対象とはなっておらず、細切れになった巡礼路と、一部の礼拝施設・見所が保護の対象として把握され、それらが象徴的に伊勢路の歴史性を示すものとして把握されるようになったものと考えられる。

なお、整備においては、史跡指定範囲以外の道や、参詣者にも配慮している状況

がうかがえる。このことは、当時の行政内の文化遺産保護担当者が、今日の史跡の指定基準に合致しない要素でも、文化遺産「熊野参詣道伊勢路」の保護にはこれら諸要素が重要であるという認識をもっていたことを示していると考えられる。

4. まとめ

　世界遺産条約の作業指針は、登録推薦書に管理計画の添付を要求している。紀伊山地の霊場と参詣道においては、登録時の勧告に基づき平成18（2006）年3月『世界遺産「紀伊山地の霊場と参詣道」保存管理計画』が策定され、さらに『熊野街道歴史の道整備活用計画（改訂版）』が策定された。そこで本章では、日本における保存管理計画の概要について把握したうえで、上記2計画を対象として、保護の対象と方法を解明した。

　まず、保存管理計画が日本で議論されるようになったのは2000年代以降であり、現状変更の制限の基準に端緒をもつ記念物の保存管理計画と、世界遺産条約の作業指針を端緒にもつマネジメントプランの両者が混在している状況が看取され、『世界遺産「紀伊山地の霊場と参詣道」保存管理計画』は、こうした異なる2つの管理計画の発想をもとに、策定されたものと考えられる。

　『世界遺産「紀伊山地の霊場と参詣道」保存管理計画』から伊勢路該当部分を抽出すると、文化財指定範囲は、峠道、七里御浜、花の窟、熊野の鬼ケ城と獅子巖に限定され、伊勢路起点の伊勢神宮、峠道以外の道は指定対象に含まれない。これらは考古学的証拠が存しない（史跡等指定文化財に該当しない）として指定されなかったものと考えられる。次いで、指定範囲内の構成要素として挙げられる花の窟境内地における「お綱かけ神事」は保存管理の方法が示されていなかった。さらに、保存管理の方法は現状保存と整備を基本としていた。

　また世界遺産登録後に策定された『熊野街道歴史の道整備活用計画（改訂版）』では、田丸から成川までの参詣道に加え、道以外の史跡指定範囲も整備対象にしていた。しかし、具体的な整備方法は、史跡指定範囲の峠道部分のみを示しており、当該整備計画が実質上は「峠道」の整備計画となっていると判断された。

　日本における保存管理計画は、記念物の現状変更許可基準を端緒としており、今日もその性格は残っている。そのため、世界遺産条約の求めるマネジメントプランとは必ずしも一致しない。『世界遺産「紀伊山地の霊場と参詣道」保存管理計画』は、文化財指定範囲を対象とし、構成要素の現状保存を意図している。一方、考古学的証拠の存しない諸要素については、保護の手法は示されない。また、

整備については、理念としては考古学的証拠の存しない諸要素についても一定の配慮を示すものの、具体的な方策としては、指定範囲内の峠道のみの範囲に限定されている。

このように、伊勢路を本来構成していた空間と諸要素のうち、法的保護の対象となっているのは、考古学的証拠の存する限定的な部分のみであって、空間と諸要素全体には及んでいないことが明らかとなった。

3　行政・地域住民がともに行う管理運営

1. 本節の目的

　近年、行政の政策課題として、地域住民との協働が推進されており[209]、文化遺産や自然遺産の管理運営においても、地域住民が参加することが推奨されている。たとえば、世界遺産条約においては、平成 19（2007）年の第 31 回世界遺産委員会において「先住的、伝統的、地域的コミュニティの参画が条約の履行には極めて重要である」との認識に基づき、世界遺産委員会の戦略的目標の 1 つに「コミュニティ」が追加されている[210]。また、世界遺産条約の事務局であるユネスコとその諮問機関である ICCROM、ICOMOS、IUCN は「遺産が複雑化するにつれて管理の実践の進化が求められており、［中略］管理運営のアプローチは遺産の管理運営のより広範でより包括的なアプローチへ、そしてコミュニティの参画がより強調されるものへという変化に対応しなければならない（これらはごく最近になって世界の各地で見られるようになったものである）。」と指摘する[211]。日本国内では稲葉信子が世界遺産委員会の求める遺産のマネジメントシステムの議論の中で遺産マネジメントを「遺産の価値に変化を与える要素の管理にかかわる利害関係者の合意形成のプロセス」と定義している[212]。こうした考え方に基づき、日本国

---

[209] たとえば、国土交通省では 2008 年頃から地域振興の文脈において、「多様な主体による協働」を進めるとしている。国土交通省ホームページ　http://www.mlit.go.jp/kokudoseisaku/chisei/kokudoseisaku_chisei_tk_000061.html［2017 年 8 月 24 日閲覧］
[210] World Heritage Committee Decision 31COM13B: The "fifth C" for "Communities"：World Heritage Centre ホームページ　http://whc.unesco.org/en/decisions/5197［2017 年 8 月 24 日閲覧］
[211] UNESCO, ICCROM, ICOMOS, IUCN(2013)：MANAGING CULTURAL WORLD HERITAGE、p.14
[212] 稲葉信子（2011）：変化をマネジメントする――対処療法からの脱却、そして遺産ガバナンスへ：地域における遺跡の総合マネジメント――平成 22 年度遺跡整備・活用研究集会（第 5 回）報告書：国立文化財機構奈良文化財研究所、p.42

内でも「地域住民」が策定に参加した文化遺産の管理運営計画として「石見銀山行動計画」[213]や「富士山世界文化遺産富士宮市行動計画」[214]等が登場している。

　文化遺産「熊野参詣道伊勢路」においては、世界遺産登録を控えた平成15（2003）年に、その管理運営計画を示す『「熊野古道」[215]アクションプログラム』（以下、熊野古道AP）が策定された。策定の事務局を務めた平野昌は、熊野古道APの策定経過を地域住民主体の策定であるとし[216]、西川亮は、策定参加者や内容から官民協働による世界遺産の保全・活用の証拠とする[217]など、地域住民と行政の協働による遺産保護の好例として評価されている[218]。しかし、熊野古道APは当初の計画策定後10年以上が経過しており、この間8編の関連文書が発行されている。その内容は、管理運営の対象である文化遺産「熊野参詣道伊勢路」を取り巻く状況（利用および保護の仕方）が管理運営の結果変化し、それとともに地域住民の関わり方も変化していることが考えられ、これらも合わせて評価する必要がある。また、このような長期間にわたって修正された遺産の管理運営計画について、特に対象となる遺産を取り巻く状況の変化と、策定における地域住民の関わり方との関係からその変化をみたものはなく、改めてその関係をみることは、今後の管理運営計画策定にあたって意義あることといえる。

　本節は、熊野古道APを対象に、その管理運営計画の変化を明らかにし、管理運営の対象となる遺産を取り巻く状況の変化と計画策定における地域住民の関わり方の考察から、文化遺産「熊野参詣道伊勢路」に対して行政と地域住民が保護と利用の対象とみなす空間と諸要素を解明する。

213　石見銀山協働会議（2006）：石見銀山行動計画：石見銀山を未来に引き継ぐために
214　富士宮市教育委員会（2013）：富士山世界文化遺産富士宮市行動計画
215　国指定文化財や世界遺産の構成資産の名称としては「熊野参詣道」が用いられている一方で、活用や観光振興の文脈においては愛称としての「熊野古道」が広く流布している。
216　平野昌（2011）：熊野古道アクションプログラムから考える遺産のマネジメント：地域における遺跡の総合的マネジメント――平成22年度遺跡整備・活用研究集会（第5回）報告書：国立文化財機構奈良文化財研究所, pp.46-49
217　西川亮（2014）：三重県における熊野古道の保全と活用に関する研究：観光文化38（2）：日本交通公社, pp.38-41
218　伊勢路に関しては前節で検討した『世界遺産「紀伊山地の霊場と参詣道」保存管理計画』がある。これは史跡の現状変更や整備の方針について定めた内容で、行政と専門家によって策定されたものであり、本節で扱う管理運営計画とは性格が異なる。

2. 研究方法

(1) 熊野古道 AP の概要

　熊野古道 AP とそれに関連する計画書は全部で平成 29（2017）年現在で 8 種類ある（**表 63**）。世界遺産登録前の平成 15（2003）年 3 月に最初の熊野古道 AP が策定された。この計画には、行動計画のみを記述した『平成 15 年度編』、『16 年度編』が別冊として附属する。その後、熊野古道 AP の各編が示す計画対象期間の末年に、本編の改定・追記が行われている。改訂・追記は世界遺産登録後の平成 17（2005）年、世界遺産に登録されて 5 年後の平成 20（2008）年、世界遺産に登録後 10 年以上経過した平成 27（2015）年にそれぞれ行われた。このほか、時点修正や編集上の錯誤の修正などの極めて軽微な改定が平成 16（2004）年と平成 18（2006）年に 2 度行われている。以上より本章においては、平成 15（2003）年、平成 17（2005）年、平成 20（2008）年、平成 27（2015）年に策定・改定・追記された熊野古道 AP（以下、年代順に熊野古道 AP1、熊野古道 AP2、熊野古道 AP3、熊野古道 AP4）を対象とする。

表 63　『「熊野古道」アクションプログラム』一覧

表題	「熊野古道」アクションプログラム	「熊野古道」アクションプログラム	「熊野古道」アクションプログラム	「熊野古道」アクションプログラム	「熊野古道」アクションプログラム	熊野古道アクションプログラム 2	熊野古道アクションプログラム 2	熊野古道アクションプログラム 2 追記編	熊野古道アクションプログラム 3
副題	世界遺産登録をめざす熊野古道の保全と活用のために	世界遺産登録をめざす熊野古道の保全と活用のために	世界遺産登録をめざす熊野古道の保全と活用のために	世界遺産登録をめざす熊野古道の保全と活用のために	世界遺産登録をめざす熊野古道の保全と活用のために	世界遺産・熊野古道の保全と活用のために	世界遺産・熊野古道の保全と活用のために	世界遺産登録 5 周年を迎えるにあたって	保全と活用のための活動指針
発行者（表紙）	三重県	三重県	三重県	三重県	熊野古道協働会議　三重県	熊野古道協働会議　三重県	熊野古道協働会議	熊野古道協働会議
発行者（奥付）	三重県（地域振興部東紀州活性化プロジェクトグループ）	三重県（地域振興部東紀州活性化プロジェクトグループ）	三重県（地域振興部東紀州活性化・地域特定プロジェクト）	三重県（地域振興部東紀州活性化・地域特定プロジェクト）	三重県（地域振興部東紀州活性化・地域特定プロジェクト）	三重県（地域振興部東紀州活性化・地域特定プロジェクト）	三重県（地域振興部東紀州活性化・地域特定プロジェクト）	三重県	熊野古道協働会議
発行年月日（表紙）	平成 15 年 3 月	平成 15 年 3 月	平成 15 年 3 月	平成 16 年 6 月	平成 17 年 7 月	平成 17 年 7 月	平成 20 年 12 月	平成 27 年 3 月
発行年月日（奥付）	平成 15 年 3 月	平成 15 年 3 月	平成 16 年 3 月改定	平成 16 年 6 月	平成 17 年 7 月	平成 18 年 3 月改定	平成 20 年 12 月	平成 27 年 3 月
備考	熊野古道 AP1	年度編別冊アクションのみ記載	内容の一部（ロゴマーク、関係団体リスト、熊野古道に係わる法律等について）を修正	年度編別冊アクションのみ記載	熊野古道 AP2	内容の一部（三重県立熊野古道センターの名称、関係団体名簿、節番号のミス）を修正	熊野古道 AP3	熊野古道 AP4

※　令和 4（2022）年 3 月に『熊野古道アクションプログラム 3 追記編・保全と活用のための活動方針』が発行されたが、本書では分析対象としていない。

(2) 方法

　熊野古道 AP の内容は、平成 29（2017）年現在策定済みである 8 種類の計画書から把握した。まず、熊野古道 AP1 について、地域住民が関係する、1）策定経過（策定参加者と策定方法）、2）遺産の保護、3）利用（ツーリズム）、4）計画の実施方法の 4 項目について確認した。その後、改訂された熊野古道 AP についても同様の作業を行い、上記 4 項目について、内容の変化を把握した。遺産を取り巻く状況は、熊野古道 AP1 策定の前年度である平成 13（2001）年度から熊野古道 AP4 策定の次年度である平成 28（2016）年度までの、熊野古道 AP および地域住民に関係すると思われる、1）世界遺産登録、2）人口および入込客数、3）住民組織、4）県の施策の 4 項目について把握した。1）は世界遺産登録記念誌[219]から、2）は三重県等の公表資料[220, 221]から、3）は新聞記事[222]から、4）は行政文書（予算一覧表）[223]から把握した。

3. 結果

(1) 熊野古道 AP1 の内容

1) 策定経過（策定参加者と策定方法）

　策定には、市民プランナー（一般公募で集まった地域住民）、サポーター（県内で活躍する市民活動・出版・観光などの専門家）、行政職員（国・県・市町村）が参加し、ワークショップにより内容を検討している。これに危機管理・歴史・建築・ユニバー

---

[219] 本中眞（2005）：「紀伊山地の霊場と参詣道」の世界遺産登録の意義と課題：世界遺産 紀伊山地の霊場と参詣道
[220] 三重県（2017）：22 推計人口（総数）：三重県ホームページ　http://www.pref.mie.lg.jp/DATABOX/26025004161.htm［2017 年 12 月 1 日閲覧］
[221] 入込客数は東紀州地域振興公社公表数値による。東紀州地域振興公社 http://www.kumanokodo-iseji.jp/higashikishu/number_visitors.html［2017 年 9 月 1 日閲覧］
[222] 朝日新聞及び読売新聞のデータベースで、平成 13 年度から平成 28 年度まで「熊野古道語り部友の会」で検索し抽出されたそれぞれ 25 件 38 件の記事を対象とする。
[223] 三重県のホームページに掲載されている担当部局別予算一覧表（部局名称、事業名称、細事業名称、事業費、県費、事業概要（目的）、政策体系名称等の項目を表示）から、「事業名称」に「東紀州」「世界遺産」「熊野古道」を含む事業を抽出した。また、平成 19 年度と平成 20 年度の予算一覧表は公表されていないことから、三重県議会の会議録から「予算に関する説明書」を閲覧した。その結果、156 件の事業が抽出された。三重県 2009 予算に関する説明書：三重県議会定例会臨時会会議録平成 19 年（別冊）上、三重県 2010 予算に関する説明書：三重県議会定例会臨時会会議録平成 20 年（別冊）四分冊の一、三重県議会図書室蔵

サルデザイン・防災・林業といった各分野の専門家がアドバイザーとして参画していた。事務局は三重県が担うが、行政職員だけでなくライターやボランティア団体の代表が参加している。地域住民と行政だけでなく、多様な主体が、策定者、助言者、事務局員として参加し、それらの意見がワークショップにより計画に反映され、文書にまとめられた。また、ワークショップを補完する目的で関係者へのヒアリングも行われた。

2) 遺産の保護

世界遺産登録されることを見越して、登録後の「保全と活用の前提となること」として、世界遺産条約や文化財保護法、保存管理計画、整備活用計画を考え、具体的に行動していく必要があると述べている。また、文化的景観の説明と、その保全および活用の必要性を示したうえで、保全する責任と次世代への継承を目的に、保全に関する責任を果たすことを提案している。このように、遺産に関係するすべての人々に遺産保護の責任を果たすことを求めているといえる。

3) 利用（ツーリズム）

文化遺産「熊野参詣道伊勢路」の特徴は「聖地を目指す巡礼路であったということ」、「「伊勢からの道」であるということ」にあり、「『歩く』ということと『道』ということ」を基本において実施していくことを明示している。具体的には、平成の熊野参詣道として実際に伊勢から熊野三山まで歩くことができるようにする企画の実施や受入態勢の整備のほか、宿泊施設も近世において巡礼者に提供された善根宿や宿坊を意識して設置していくことを検討するとしている。このように、本来の巡礼路としての性格を基盤として展開しようとしていることが確認できた。また、「環境を損なわず、地域のありのままを一緒に楽しもうというのがエコツーリズム」として、環境を守り伝え、その姿から来訪者に感じ学んでもらうエコツーリズムを実践するとしている。具体的には、「熊野古道ルール」の普及やゴミの持ち帰りなど、来訪者に社会的責任を求める旨を記している。さらに、トイレなどの施設整備は必要最小限におさえ、公共交通機関の利用促進とパーク＆ライドによる交通拠点周辺での駐車場整備による環境負荷低減を図るなど、保護を優先させた内容となっている。

4) 計画の実施方法

個々のアクションは住民や民間事業者等実施主体が自主的に行い、地域住民、市民団体、事業者、行政機関等を含む「熊野古道にかかわる全ての人」を構成員とする会議体「熊野古道協働会議」において全体の進行管理を行うとしている。実行状況は、1年ごとに上記熊野古道協働会議による「計画」「実行」「チェック」「見直し」というPDCAサイクルを回すマネジメントシステムの実施によって管理するとしている。さらに、管理運営計画の対象期間は3年であり、「原則として3年ごとに大きな見直しを行うことで新しい環境の変化に対応」するとしている。

以上より、本計画は、前述の遺産の保護およびツーリズムの方針に従って、熊野古道協議会議の管理のもとで多様な主体が自主的に事業に取り組み、状況に応じた展開を図ろうとするものであったといえる。

(2) 熊野古道APの記載内容の変化
1) 策定経過

熊野古道AP2以降も事務局は三重県が担うが、ライターやボランティア団体の代表の参加は熊野古道AP3以降見られなくなる。また、熊野古道AP2以降ワークショップは行われなくなり、熊野古道AP2では、学識経験者、NPO、事業者、一般参加者（地域住民）、行政（国、県、市町）が参加するシンポジウム、「熊野古道伊勢路シンポジウム ～これからの世界遺産熊野古道を考える～」が行われた。熊野古道AP2以降、熊野古道関係者が事前申込により自由に参加できる熊野古道協働会議が開かれており、以降、熊野古道AP4まで継続している。これらのシンポジウム・会議では、事務局が作成したアクションプログラム案を協議・承認している。また、熊野古道AP4では事務局案を作成するため、「熊野古道関係者、行政担当者等で構成する検討会議を3回にわたり開催」している。このように、地域住民が意見を述べる機会はありながらも、アクションプログラムの策定主体は一般公募の地域住民から行政へと変化していることが確認できた（**表64**）。

ヒアリングは熊野古道AP1から熊野古道AP4まで行われているが、その対象者は変化する。熊野古道AP1では「関係者へのヒアリングも積極的に行い、検討成果に盛り込」んだとし、ワークショップの補完に利用していた。ワークショップが行われなくなった熊野古道AP2では「学識経験者や地域の関係者、さらには行政の担当者等から、意見や現状」を聞き取ったとし、熊野古道AP3では、「研究者、メディア関係者、プロモーション専門家、首都圏から何度もこの地域を来

訪されているファンの方、世界遺産登録前後から深くかかわっておられる地元関係者」を対象に、「「熊野古道及び周辺の魅力」「プロモーションのあり方、手法」」をヒアリングしたとしており、外部への情報発信を強く意識していることが理解できる。なお、熊野古道AP4では「これまでの熊野古道の保全と活用に係る取組について、その成果と課題等を把握」するため、保存会・語り部等の市民活動団体、有識者を対象に行っており、意向を聞くというよりも現状把握を目的としている。

熊野古道AP2からはアンケート調査が採用されている。熊野古道AP2では熊野古道関係者を対象に現状評価を調査している。熊野古道AP3では地域住民、行政職員に「これまでの活動をどう評価するか。また、それらについて将来に向けてどう取り組むべきか」および「世界遺産登録5周年を迎えるにあたって、どのようなことに取り組めば地域がより良い方向にむかうか。また、県が想定している5周年記念事業についてどう考えるか」を問うている。熊野古道AP4では「熊野古道関係者」を対象に「取組を検証し、課題や今後の取組の方向性を見出すことを目的」として実施している。加えて、来訪者を対象に、来訪者の属性や動機、伊勢路の魅力と課題、再来訪意向等のアンケートやヒアリングを行っており、来訪者の意向の把握を強く意識していることが理解できる。

策定経過は、管理運営計画により広範な地域住民の意見を汲み取ろうとする当初の在り方から、熊野古道関係者と行政の限定的な意見、来訪者の意向を重視するものへと変化していた。

表64 策定経過の変遷

策定方法＼文献	熊野古道AP1	熊野古道AP2	熊野古道AP3	熊野古道AP4
市民事務局員	○	○		
行政向け説明会	○			
ワークショップ	○			
シンポジウム		○		
熊野古道協働会議		○	○	○
関係者検討会議				○
関係者ヒアリング	○	○	○	○
関係者アンケート		○	○	○
来訪者ヒアリング			○	○
来訪者アンケート				○

○： 該当する項目

表65　策定内容の変遷

項目	文献	熊野古道AP1	熊野古道AP2	熊野古道AP3	熊野古道AP4
保護	「法と条例」	第2章	第3章第5節	行政の役割	資料編第5節
保護	住民組織	自主的な取組	連携支援	支援顕彰	支援顕彰
保護	対来訪者	社会的責任求める	社会的責任求める	ニーズへの対応	おもてなし
ツーリズム	ツーリズム	エコツーリズム	カルチュラルツーリズム	文化観光	文化的観光交流人口拡大
ツーリズム	宿泊施設	善根宿・宿坊	善根宿・宿坊	−	民泊・B&B
ツーリズム	トイレ	必要最小限	必要最小限	−	設置検討
ツーリズム	交通	パーク&ライド	交通アクセス整備	−	駐車場充実
実施	対象期間	3年	3年	7年	5年〜10年
実施	進行管理	PDCA	PDCA	−	−
実施	運営体制	熊野古道協働会議	熊野古道協働会議	−	−

−：該当する記述なし

2）遺産の保護

　遺産の保護については、取り扱いの優先順位を示す章に大きな変化が見られた（**表65**）。熊野古道AP1においては第2章で取り扱われていた「関連する法と条例」の解説は、熊野古道AP2に第3章第5節へと縮小し、熊野古道AP4においては、本編ではなく、資料編第5節で記載される。文化財保護については、熊野古道AP3においては、「行政の役割」として「文化財保護の視点から、法や制度を活用して、有形無形の熊野の価値を積極的に保全していく取組が求められ」るとあり、特定の部署に限定されていなかった。熊野古道AP4においては、文化財保護は、市町教育委員会、県教育委員会が中心的役割を、ボランティア団体である保存会と国が一部役割を担うとされ、そのほかの関係者には全く役割が期待されていない。

　一方、遺産の保全を実施する保存会に対しては、熊野古道AP2において「語り部・保存会等の住民組織との連携による結合的な保存体制の確立」「保存会活動に対する支援」が明記される。熊野古道AP3では「地域の活動を支援することが必要と考え」「さまざまな地域の活動に目を向け、顕彰することにより、その活動

に対する評価を高め、次世代への継承を考え」るとしている。熊野古道 AP4 では「熊野古道を守り伝える活動をサポートする支援体制の強化を図り」「保存会や語り部の会をはじめ（中略）それらの活動に対する顕彰等を通じて、地域に周知を図るとともに次世代への継承の促進をめざ」すとしており、当初は官民連携による保存体制が企図されていたのが、行政と保存会（住民団体）に分かれてしまっていることがうかがえる。

このように、熊野古道 AP1 で遺産に関係するすべての人々に求めていた遺産保護の責任は、行政の文化財保護担当部局が果たすべき責任として限定されるように変化したといえる。

3）利用（ツーリズム）

熊野古道 AP2 では、熊野古道 AP1 のコンセプトに基づいてルートの選定、整備、情報発信、踏破の催しなどが企画され、沿道集落の魅力創生、環境整備などが計画されるなど、その具現化が図られている。また、宿泊施設も宿坊の整備を目指すなど、巡礼路のコンセプトを継承していることが理解できる。熊野古道 AP3 では、引き続き「文化観光のさらなる推進」を図るとするに留まっており、具体的な内容は示されていない。熊野古道 AP4 では、通し歩きのイベントなどが計画されながらも、宿泊施設については、「空き家の活用等による交流促進　宿泊・休息施設、チャレンジショップ等への活用」や「宿泊施設、休息施設の充実　民泊、Ｂ＆Ｂ等、民家を活用した宿泊施設の検討」など活動事例が示され、巡礼路とは無関係なコンセプトが現れる。

ツーリズムの種類としては、熊野古道 AP2 では、「地域の本来的な魅力を体感できる旅のスタイル」とするカルチャラル・ツーリズムへ変化し、熊野古道 AP3 では熊野古道 AP2 を継承しつつも、「プロモーションの重要性」を訴え、地域外といかにつながるかが示される。熊野古道 AP4 では、地域の「資源を活かして交流人口の拡大、地域活性化をめざす「文化的観光」をはじめ、地域資源を生かした体験型・参加型ツーリズムを提供」するとしている。

来訪者に求めていた社会的責任については熊野古道 AP2 まで記述が見られたが、熊野古道 AP4 では、これまでの「主な成果」欄に「参詣道ルールの制定と普及・啓発」が記されるのみで、「今後の計画」欄には記されていない。一方、来訪者との関係としては、誘客促進、周遊性・滞在性の向上、おもてなしの醸成が項目として列記されている。加えて、熊野古道 AP4 では、トイレの整備検討と、

駐車場の充実化がそれぞれ記されている。

　このように、環境を保全し、来訪者に相応の社会的責任と負担を求めるツーリズムから、交流人口を増加させ、来訪者の利便性を優先するツーリズムへと変化していることがうかがえる。また、観光の対象も、地域全体から特定の資源へと変化していた。

4）　計画の実施

　進行管理の記述は熊野古道 AP2 を最後に見られない。また、個々のアクションを書く事業主体が 1 年ごとに見直す PDCA サイクルの記述も熊野古道 AP3 以降見られなくなる。一方で、管理運営計画の対象期間は、熊野古道 AP3 以降大幅に延長される。また、運営体制として熊野古道 AP2 までは熊野古道協働会議が示されていたが、熊野古道 AP3 以降は運営体制に関する記述もなくなる。このように、当初その時点での課題を抽出・解決し、改訂を繰り返していくことで、状況に応じた展開を図ろうとしていた管理運営計画は、実施内容の確認方法をもたず、目標を示すのみとなった。

（3）　遺産を取り巻く状況の変化
1）　世界遺産登録

　文化遺産「熊野参詣道伊勢路」は「紀伊山地の霊場と参詣道」の構成資産として、平成 13（2001）年に世界遺産の暫定リストに登録された。平成 14（2002）年 12 月には国史跡に指定され、文化庁は平成 15（2003）年 1 月、世界遺産登録推薦書をユネスコに提出した。ICOMOS は同年 10 月の現地調査の結果を受けて、世界遺産委員会に対し世界遺産リストに登録すべきという勧告を行うことを決定、その後、平成 16（2004）年 6 月に中国蘇州で開催された第 28 回世界遺産委員会において世界遺産に正式登録された。登録に際して付された勧告に基づき、平成 17（2005）年度には包括的保存管理計画が作成され、ユネスコへ送付された。その後は 6 年に 1 度の定期報告が義務付けられており、平成 22（2010）年度に紀伊山地の霊場と参詣道としては初めての定期報告を提出している。なお、平成 28（2016）年度に「紀伊山地の霊場と参詣道」は追加登録を実施しているが、伊勢路で登録資産の追加は行われなかった。

2) 人口および入込客数

　文化遺産「熊野参詣道伊勢路」の世界遺産登録資産が所在する三重県内の市町は、現在の大紀町、紀北町、尾鷲市、熊野市、御浜町、紀宝町の6市町である[224]。これら6市町の総人口は、平成12(2000)年に101,873人であったのに対し、平成28(2016)年には78,971人へと減少している。一方、入込客数は平成12(2000)年に約7万9000人だったのが、AP2発行前年の平成16(2004)年には約15万にまで増加した。その後平成20(2008)年までほぼ横ばいで、AP3発行後の平成21(2009)年以降再び増加に転じ、平成26(2014)年には428,698人を記録した（図76）。

3) 住民組織

　住民組織の状況変化については、平成11(1999)年に結成され、文化遺産「熊野参詣道伊勢路」の資産の掘り起しと峠道の案内の役割を担ってきた「熊野古道語り部友の会」について把握する。これに関しては記録・公開されている情報がないため、新聞記事[225]から状況を整理し把握した。

　熊野古道AP1が発行された平成13(2001)年から15(2003)年までは、住民組織間のネットワークの構築や、語り部会員の組織化、熊野古道保全への決意表明、世界遺産登録を機に地域の保護意識が高まることへの期待感を表明する記事があった。平成16(2004)年には語り部養成講座があり、ガイドすることへの語り部の満足も表明されている。熊野古道AP2が発行された後の平成19(2007)年には、救急対応マニュアルの整備や実際に来訪客を救助した記事が見られ、平成21(2009)年には熊野古道語り部友の会への功労賞の授与や、エコツアーが広がっていると評価する記事も見られた。平成25(2013)年5月に皇太子行啓があり、これを回顧する内容が、熊野古道AP4が発行される平成26(2014)年、27(2015)年に見られ、熊野古道語り部友の会の活動が着実に充実してきた状況がうかがえる。一方、熊野古道AP3が発行された平成20(2008)年には、若手の語り部会員募集と語り部養成講座の開始を告知する記事があり、語り部の高齢化と人材不

224　平成17年2月から18年1月にかけてこれらの地域では市町村合併が行われており、合併以前の人口は以下の市町村の人口を合計している。尾鷲市、熊野市、紀和町、大宮町、紀勢町、大内山村、紀伊長島町、海山町、御浜町、紀宝町、鵜殿村。

225　朝日新聞及び読売新聞のデータベースで、平成13年度から28年度まで「熊野古道語り部友の会」で検索し抽出されたそれぞれ25件＋38件の記事を対象とする。

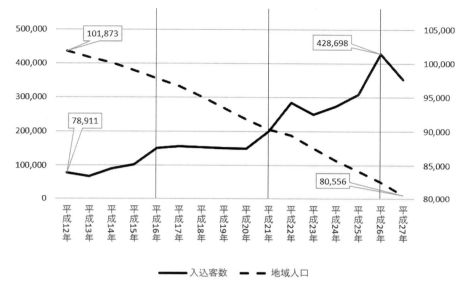

図76　文化遺産「熊野参詣道伊勢路」所在地の地域人口と入込客数の変化

足が課題となってきていることがうかがえる。平成21（2009）年、23（2011）年、26（2014）年に、語り部の高齢化と人材不足に関する記事が登場しており、この課題が解消していないことが分かる。友の会の会員数は、記事において186人（平成14（2002）年）、200人（平成19（2007）年）、220人（平成21（2009）年）と増加していたが、その後、170人（平成26（2014）年）、160人（平成27（2015）年）と減少に転じている。実際に活動している人数は、200人中60人（平成19（2007）年）、170人中4割（平成26（2014）年）と記事中で紹介されており、実働人数は60人～70人程度と考えられる。

4）　県の施策

　熊野古道APの発行者には、熊野古道AP1において「地域振興部東紀州活性化プロジェクトグループ」の名称が付されており、三重県の東紀州地域活性化担当部署と考えられる。組織改編によって、東紀州地域活性化担当部署は平成18（2006）年度から政策部、平成24（2012）年度には地域連携部へと所属は変化し、平成29（2017）年度には地域連携部南部地域活性化局東紀州振興課が相当している。

　この県の部署が実施する事業を確認すると、熊野古道AP1発行前の平成13

（2001）年度には、県及び市町村で組織する東紀州地域活性化事業推進協議会により実施されるソフト事業と、紀北、紀南でそれぞれ検討されている交流拠点整備事業、その他の事業1件で構成されていた。このうち、東紀州地域活性化事業推進協議会により実施されるソフト事業においては、宿泊施設、体験交流イベント、食、旅行キャンペーン、情報発信等観光振興に関する事業と、住民による地域の歴史・文化研究事業である「熊野学」の取り組み、地域活性化の人材を育成する「東紀州活性化大学」など、観光振興事業と地域住民の取り組み支援とがセットで行われていた。一方、交流拠点整備事業については、「平成10・11年度に実施した民活化可能調査の結果を受け、平成12年度紀南交流拠点については事業主体の公募を行」い、平成13（2001）年度に「事業主体との契約を」行うとし、紀北交流拠点については「熊野古道等の新たな機能についても検討し、平成12年度中に整備の方向性を決め」、平成13（2001）年度は「事業構造を明確にし、事業推進を図」るとしている。この後、紀北交流拠点は「熊野古道センター」へ、紀南交流拠点は「紀南中核的交流施設（里創人熊野倶楽部）」へと展開するが、平成13（2001）年度予算案立案段階ですでにそれら整備については一定の方向が打ち出されていたことが確認できる。

　平成14（2002）年度には、世界遺産総合対策プロジェクト推進事業が新規に成立する。また、交流拠点整備事業が紀北と紀南に分離し、以降、ア）世界遺産対策にかかる事業、イ）紀北交流拠点整備にかかる事業、ウ）紀南交流拠点整備にかかる事業、エ）東紀州地域活性化事業推進協議会等にかかる事業が東紀州活性化担当部署の主たる事業となる。そこで、以下ではまず、平成14（2002）年度以降の上記4事業について事業内容の変遷を検討する（**表66**）。

　ア）世界遺産対策：平成14（2002）・15（2003）年度「世界遺産総合対策プロジェクト推進事業」、平成16（2004）〜18（2006）年度「世界遺産（熊野古道）対策推進事業」、平成19（2007）〜22（2010）年度「世界遺産熊野古道対策推進事業」、平成23（2011）・24（2012）年度「古道対策推進事業」がそれぞれ実施されている。その内容を確認すると、平成15（2003）〜18（2006）年度までは、熊野古道APの実施を事業の中心に据え、平成15（2003）・16（2004）年度は世界遺産登録記念事業を掲げている。平成19（2007）・20（2008）年度は資料がなく詳細不明だが、平成21（2009）年度にはアクションプログラムの文言は消滅し、「登録5周年記念」の事業の実施を図っている。平成22（2010）年度にはアクションプログラムは和歌山県・奈良県との広域観光ルート開発、観光プログラム開発、冊子作成へ変化

する。平成 23（2011）年度には、広域観光の推進が「吉野・高野・熊野の国」事業として分離、冊子作成とウォークイベントの実施が「古道対策推進事業」として残り、平成 24（2012）年度で廃止となった。

　イ）紀北交流拠点整備：平成 14（2002）年度において「熊野古道センター（仮称）の事業化に向けた取り組み」を実施している。平成 15（2003）年度～18（2006）年度にかけて建設工事を行い、平成 18（2006）年度末に開館。その後は運営費が毎年計上される。運営目的としては平成 19（2007）～23（2011）年度は「交流促進」が掲げられていたが、平成 24（2012）・25（2013）年度は「集客」へと変化し、平成 26（2014）年度からは「集客交流」となっている。

　ウ）紀南交流拠点整備：平成 14（2002）年度には基本計画が策定され、平成 15（2003）～18（2006）年度は紀南集客に関するソフト事業が行われている。平成 16（2004）年度以降、三重県の予算書には中核的交流施設整備が平成 28（2016）年度まで継続する。事業は、平成 17（2005）年度に策定された『紀南中核的交流施設整備基本構想』[226] によれば、民間事業者が整備を実施し、これに三重県と関係市町が整備費等を 10 年間で上限 30 億円補助するとされる。平成 18（2006）年度に補助事業者が決定し、平成 21（2009）年度に「里創人熊野倶楽部」として開業した。紀北・紀南交流拠点は、後述する「三重県中南部地域広域活性化計画」において、拠点施設として位置づけられている。

　エ）東紀州地域活性化事業推進協議会：観光振興事業と地域住民の取り組み支援とがセットで行われていた事業は平成 16（2004）年度まで継続する。しかし、人材育成事業は平成 16（2004）年度で終了、調査研究事業である「熊野学」に関する事業も平成 18（2006）年度を最後に予算書から文言が消滅する。替わって平成 19（2007）～25（2013）年度には「東紀州観光まちづくり公社」が登場し、「観光振興、産業振興およびまちづくりを総合的に推進」するとなる。さらに平成 26（2014）年度からは「東紀州地域振興公社」と改称し、運営目的も「観光商品づくりやエージェントセールス」などによる「集客交流」と「物産展等を通じた販路開拓」を行う、と変化している。

　オ）その他の事業：上述の4事業のほかの事業について概観する。平成 15（2003）～17（2005）年度においては、世界遺産登録プレ事業が実施（平成 15（2003）年度）されているほか、エコツーリズム推進事業モデル地区に選定され（平成 16（2004）

226　三重県（2005）：紀南中核的交流施設整備基本構想

〜18（2006）年度）、体験型観光とその人材育成を実施する「紀北で体験しよらい事業」と「体験の達人育成支援事業」、および、体験型観光の広域化を図る「熊野古道ゲートウェイ集客交流構築事業」が実施されている。一方、PR事業として「紀北紀南連携・熊野古道パワーアップ事業」が、観光者の意向調査である「熊野古道CS調査事業」が実施され、尾鷲ヒノキの商品開発に関する「「尾鷲ヒノキ」で熊野古道関連製品をつくろう！事業」も実施される。このほかダイビング関係事業が2件実施されている。

平成18（2006）〜20（2008）年度においては、「伊勢と熊野の二つの文化圏を結ぶ「熊野古道伊勢路」を多くの人々が通して歩ける環境やしくみづくり」を行う「熊野古道伊勢路を結ぶしくみづくり事業」が開始（平成19（2007）年度）し、以降、平成21（2009）年度開始の「熊野古道伊勢路踏破支援緊急雇用創出事業」とともに平成24（2012）年度まで継続する。

平成21（2009）〜23（2011）年度においては、広域的な交流による地域活性化を支援する地域自立・活性化総合支援制度に基づく社会資本整備総合交付金が交付され、この要件に基づいた「三重県中南部地域広域活性化計画（計画期間：平成19〜23年度）」に基づいた世界遺産登録5周年記念事業（平成21（2009）年）や、首都圏での熊野古道に関する情報発信事業が実施される。また、平成21（2009）〜23（2011）年度には、「熊野古道等観光ツアーガイド養成ふるさと雇用再生事業」として、「熊野古道の語り部をはじめとする東紀州地域の観光ツアーガイドの養成」等が行われ、平成21（2009）年度には熊野古道センターにおいて熊野古道等の「地域資源の調査研究」を実施する事業が開始し、平成25（2013）年度まで継続した。他方、高速道路延伸を契機とした熊野古道との関係を明示しない広域観光プランの開発を行う「南三重地域広域観光推進緊急雇用創出事業」が平成21（2009）年度から25（2013）年度まで継続して実施されるほか、観光産業プロデュースを東紀州観光まちづくり公社が実施する「東紀州観光まちづくりパワーアップ事業」が平成22（2010）・23（2011）年度に実施されている。また、商品開発、販売促進をめざす「東紀州地域ブランド商品開発・販売促進ふるさと雇用再生事業」と「東紀州地域力再生支援事業」が平成21（2009）〜23（2011）年度にかけて実施される。このほか、平成22（2010）・23（2011）年度には「インターンシップチャレンジプロデューサー養成ふるさと雇用事業」として長期インターンシップにかかる事業が、平成23（2011）年度には「紀州地域資源活用支援事業」として「学生等の派遣」による新たな展開をめざす事業が実施されている。

表 66　三重県の施策の変化

施策＼期間	平成 14 (2002) 年度以前	平成 15 (2003)〜17 (2005) 年度	平成 18 (2006)〜20 (2008) 年度	平成 21 (2009)〜23 (2011) 年度	平成 24 (2012)〜26 (2014) 年度	平成 27 (2015) 年度以降
熊野古道 AP との関係	熊野古道 AP1 以前	熊野古道 AP1〜AP2	熊野古道 AP2〜AP3	熊野古道 AP3〜AP4		熊野古道 AP4 以降
ア）世界遺産	熊野古道 AP 策定	熊野古道 AP の実施・登録記念事業	熊野古道 AP の実施	登録 5 周年広域観光	広域観光	広域観光
イ）熊野古道センター	事業化取組	建設工事	開館・運営	交流促進	集客	集客交流
ウ）紀南中核的交流施設	基本計画	施設整備	施設整備補助金	開業 施設整備補助金	施設整備補助金	施設整備補助金
エ）東紀州地域活性化事業推進協議会	観光振興 地域住民取組支援	観光振興 地域住民取組支援	観光振興・産業振興・まちづくり	観光振興・産業振興・まちづくり	集客交流 販路拡大	集客交流 販路拡大
オ）その他事業	観光コンテンツ整備	世界遺産登録プレ事業 体験型観光と人材育成	伊勢路を結ぶしくみづくり	伊勢路を結ぶしくみづくり・人材育成・地域資源研究・登録 5 周年・観光振興・商品開発・販売促進・インターンシップ・学生	登録 10 周年事業観光キャンペーン商品開発・販売促進	

　平成 24（2012）〜 26（2014）年度にかけては、商品開発・販売促進をめざす「東紀州産品販路拡大支援事業」が実施される。また、平成 26（2014）年度の世界遺産登録 10 周年に向けた観光キャンペーン事業として、平成 24（2012）・25（2013）年度「東紀州観光プロジェクト事業」、平成 25（2013）年度「東紀州地域誘客促進緊急雇用創出事業」「熊野古道情報提供強化緊急雇用創出事業」、平成 25（2013）・26（2014）年度「熊野古道世界遺産登録 10 周年事業」が実施される。このほか、平成 25（2013）年度には、「世界遺産を活用した魅力ある観光商品の企画造成」を行う「紀南地域観光商品企画造成緊急雇用創出事業」が実施される。

　平成 27（2015）・28（2016）年度には、その他事業は実施されていない。

5) 小括

 平成15（2003）年度のイコモス現地調査は、遺産の価値や保全状況を調査して世界遺産登録の審査をするもので、「保全」が注目されていたと考えられる。一方、世界遺産登録後は、地域住民が関わる世界遺産条約上の必要な取り組みはなく、世界遺産登録資産として「保全」することについては、関心が薄れていったものと考えられる。

 来訪者は平成16（2004）年と21（2009）年を契機に2度大きく増加している。一方で、地域の人口減少は着実に進んでいる。住民組織の活動は、熊野古道語り部友の会の場合、平成19（2007）年頃から若手参加者の不足が表明されており、それは以降継続する。新規参加者の確保は実現していないことが看取できる。

 三重県の施策は、平成13（2001）年度頃、地域住民の人材育成や活動の支援に中心があった一方で、この頃既に後の熊野古道センターや紀南中核的交流施設といった大型施設の建設・誘致を行う方向が打ち出されていた。また、熊野古道AP1策定後は、登録記念事業、体験型観光にかかる事業、それにかかる人材の育成、伊勢路を結ぶ仕組みづくりにかかる事業、など熊野古道APの実施とその方向性にそった施策が展開し、登録5周年をはさんで次第に縮小しながらも平成24（2012）年度頃までは継続する。しかし平成26（2014）年度の登録10周年を控えた時期に、観光振興と商品開発・販路拡大に施策は変化し、熊野古道APとの関係性はほとんど見られなくなる。

4. まとめ

 熊野古道AP1が策定されたのは、世界遺産登録前のイコモス調査員が調査を行う前であり、文化遺産「熊野参詣道伊勢路」の保護を中心とした気運が高まっていた時期と考えられる。そのため策定に幅広い人々が参画して、遺産の保護と、遺産の価値である巡礼に即したツーリズムを両立させようとした。三重県は熊野古道AP1に即した事業を展開するとともに、環境省のエコツーリズムモデル事業を実施し、住民組織は活動内容を充実させていった。この時期、熊野古道APは遺産の管理運営計画として有効に機能していたと考えられる。しかし、熊野古道AP1、熊野古道AP2によっては大幅な入込客数の増加はもたらされなかった。世界遺産登録による大幅な来訪者数の増加を期待していた三重県は、熊野古道AP1に記載されていなかった大規模宿泊施設や国土交通省の広域的活性化交付金事業による登録5周年事業などを活用し、広域観光による集客を図った。熊野古

道 AP3 は策定参加者が限定的で、域外の意見を聞くことになったため、内容は三重県の方針に近いものへ変化した。一方、人手不足を表明していた住民組織に対しては、支援と顕彰による人手確保を図るにとどまり、行政と住民の連携は示されなくなった。この後、入込客数は急増し、登録 10 周年を過ぎた時期、熊野古道 AP4 では住民も民泊や B＆B など遺産の価値とは無関係なツーリズムへの参加が促されることになり、三重県は熊野古道 AP4 に即した事業を実施しなくなった。

　このように、熊野古道 AP に記載される内容は、熊野古道 AP3 以降大きく変化した（**表67**）。熊野古道 AP1 においては、世界遺産に登録される巡礼路というコンセプトをもとに、伊勢から熊野までの道全体を利用して、観光者に「巡礼」体験をさせることを意味していた。つまり、策定参加者は文化遺産「熊野参詣道伊勢路」を、伊勢から熊野までの空間全体としてとらえていたと考えられる。しかし、熊野古道 AP3 以降、その内容は観光者数の増加を図るものへと変化した。その結果、巡礼路というコンセプトは大きく後退し、駐車場を整備して世界遺産登録区間を見る観光や、民泊・B＆B など宿泊施設の整備促進を謳うようになった。すなわち、熊野古道 AP3 以降、策定参加者は文化遺産「熊野参詣道伊勢路」の利用対象となる空間を、伊勢から熊野までの道等のうち世界遺産登録区間という極めて限定的な部分としてとらえ、歩くことも必ずしも推奨しない利用へと変化していったと考えられる。

表 67　熊野古道 AP と取り巻く状況の変化

熊野古道 AP	AP1	AP3	AP4
策定の時期	世界遺産登録前 ICOMOS 調査前 伊勢路の保護気運	大幅な来訪者増を期待	入込客数急増に対応 登録 10 周年経過
策定参加者	幅広い人々	限定的な人々・域外の意見	限定的な人々・域外の意見
内容	遺産の保護 遺産の価値である巡礼に即したツーリズム	三重県の方針に近いものへ変化	民泊や B&B など遺産の価値とは無関係なツーリズムへ住民の参加を促す
行政	AP1 に即した事業を展開 環境省のエコツーリズムモデル事業		AP4 に即した事業は実施しない
住民組織	活動内容を充実	人材不足・高齢化 支援と顕彰で人手確保 行政との連携は示さず	人材不足・高齢化 支援と顕彰
管理運営計画の有効性	有効に機能		有効に機能しない
結果	入込客数横ばい 三重県は AP 不記載事業を実施 　大規模宿泊施設 　国土交通省の広域的活性化 　交付金事業 ⇒広域観光による集客を企図	入込客数急増	

4　現代の観光者による観光行動

1. 背景と目的

　文化遺産「熊野参詣道伊勢路」は、実際に観光者によって利用されている文化遺産である。すでに前節でもみたように、伊勢路の観光入込客数は世界遺産登録前の平成 13（2001）年に約 68,000 人だったのが、平成 26（2014）年には 428,698 人を記録している。一方、平成 22（2010）年から 24（2012）年頃にかけて世界遺産登録区間を走るトレイルランニング大会が観光庁等によって行われた[227]。これらに対しては、スポーツ登山のような利用は好ましくないとする見解も示されている[228]。

　伊勢路を含む紀伊山地における観光については、戦前から戦後、さらに世界遺産登録前後にかけて熊野の表象が変化していったことが指摘されており[229, 230, 231]

熊野を紹介する内容が歴史や伝統の保護・伝達からかけ離れているとする指摘[232]も見られる。しかし、これらはいずれも文化遺産に対する観光のあり方に対する検討と批判にとどまっている。

そこで本節においては、紀伊山地における文化遺産の観光利用について、ガイドブックが提示する観光の観点からのとらえ方と、観光行動の変遷から把握し、文化遺産「熊野参詣道伊勢路」に対して観光者が見出した利用の対象となる空間と諸要素を解明する。

観光者は、観光利用を行うにあたって、事前にガイドブック等で情報を収集し、それを基に観光を行うと考えられる。ガイドブックは潜在的観光客に効率的に情報を与え、最終的な動機付けに役立つ生成マーカーの集約される場として機能している[233]とされることから、ガイドブックの分析によって、観光者の観光行動の一定の傾向を把握できると考える。また、紙のガイドブックは、情報更新の頻度は早くとも1年ごとであり、観光の動向に応じて更新が頻繁に行われるウェブサイトに比べて観光者への利用の定着がされやすく、また編集者が現地情報を基に発信することから信頼性が高いと考えられ、観光利用を俯瞰する情報として適切と考えたことから、本節における調査対象とした。

227　三重県立熊野古道センター：11月27日（土）～11月28日（日）トレイルランニング・アカデミー番外編 in 熊野古道伊勢路：熊野古道センターホームページ　http://www.kumanokodocenter.com/system/index.php?itemid=328［2010年11月22日閲覧、2018年9月18日更新］
　　JTB：鏑木毅選手と行く！熊野古道伊勢路・トレイルランニングの旅：JTBスポーツホームページ　http://sports.jtb.co.jp/triwwwp/tours/view/178/bwt2012-064trailrun［2018年9月18日閲覧］
228　西村幸夫（2016）：熊野古道をめぐる議論「顕著で普遍的な価値」と今後の論点：神々が宿る聖地　世界遺産　熊野古道と紀伊山地の霊場：ブックエンド、pp.156-174
229　神田孝治（2010）：熊野の観光地化の過程とその表象：国立歴史民俗博物館研究報告第156集、pp.137-161
230　天田顕徳（2012）：熊野——霊場と観光地のはざまに揺れ動く聖地：聖地巡礼ツーリズム：弘文堂、pp.94-97
231　寺田憲弘（2014）：熊野の観光メディア言説の変動——ガイドブックと旅行雑誌における記述を対象として：観光研究 vol.26
232　岡本亮輔（2017）：自己実現する熊野参詣者：現代化される文化資源：CATS叢書11、pp.73-78
233　寺田憲弘（2014）：熊野の観光メディア言説の変動——ガイドブックと旅行雑誌における記述を対象として：観光研究 vol.26

表 68　分析対象のガイドブック一覧

番号	発行者	書名
1～17	JTB/ JTB パブリッシング	るるぶ南紀伊勢志摩
18～23	昭文社	マップルマガジン　南紀伊勢
24～27	昭文社	マップルマガジン　南紀伊勢・志摩
28～33	昭文社	マップルマガジン　まっぷる南紀伊勢・志摩
34	昭文社	マップルマガジン　まっぷる南紀伊勢・志摩　高野山
35	昭文社	上撰の旅 19　南紀・伊勢
36	JTB	熊野古道を歩く
37	JTB	紀伊熊野古道をあるく
38	JTB パブリッシング	熊野古道をあるく
39	東紀州地域活性化事業推進協議会	くろしお文庫　熊野古道－甦る神々の道
40	東紀州地域活性化事業推進協議会	熊野古道伊勢路名所図絵 お伊勢さんから熊野三山へ
41	東紀州地域活性化事業推進協議会	くろしお文庫　熊野古道を歩く　第 3 刷
42	東紀州地域活性化事業推進協議会	熊野古道伊勢路 甦る神々のみち
43	三重県 地域振興部 東紀州活性化・地域特定プロジェクト	日本の原郷吉野熊野を歩く ルートマップ＆アクセスガイド
44	東紀州地域活性化事業推進協議会	世界遺産熊野古道伊勢路ガイド ROUTE GUIDE
45	伊勢路イラストマップ探検隊（三重県東紀州対策室）	伊勢から熊野への歩き旅　熊野古道伊勢路図絵　平成の熊野詣　世界遺産登録 5 周年記念冊子
46	三重県立熊野古道センター 東紀州観光まちづくり公社	世界遺産紀伊山地の霊場と参詣道　熊野古道伊勢路
47	東紀州観光まちづくり公社	世界遺産熊野古道を歩く　伊勢から熊野三山へ～熊野古道伊勢路の旅～　第 7 刷
48	伊勢路イラストマップ探検隊（三重県東紀州振興課）	伊勢から熊野への歩き旅　熊野古道伊勢路図絵　新・平成の熊野詣　世界遺産登録 10 周年記念冊子
49	伊勢文化舎	聖地巡礼　熊野・吉野・高野山と参詣道　熊野古道、大峯・吉野の道、高野山町石道　巡礼の道 50 コースを歩くガイド
50	デージーエス・コンピュータ	熊野古道 II 伊勢路大台ケ原
51	川端 守　風媒社	熊野古道世界遺産を歩く ガイド
52	世界文化社　森田敏隆	ほたるの本　世界遺産　紀伊山地　熊野古道を行く
53	宇江敏勝監修　山と渓谷社	熊野古道を歩く
54	山と渓谷社	エコ旅ニッポン④熊野古道を歩く旅
55	伊勢・熊野巡礼部メイツ出版社	とっておきの聖地巡礼世界遺産「熊野古道」歩いて楽しむ南紀の旅
56	伊藤文彦	熊野古道伊勢路を歩く－熊野参詣道伊勢路巡礼－
57	山と渓谷社	歩いて旅する　熊野古道・高野・吉野　世界遺産の参詣道を楽しむ
58	川端 守　風媒社	熊野古道巡礼の道伊勢路を歩く
59	春野草結　山と渓谷社	ちゃんと歩ける熊野古道中辺路・伊勢路
60	伊勢・熊野巡礼部メイツ出版社	とっておきの聖地巡礼世界遺産「熊野古道」歩いて楽しむ南紀の旅　改訂版

発行年	発行主体	書籍形態	ガイドブックの性格
2001〜2017	大手出版社	マガジン	地域的ガイドブック
2001〜2006	大手出版社	マガジン	地域的ガイドブック
2007〜2010	大手出版社	マガジン	地域的ガイドブック
2011〜2014、2016、2017	大手出版社	マガジン	地域的ガイドブック
2015	大手出版社	マガジン	地域的ガイドブック
2003	大手出版社	書籍	地域的ガイドブック
1999	大手出版社	書籍	専門的ガイドブック
2004	大手出版社	書籍	専門的ガイドブック
2015	大手出版社	書籍	専門的ガイドブック
1997	行政関係機関	書籍	専門的ガイドブック
2001	行政関係機関	リーフレット	専門的ガイドブック
2002	行政関係機関	書籍	専門的ガイドブック
2001〜2004の間 ※	行政関係機関	リーフレット	専門的ガイドブック
2004〜2005の間 ※	行政関係機関	リーフレット	専門的ガイドブック
2004〜2006の間 ※	行政関係機関	リーフレット	専門的ガイドブック
2009	行政関係機関	リーフレット	専門的ガイドブック
2010	行政関係機関	リーフレット	専門的ガイドブック
2011	行政関係機関	書籍	専門的ガイドブック
2014	行政関係機関	リーフレット	専門的ガイドブック
2004	その他	書籍	専門的ガイドブック
2004	その他	リーフレット	専門的ガイドブック
2004	その他	書籍	専門的ガイドブック
2005	その他	書籍	専門的ガイドブック
2006	その他	書籍	専門的ガイドブック
2010	その他	書籍	専門的ガイドブック
2013	その他	書籍	専門的ガイドブック
2015	その他	書籍	専門的ガイドブック
2015	その他	書籍	専門的ガイドブック
2015	その他	書籍	専門的ガイドブック
2017	その他	書籍	専門的ガイドブック
2018	その他	書籍	専門的ガイドブック

※ 発行年の明示がないものは、発行主体の存続期間と「世界遺産登録」等掲載情報から発行年代を特定した

2. 研究方法

　これまでに刊行・配布された伊勢路を取り上げたガイドブックの文献調査を行う。研究対象とするガイドブックは先行研究[234]を参考として、

　ア　一般的な観光地を紹介・記載しているもの
　イ　実際に旅行者が利用することを想定しているもの
　ウ　伊勢路（熊野古道伊勢路）が含まれているもの

を条件とし、伊勢路の所在地である三重県の中央図書館（三重県立図書館）に収蔵されている書籍で閲覧可能なもの及び現在入手可能な全ての書籍60冊を「ガイドブック」と見なし、分析対象とした（**表68**）。

　次に、これらのガイドブックを対象に、第Ⅱ章で明らかになった伊勢路の空間と諸要素を参考に、観光の観点からのとらえ方と、推奨される観光行動（1 空間、2 礼拝施設・見所、3 体験）との関係を把握した。

　まず、ガイドブックが提示する文化遺産「熊野参詣道伊勢路」のとらえ方については、表紙に記載されている書名やキャッチコピー等の文字情報から把握する。表紙は、読者が購入時に最初に目にするページであり、読者に対して書籍が最も重視している内容を端的に伝える役割を担うため、各ガイドブックの観光の観点からのとらえ方を把握するのに適していると考えられる[235]。そこで、文化遺産「熊野参詣道伊勢路」にかかるガイドブックのうち、文化遺産「熊野参詣道伊勢路」の情報を中心的な主題に取り上げる専門的なガイドブックについては表紙に掲載されている文字情報の全てを、南紀から伊勢にかけての地域全体を紹介しそのコンテンツの一つとして文化遺産「熊野参詣道伊勢路」を取り上げる地域的なガイドブックについては、「熊野古道」にかかる文を抽出した。これらをフリーソフトのテキストマイニングソフトである KH Coder を用いてクラスター分析によって特徴を分類した[236]。クラスター分析にあたっては、すべての品詞を分析対象と

234　今野理文・十代田朗・羽生冬佳（2002）：観光ガイドブックにみる観光地のアピールポイントの変遷：観光研究 vol.14、pp.9-16

235　櫻井宏樹・下村彰男・小野良平・横関隆登（2014）：雑誌『國立公園』表紙にみる添景人物と自然風景の描かれ方：ランドスケープ研究

236　開発者は樋口耕一 http://khcoder.net/ で、有馬貴之 2015「旅行ガイドブックにみる富士山観光のイメージ変化——『るるぶ富士山』の目次を対象としたテキスト分析」『地学雑誌』124 (6)、pp.1033-1045 で利用されている。有馬貴之は旅行ガイドブックにみる富士山観光のイメージについて、目次の文章を対象に、目次に使用された特徴語と類似性測定、共起ネットワーク分析を行っている。本書においては、表紙はその本の提示する情報を端的に示し、読者に取得意欲

した。また、強制抽出する語として、本分析においてきわめて重要な「世界遺産」「紀伊山地の霊場と参詣道」「熊野参詣道」「熊野古道」「伊勢路」に加え、ソフトが複数の品詞で別々に集計することのある「熊野速玉大社」「熊野那智大社」「熊野本宮大社」「熊野三山」「高野山」「大辺路」「小辺路」「中辺路」「大門坂」を指定した。さらに、表紙に熊野古道にかかる文字情報のないものについては、「記述無し」の語をあてて分析した。このほか、クラスター分析の際には、全ての品詞を分析対象に、Ward 法を用い、距離は Jaccard 法によって測定し、クラスター数は 5 を指定した[237]。さらに、各クラスターで得られた抽出語から Jaccard 係数を用いてクラスターにおける特徴語を抽出し、それによってクラスターの意味づけを行った。

　空間については、ガイドブック本文中で文化遺産「熊野参詣道伊勢路」を紹介する部分の伊勢から熊野への方向性の意識と起終点を把握した。まず、方向性の意識については、伊勢から熊野への方向に従い、途中で引き返さないものは方向性を意識していると把握した。そのうえで伊勢から熊野への全行程を紹介し、かつ方向性を意識しているものを［全体］、全行程は紹介していないが、方向性を意識しているものがある場合を［一部］、全行程は紹介せず、かつ方向性を意識しているものがない場合を［点］、そもそも空間を紹介していないものを［なし］とした。

　さらに、礼拝施設と見所については、第Ⅳ章で巡礼旅を確認するうえで重要な

を抱かせるページであるととらえ、表紙の文言を分析対象とした。また、分析対象は、有馬の論考においては 1 冊全体が「富士山」にかかるものであったのに対し、本書で対象としたのは 1 冊全体が「伊勢路」にかかるものだけでなく、伊勢路を部分的に含むガイドブックであるため、ガイドブックごとに情報量が増減することから、目次の共起ネットワーク分析は実施していない。有馬貴之（2015）：旅行ガイドブックにみる富士山観光のイメージ変化――『るるぶ富士山』の目次を対象としたテキスト分析：地学雑誌 124（6）、pp.1033-1045

[237] 本分析においては、分析対象数が 60 であることから、KH Coder 開発者の樋口にならい（樋口耕一（2014）：社会調査のための計量テキスト分析――内容分析の継承と発展を目指して：ナカニシヤ出版、p.69）、60 の平方根（7.7）程度のクラスター数とすることを考えて、まず 7 を選択した。しかし、その結果 1 クラスターに 2 ケースしか存在しないクラスターが生じた。そこで、これを排除するため 6 クラスターを選択した。その結果、得られた抽出語から Jaccard 係数を用いてクラスターにおける特徴語を抽出し、クラスターの意味づけを行ったところ、第 5 クラスターが「和歌山県内の徒歩移動」、第 6 クラスターが「三重県内の徒歩移動」を示すと考えられた。本節において検討しているのは「観光の観点からの捉え方」であることから、第 5 クラスターと第 6 クラスターを統合して 1 つのクラスターとして扱うことが適当と判断され、5 クラスターを選択することとした。

礼拝施設として把握された観音庵（石仏庵）、無量山千福寺（柳原観音）、瀧原大神宮（瀧原宮）、岩船地蔵堂、天狗岩窟（岩屋堂）、日輪寺（八鬼山荒神堂）、清水寺（泊観音）、花の岩や（花の窟神社）の 8 箇所の礼拝施設と、日常から非日常への旅を演出していた重要な見所として把握された、田丸城・城下町、蚊野の松原、長者屋敷、荷坂峠、西行松、鬼が城、あふま権現二王石（獅子巖）、親しらず子しらず、南海の眺望の 9 箇所（**図77**）を対象に、ガイドブックの本文中で紹介されている数を把握した。また、見所については、日常から境界までに相当する田丸城・城下町から荷坂峠の 4 箇所と、非日常の世界に相当する西行松から南海の眺望の 5 か所に分けて把握した。ただし、ガイドブック中で言及があっても、伊勢路と関連付けて記述されていない場合には数には計上しなかった[238]。

　ガイドブックが推奨する体験については、伊勢路の巡礼体験は伊勢から熊野への徒歩による移動に基づいていたことから、移動方法を取り上げて検討する。本文中の記述から、まず歩行のみか、ドライブ等他の体験を含むかを把握し、次に歩行については、巡礼路沿道の宿泊施設の紹介の有無を把握して宿泊施設と共に紹介されているものを、徒歩による資源間の移動を前提とした【徒歩旅行】、宿泊施設の記述がないものを、限定的に歩く活動中心の【歩行】に区別した。また、文化遺産「熊野参詣道伊勢路」の紹介はあっても行動の記述のないものを【行動なし】とした。さらに、ガイドブックによる、観光の観点からみた文化遺産「熊野参詣道伊勢路」のとらえ方が、具体の内容に影響を及ぼすだろうと考え、文化遺産「熊野参詣道伊勢路」のとらえ方と空間、礼拝施設・見所、行動の関係をみた。

　加えて、ガイドブックが提示する文化遺産「熊野参詣道伊勢路」のとらえ方と、ガイドブックの発行時期および発行主体の関係について整理し、観光者の利用実態の変遷を把握したうえで、観光者が利用対象として見出している文化遺産「熊野参詣道伊勢路」の空間と諸要素を把握する。

---

[238] たとえば、『るるぶ南紀伊勢志摩'12』において花の窟神社は、「世界遺産をたどる海沿いルートコース 4 伊勢路をドライブ」において紹介されており、伊勢路に関連付けられていると判断された。しかし、瀧原宮は「神々を宿す癒しの聖地　伊勢神宮　もう一つのパワースポット遥宮へ行こう」において紹介されており、紹介文は「参道の自然にも心癒される　宮川の上流、深い渓谷の山の間にひっそりたたずむ瀧原宮と瀧原並宮。参道に鬱蒼と繁る杉の巨木、そばを流れる清流の心地よいせせらぎや滝の音に心が洗われる。」と、伊勢路については触れられておらず、伊勢路に関連付けられていないと判断された。

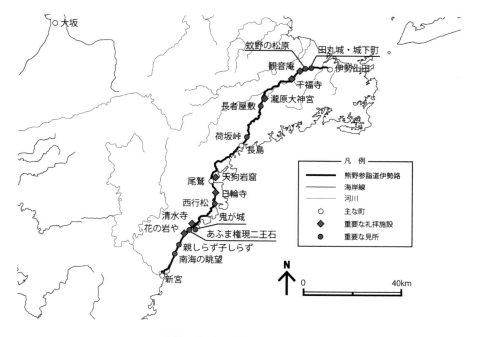

図77　重要な礼拝施設・見所位置図

3. 結果

(1) 観光の観点からのとらえ方と観光行動との関係
1) 伊勢路の観光の観点からのとらえ方

　テキストマイニングの結果をクラスター分析した結果、クラスター1は11冊、クラスター2には24冊、クラスター3には3冊、クラスター4には8冊、クラスター5には14冊が該当した（**図78**）。次に各クラスターの特徴的な抽出語からクラスターの意味を解釈すると（**表69**）、クラスター1では、登録、世界遺産、祝等の語が上位に見られたことから、「世界遺産」を示すと解釈された。クラスター2は高野山、熊野三山、伊勢神宮という霊場を示す語が上位に見られ、聖地、パワー、スポットという語も見られたことから、「聖地・パワースポット」を示すと解釈された。クラスター3は記述の1語で、これは「記述なし」として分析を行った熊野古道にかかる文字情報のないガイドブックであり、「情報なし」と解釈された。クラスター4では、ガイド、エリア、情報、マップなどの語が上位に見ら

れたことから、「エリア観光」を示すと解釈された。クラスター5では、伊勢路、中辺路、大辺路、小辺路等の「道」と、歩く、コース、旅が上位に見られたことから、「徒歩旅行」を示すと解釈された。ガイドブックが示す情報は以上の「世界遺産」11冊、「聖地・パワースポット」24冊、「情報なし」3冊、「エリア観光」8冊、「徒歩旅行」14冊に分類された。

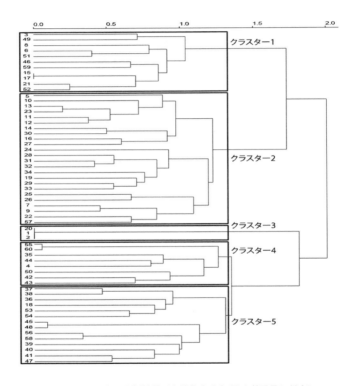

図78 クラスター分析結果（左端数字は表68文献番号に対応）

表 69　クラスター分析によるガイドブック表紙の抽出語

クラスター 1 世界遺産		クラスター 2 聖地・パワースポット		クラスター 3 情報なし		クラスター 4 エリア観光		クラスター 5 徒歩旅行	
抽出語	Jaccard 類似性測度	抽出語	Jaccard 類似性測度	抽出語	Jaccard 類似性測度	抽出語	Jaccard 類似性測度	抽出語	Jaccard 類似性測度
登録	0.4286	高野山	0.6667	記述	1	ガイド	0.4615	伊勢路	0.6111
世界遺産	0.2821	熊野三山	0.4839			松本	0.375	歩く	0.375
熊野古道	0.2	伊勢神宮	0.4615			掲載	0.375	大辺路	0.3571
祝	0.1818	世界遺産	0.4318			歩ける	0.3333	中辺路	0.3333
紀伊山地の霊場と参詣道	0.1333	熊野古道	0.4038			峠	0.3333	熊野古道	0.2857
巡礼	0.125	聖地	0.3214			エリア	0.3333	小辺路	0.2857
行く	0.125	旅	0.3125			神	0.3	紀伊	0.2667
結	0.0909	パワー	0.2917			情報	0.3	コース	0.2353
紀伊山地	0.0909	スポット	0.25			マップ	0.2727	旅	0.2308
本	0.0909	行く	0.1923			アクセス	0.25	伊勢	0.2222

2)　空間、礼拝施設と見所、行動

　空間については、まず、伊勢神宮から熊野速玉大社までのルートを地図入りで紹介するもの（『歩いて旅する熊野古道・高野・吉野　世界遺産の参詣道を楽しむ』等）は、［全体］と判断された。また、鷲毛バス停から馬越峠を越え尾鷲駅へ至るコースを「馬越峠コース」と紹介するもの（『るるぶ南紀伊勢志摩 '06』など）は、伊勢から熊野への方向性は合致しながらも部分的な歩行紹介にとどまることから［一部］と判断された。一方、同じ「馬越峠コース」であって、鷲毛バス停を起点としながらも、峠からは「もと来た道をたどる（『るるぶ南紀伊勢志摩 '14』）」とするものは、［点］と判断された。なお、伊勢路の紹介を行いながらも具体的な空間の紹介がないもの（『るるぶ南紀伊勢志摩 '03』）があり［なし］と判断された。以上の結果、［全体］9 冊、［一部］37 冊、［点］13 冊、［なし］1 冊となり、［一部］を紹介するものが多かったが、空間である道はほとんどのガイドブックで紹介されていた。

　礼拝施設と見所については、紹介されている個所数の最大は 17 個所中 16 個所、最少は 3 個所だった。また、礼拝施設と非日常の見所については、いずれのガイドブックでも最低 1 個所以上紹介されていたが、日常の見所が紹介されているガイドブックは半数以下の 24 冊しかなかった。ガイドブックが推奨する観光行動については、まず【徒歩旅行】に分類される基準となる宿泊施設の提示方法として、巻末にまとめて宿泊施設の連絡先や料金を掲載するもの（『エコ旅ニッポン④

熊野古道を歩く旅』等）や、地図中にも宿泊施設の位置を明示するもの（『歩いて旅する　熊野古道・高野・吉野　世界遺産の参詣道を楽しむ』等）があった。また、【歩行】は、「本コース終点 JR 栃原駅（紀勢本線）へはもうすぐだ。」（『世界遺産熊野古道を歩く伊勢から熊野三山へ〜熊野古道伊勢路の旅〜第 7 刷』）、「車を置いて古道ウォーク。」（『マップルマガジンまっぷる南紀伊勢・志摩 11-12』）のように、起終点に鉄道駅や自動車をあてている表現が見られた。以上の結果、【徒歩旅行】7 冊、【歩行】42 冊、【車移動含む】8 冊【行動なし】3 冊となり、車移動を前提としているものがあることが伺われた。

3） 伊勢路の観光の観点からのとらえ方との関係

まず、空間について検討すると（図 79）、「徒歩旅行」のとらえ方を示すガイドブックは、約半数が伊勢から熊野までの空間全体を紹介し、残りは［一部］の空間を紹介していた。一方、「エリア観光」と「聖地・パワースポット」を示すガイドブックでは、［全体］を紹介するものは僅少で、約 3 割が［点］として紹介していた。

次に礼拝施設・見所について伊勢路のとらえ方によるタイプ別に平均個所数をみると（図 80）、「徒歩旅行」のとらえ方を示すガイドブックでは、紹介される礼拝施設・見所個所数が多い傾向が見られた。また、礼拝施設、非日常の見所だけでなく、日常の見所も紹介する傾向が認められた。「世界遺産」「エリア観光」ととらえているものにおいては、紹介される個所数が「徒歩旅行」に比べて減少する一方で、日常の見所も一定個所紹介されていた。また、非日常の見所が礼拝施設よりも多く紹介されていた。一方、「聖地・パワースポット」と「情報なし」のガイドブックでは、紹介される個所数が 5 以下であり、非日常の見所が紹介される割合はさらに高まり、日常の見所がほとんど紹介されない傾向が見られた。

さらに推奨される観光行動の記述を見ると（図 81）、「徒歩旅行」を示すガイドブックは 14 冊中 5 冊が実際の行動としても【徒歩旅行】を推奨し、8 冊が【歩行】を推奨していた。しかし、「エリア観光」では、【歩行】が推奨され、「世界遺産」「聖地・パワースポット」では、【車移動含む】観光行動も推奨されていた。

(2) 発行時期別のガイドブックの特徴

ガイドブックの記述内容は、その発行年次によっても変化すると考えられる。そこで、伊勢路が世界遺産に登録された平成 16（2004）年を基準に、平成 15（2003）年まで、平成 16（2004）〜 20（2008）年、平成 21（2009）〜 25（2013）年、平成

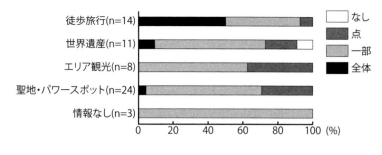

図 79 空間の記述冊数

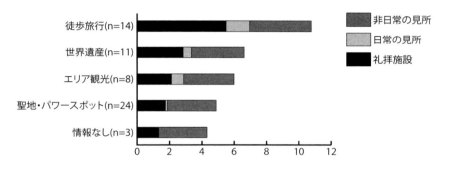

図 80 物（礼拝施設・見所）平均記述個所数

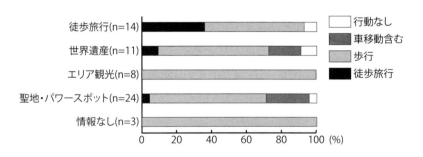

図 81 推奨観光行動記述冊数

26（2014）～ 30（2018）年の 5 年ごとに区分した（**図 82**）。

　まず、世界遺産登録前の平成 15（2003）年までにおいては、「徒歩旅行」としてとらえたガイドブックが最も多かった。一方、「世界遺産」「エリア観光」「聖地・パワースポット」ととらえたガイドブックは限定的で、「情報なし」はすべてこの時期に発行されたものだった。ガイドブック執筆者が伊勢路を観光の観点からどのようにとらえるべきかを検討していた時期にあたると考えられる。次いで、世界遺産に登録された平成 16（2004）年からの 5 年間は、ガイドブックの発行冊数が増加する一方で、「徒歩旅行」を主題にしたガイドブックの割合は大きく減り、「世界遺産」「エリア観光」「聖地・パワースポット」のガイドブックが増えている。世界遺産登録 5 周年にあたる平成 21（2009）年以降 5 年間は、全体の発行冊数がやや減少する中で、「聖地・パワースポット」の割合は大きく増加している。一方で「世界遺産」と「エリア観光」はこの時期大きく減少している。さらに世界遺産登録 10 周年を迎える平成 26（2014）年からの 5 年間では、「徒歩旅行」の冊数が伸び、逆に「聖地・パワースポット」は減少の傾向を見せている。なお、「世界遺産」の割合が若干増加しているのは、平成 28（2016）年に紀伊山地の霊場と参詣道は「軽微な境界の変更」、いわゆる追加登録が主に和歌山県において行われた影響と考えられる。

　このように、世界遺産登録直後には、「世界遺産」や「エリア観光」も含めたさまざまなとらえ方がされていた伊勢路は、世界遺産登録 5 周年以降は、「徒歩旅行」と「聖地・パワースポット」に集約されていったと考えられる。

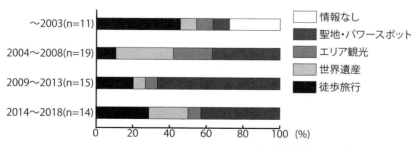

※　文献番号 42 は分析対象から除く

図 82　発行時期別ガイドブックの特徴

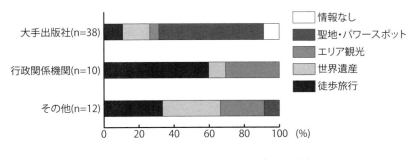

図83　発行主体別ガイドブックの特徴

(3) 発行主体別のガイドブックの特徴

　ガイドブックの記述内容は、発行主体が対象とみなす読者層や発行部数などにより、発行主体ごとに異なるものと考えられる。そこで、発行主体を大手出版社、行政関係機関、その他（小規模な出版社や著者名が明記されるもの）に分類し分析する（図83）。

1）　大手出版社発行のガイドブック

　まず、伊勢路の世界遺産登録前から刊行され、毎年版を重ねているマガジンタイプのガイドブックである『るるぶ』を刊行するJTB／JTBパブリッシング発行のガイドブックと、『マップル』を刊行する昭文社発行のガイドブックについて検討する。分析は、『るるぶ』シリーズと『マップル』シリーズに加え、伊勢路の情報を記載する単行本のガイドブックも対象としている。ガイドブックの総発行冊数は最も多く38冊を数え、その中で「聖地・パワースポット」のとらえ方を示すものが23冊を占める。

　大手出版社が発行するマガジンタイプのガイドブックは、紹介されるモデルプランから2～3日間の旅行を想定していると考えられる。このことから、時間のかかる伊勢から熊野までの【徒歩旅行】は紹介の対象とならず、行動も【車移動含む】が推奨されたものと考えられる。

　ただし、これら出版社も、より広範な読者を得ようとするマガジンタイプのガイドブックではなく、より特定の読者層を想定した専門的なガイドブックにおいては、「徒歩旅行」を情報として示し、【歩行】する行動を推奨している。大手出版社はこのようにガイドブックを差別化することで、より広範な読者と、「徒歩

旅行」に関心をもつ特定の読者層の両方に対する旅行案内を行おうとしていたと考えられる。

2) 行政関係機関発行のガイドブック

行政関係機関が発行しているガイドブックは10冊であった。伊勢路の所在地である三重県や、三重県と関係市町村で作る東紀州地域活性化事業推進協議会が、世界遺産登録前の平成9（1997）年から平成26（2014）年にかけて、ガイドブックやパンフレットを発行している。

伊勢路のとらえ方別に把握すると、「徒歩旅行」が6件、「世界遺産」が1件、「エリア観光」が3件で、「聖地・パワースポット」「情報なし」はなく、「徒歩旅行」が中心であると理解される。

3) その他発行のガイドブック

伊勢路を取り上げるガイドブックは世界遺産登録後、断続的に発行されており、12件であった。このうち、「徒歩旅行」と「エリア観光」が4件と最も多く、次いで「世界遺産」の3件、「聖地・パワースポット」は1件で、「聖地・パワースポット」「情報なし」の少ない傾向は、行政関係機関発行のものと類似していた。

4. まとめ

まず、ガイドブックによる観光の観点からみた伊勢路のとらえ方をもとに、空間、礼拝施設・見所、行動の把握を行った。その結果、伊勢路のとらえ方と、そのガイドブックで示される空間、礼拝施設・見所、行動には一定の傾向がよみとれた（表70）。

「徒歩旅行」の場としてとらえているものについては、伊勢から熊野まで［全体］の空間を利用し、礼拝施設・見所については多くの個所を取り上げたうえで礼拝施設をやや多く紹介し、行動は【徒歩旅行】または【歩行】を推奨していた。「世界遺産」ととらえているものでは、［一部］の空間を利用し、非日常の見所がやや多く、【歩行】【車移動を含む】を推奨していた。「エリア観光」においては、［一部］又は［点］の空間を利用し、非日常の見所がやや多く、【歩行】を推奨していた。「聖地・パワースポット」においては、［一部］又は［点］の空間を利用し、礼拝施設・見所の紹介個所は少なく、日常の見所の紹介がない一方で非日常の見所が多く、【歩行】【車移動を含む】を推奨していた。「情報なし」では［一部］

の空間を利用し、礼拝施設・見所の紹介個所数は少なく、日常の見所の紹介がない一方で非日常の見所が多く、【歩行】を推奨していた。

　以上の伊勢路のとらえ方と空間、礼拝施設・見所、行動の関係性の傾向を踏まえ、ガイドブックの発行時期と発行主体に注目して整理し、伊勢路の推奨される観光の変遷をみた。

　その結果、世界遺産登録以前、行政関係機関を中心に、伊勢路の観光は「徒歩旅行」としてとらえられていた。一方、大手出版社は「情報なし」を出版しており、伊勢路のとらえ方を検討していた時期と考えられる。世界遺産登録直後、「徒歩旅行」のとらえ方は後退し、かわって「世界遺産」「エリア観光」「聖地・パワースポット」が台頭した。伊勢路を「世界遺産」「エリア観光」としてとらえるものは、登録直後の5年間に特有のもので、伊勢路の世界遺産登録によってこの地域が注目を集めたためと考えられた。

　世界遺産登録5周年を過ぎると「聖地・パワースポット」のとらえ方が優勢となった。これは世界遺産登録の際に価値として認められた「信仰の山の文化的景観」の情報を誇張したとらえ方と考えられる。空間の利用方法は［一部］もしくは［点］で、観光行動も【車移動を含む】も推奨しており、伊勢路を歩く空間ではなく、見る対象、いわば「物」としてとらえたと考えられる。「聖地・パワースポット」のとらえ方のほとんどは大手出版社から発行されたもので、これは広範な人々が受け入れやすい、短期間でより多数の観光地をめぐることを意図したものであったと考えられる。

　世界遺産登録10周年を過ぎると、再び「徒歩旅行」が伸長してくる。一方、大手出版社による「聖地・パワースポット」のとらえ方も継続しており、伊勢から熊野までの伊勢路全体を歩行空間としてとらえ、そこに配置された礼拝施設や見所を体験しながら行う徒歩旅行と、伊勢路を物としてとらえ、伊勢路そのものを見る対象として利用する「聖地・パワースポット」の2種類が併存していると考えられる。

　改めて近世の伊勢路の利用方法をみれば、伊勢路は伊勢・熊野・西国観音信仰に基づく巡礼空間としてとらえられており、そこに配置された礼拝施設や見所を体験しながら行う徒歩旅行が行われていた。今日の観光体験においては、信仰や巡礼という情報は必ずしも強調されていない。しかし、今日の「徒歩旅行」を示すガイドブックに従えば、観光者は空間や礼拝施設・見所、観光行動は近世の伊勢路の利用の方法に近く、信仰や性格の異なる起点・終点の情報が適切に追加さ

表70 ガイドブックの傾向と巡礼路の認識

観光の観点からのとらえ方	主に推奨される空間	主に推奨される礼拝施設・見所	主に推奨される行動	主な発行主体	主な発行時期			
					世界遺産登録前	世界遺産登録直後	世界遺産登録5周年以降	世界遺産登録10周年以降
徒歩旅行	全体	個所数多い 日常の見所あり 礼拝施設やや多い	徒歩旅行／歩行	全ての発行主体	○	×	△	○
情報なし	一部	個所数少ない 日常の見所なし 非日常の見所多い	歩行	大手出版社	○	×	×	×
世界遺産	一部／点	日常の見所あり 非日常の見所やや多い	歩行／車移動	大手出版社／その他	×	○	×	△
エリア観光	一部／点	日常の見所あり 非日常の見所やや多い	歩行	行政関係機関／その他	×	○	×	×
聖地・パワースポット	一部／点	個所数少ない 日常の見所なし 非日常の見所多い	歩行／車移動	大手出版社	×	○	○	○

※ ○は該当する、△はやや該当する、×は該当しないことを示す

れれば、伊勢路を巡礼路として認識することは比較的容易であると考えられる。一方、「聖地・パワースポット」としてのとらえ方のガイドブックに従えば、観光者は伊勢路を見る対象としてとらえ、歩行空間としては認識しがたいと思われる。そのため、伊勢路を近世の巡礼空間として認識することは比較的困難であると考えられる。

5 行政が設置したガイダンス施設による事業

1. 本節の背景と目的

　日本において、文化財保護は、文化財の保存と活用を指すものとしてひろく理解されている[239]。また、平成 30（2018）年には地方創生や地域経済活性化への貢献を念頭に文化財保護法が改正され[240]、地域振興などのために文化財を活用しやすくする法改正であるとひろく理解されている[241]。また、文化庁は平成 27（2015）年度から地域活性化を目的とした日本遺産事業[242]を実施するとともに、平成 28（2016）年には「文化財活用・理解促進戦略プログラム 2020」を公表して文化財を「観光資源」と定義し、「文化財をコストセンターからプロフィットセンターへ転換させる」としている[243]。さらに令和 2（2020）年には、「文化の振興を、観光の振興と地域の活性化につなげ、これによる経済効果が文化の振興に再投資される好循環を創出することを目的」として、文化観光拠点施設を中核とした地域における文化観光の推進に関する法律、いわゆる文化観光推進法[244]を施行した。このように、近年、文化庁は文化財の「活用」を推進しており、地域振興や観光振興と、それに伴う経済効果を指向していると考えられる。

　こうした状況に対し、文化財の活用について論じる研究としては、特に活用の効果について論じるものが見られ、地域振興の効果を述べるものとして、観光、知名度向上による伝統的製品の販売促進、信頼の獲得、住民の誇りの醸成、住環境の維持、税制上の優遇などの効果があるとするもの[245]や、個性的な地域づく

---

[239] 文化財保護法第一条「この法律は、文化財を保存し、且つ、その活用を図り、もつて国民の文化的向上に資するとともに、世界文化の進歩に貢献することを目的とする。」
[240] 平成 29 年 5 月 19 日付け 29 庁財 98 号文部科学大臣より文化審議会あて諮問理由「文化財を保存し活用することは、心豊かな国民生活の実現に資することはもとより、個性あふれる地域づくりの礎ともなることから、近年は、地域振興、観光振興等を通じて地方創生や地域経済の活性化にも貢献することが期待されています。」
[241] 時事通信社 2018 年 3 月 6 日「地域振興などのために文化財を活用しやすくする文化財保護法改正案」、毎日新聞 2018 年 4 月 1 日東京朝刊「国指定文化財を活用しやすいよう、市町村に権限を移譲」などの報道があった。
[242] 文化庁ホームページ　https://www.bunka.go.jp/seisaku/bunkazai/nihon_isan/〔2020 年 8 月 12 日更新、2020 年 9 月 1 日閲覧〕
[243] 文化庁文化財部伝統文化課平成 28 年 4 月 26 日付「文化財活用・理解促進戦略プログラム」
[244] 令和 2 年法律第 18 号
[245] 斎藤英俊（2010）：伝統的建造物群保存地区――歴史と文化のまちづくりを担う人たちとともに三五年：月刊文化財 559 号、pp.4-7

りの礎となるとするもの[246]などがあり、観光振興の効果を述べるものには、文化財を観光ビジネスの商材ととらえる主張[247]や、史跡等について観光資源化を図る研究[248, 249]があり、地域振興や観光振興を含め、今後「活用」は多方面に展開するべきと主張するもの[250]もある。一方、文化財の活用と文化財の価値の関係については、保存と活用のバランスを主張するものは早くからあり[251]、活用は「史跡等の価値を正確に知り理解をふかめる上で重要な役割を持つ」とする文化庁の見解[252]のように、活用を価値の伝達とみなす見解がある。近年では、宗教的遺産が観光商品化されることによって宗教的な価値から変容することを指摘する論考[253]や、無形民俗文化財の価値について地域住民と観光客との間での認識の乖離を明らかにした研究[254]など、価値の変容や価値認識の乖離に注目する論考が見られるようになった。さらに、遺産の本来の使い方から大きく外れた使い方は好ましくないとする指摘[255]や、遺産が本来有していた役割を今日においても体験できるような内容にすることで遺産の価値は観光者に認識されるとする研究[256]、文化財の本来のあり方を体感することで文化財がそこに所在することの意義を付与することが出来るとする見解[257]、さらに遺産の価値を「文化遺産が本来

---

246 梅津章子（2010）：文化財の総合的把握と文化財を活かしたまちづくり：月刊文化財 565 号、pp.28-30
247 デービッド・アトキンソン（2015）：「文化財」こそが観光ビジネスの切り札だ：新潮 45（7）399、pp.120-124
248 和泉大樹（2016）：埋蔵文化財（遺跡）活用の目的と実施事業──その研究視点について：阪南論集人文自然科学編 52（1）、pp.75-86
249 和泉大樹（2017）：史跡の活用と博物館──史跡・遺跡の観光資源化への序論：阪南論集人文自然科学編 52（2）、pp.45-54
250 松田陽（2020）：「文化財の活用」の曖昧さと柔軟さ：文化財の活用とは何か、pp.115-125
251 崎谷康文（2002）：文化財保護の新展開：月刊文化財 469 号、pp.39-45
252 文化庁文化財部記念物課（2005）：第 3 章史跡等整備の理念とその実現　第 1 節史跡等の保護と整備の概念：史跡等整備のてびき──保存と活用のためにⅠ総説編・資料編：同成社、pp.60-66
253 小林紀由（2015）：宗教的・文化的ヘリテージの観光財化をめぐって：総合社会科学研究 3（7）、pp.15-26
254 後藤尚紀、中川秀幸（2016）：文化遺産観光研究プロジェクト報告 地方文化財を活かした観光づくり「横手のかまくら」を事例に：国際教養大学アジア地域研究連携機構研究紀要（3）、pp.51-61
255 西村幸夫（2016）：熊野古道をめぐる議論「顕著で普遍的な価値」と今後の論点：神々が宿る聖地世界遺産熊野古道と紀伊山地の霊場、pp.156-174
256 伊themes文彦、伊藤弘、武正憲（2019）：巡礼体験との関係からみた文化遺産「熊野参詣道伊勢路」の推奨される観光に関する研究：ランドスケープ研究 82（5）、pp.583-588

有していた役割や意味」とし、観光者が体験・体現することで良好な観光コンテンツとなるのみならず、文化遺産の諸要素を再構築できることを示唆する研究が見られる[258]。これらは、文化遺産本来の使い方や有していた意味・役割を「遺産の価値」ととらえ、それを体験した場合、「保存」に資する「活用」となる可能性を示すものである。

そこで本節においては、今日行われている文化遺産の「活用事業」が、「文化遺産が本来有していた役割や意味」を見出すことが可能かどうかを検討し、遺産の保存に資する活用事業の構築方法を明らかにすることを目的とする。検討対象は、伊勢路とし、そのガイダンス施設で行われている「活用事業」を抽出し、活用事業の参加者が、伊勢路が本来有していた役割や意味を見出すことが可能かどうかを検討するとともに、ガイダンス施設がそれら活用事業を実施することになった経緯を踏まえて、遺産保護に資する活用事業の構築方法を検討する。

2. 研究方法

文化遺産としての「熊野参詣道伊勢路」にかかる「活用事業」を検討するためには、如何なる事業が「活用事業」に該当するのかを特定する必要がある。しかし、文化遺産の「活用」は多様な主体が実施しているものと考えられ、それら全てを把握することは難しい。そこで、調査の対象は、伊勢路の主な所在地である三重県が「世界の文化遺産として登録された「紀伊山地の霊場と参詣道」のうち三重県内の指定地に関する歴史、自然、文化等を紹介するとともに、人及び情報の交流を通じて地域の振興に寄与」[259]することを目的として三重県尾鷲市に設置した三重県立熊野古道センター（以下、センター）（図84）の実施する事業とした。その上で、分析対象とする事業は、センターの機関紙である「三重県立熊野古道センターからのてがみ」(vol.1 ～ 54)に掲載されている主催・共催事業とした。この機関紙はセンター設置から現在に至るまで継続して発刊されていることに加え、1年に4回発刊されていて、1年間の活動がほぼ網羅されていると考えられる。また、機関紙の配布対象は一般利用者であり、センターが周知・募集を行うべき事業を掲載しているとみられる。以上のことから、当該機関紙を分析対象とする

257 　村上裕道（2019）：「文化財保存活用計画」を活かす：月刊文化財 674号、pp.4-7
258 　伊藤弘、(2019)：世界遺産を活かす観光地整備：月刊考古学ジャーナル No.726、pp.35-37
259 　三重県立熊野古道センター条例（平成十八年三月二十八日三重県条例第四号）

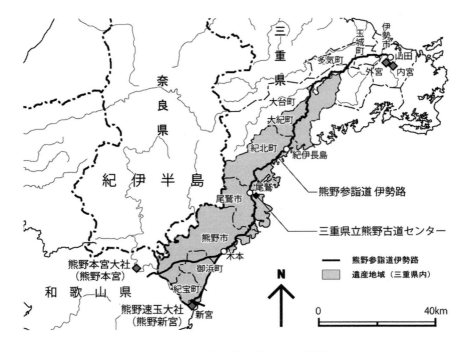

図 84　三重県立熊野古道センター位置図

ことが適当と考えられる。ただし、当該機関紙には同一事業を複数回紹介するものが存在したことから、重複するものは除外した。

　次いで、事業の内容を把握するため、前節と同様に、提示する情報、空間、対象物、行動を把握した。

　まず、情報については、各事業に付されているタイトルの文字情報から把握した。事業のタイトルは、書体や大きさ、色調を変化させることでで、参加候補者が最初に目にするようにされており、各事業の内容を端的に伝える字句が選ばれているとみられるもので、各事業の提示する情報を把握するのに適していると考えられる。そこで、各事業のタイトルの文字情報を抽出し、フリーソフトのテキストマイニングソフトである KH Coder[260] を用いて、似通った語を含む事業タイトルをクラスター分析によって分類し、そこに含まれる特徴語から各グループの情報の特徴を把握した。手順は、それぞれの事業タイトルに含まれる語を抽出し、

260　樋口耕一（2014）：社会調査のための計量テキスト分析：ナカニシヤ出版，p.237

その語の出現数によってクラスター分析を実施した。対象とする語はすべての品詞とし、強制抽出する語として、本分析においてきわめて重要な「世界遺産」「伊勢路」「参詣道」「東紀州」「熊野古道センター」「熊野参詣道」「熊野古道」「熊野三山」に加え、ソフトが複数の品詞として集計したり、固有名詞を分解して集計したりすることのある語を指定した[261]。次に、Ward 法を用いてクラスター分析を行い、距離係数には、集合に含まれている要素のうち共通要素が占める割合から集合の類似度を示す Jaccard 係数を選択した。なお、クラスター数については、クラスター数が多くなりすぎず分析結果の解釈の容易さを念頭に、最大 10 程度を目安とし、さらにクラスターの結合水準についてはクラスター数 9 から 8 の間にやや大きな変化が見られたことから、クラスター数として 8 を指定した。さらに、各クラスターで得られた抽出語から Jaccard 係数を用いてクラスターにおける特徴語を抽出し、それによってクラスターの意味づけを行った。加えて、各クラスターの特徴語にかかる共起ネットワーク分析を用いて、共起の程度が強い語群を把握し、事業詳細についても確認して、各クラスターの事業が強調している情報を具体的に把握した。

次に、空間については、事業中で利用する空間が伊勢路である場合には［巡礼路］、センターで開催する場合は［ガイダンス施設］、世界遺産に登録された伊勢路およびその他の熊野参詣道（中辺路、大辺路、小辺路、大峯奥駈道）の所在する市町村で行う場合には、［遺産地域］、そうでない場合には［遺産地域外］、開催地が不明の場合は［不明］とした。

対象物については、第Ⅴ章で巡礼旅を確認するうえで道空間に配置された礼拝施設や見所が重要な役割を果たしていたことが把握されている[262]ことをふまえ、事業において注目されている対象物を抽出した。対象物は先行研究を参考に[263,264]、〈環境〉〈動植物〉〈道〉〈礼拝施設・見所〉〈営み〉〈人物〉〈食物〉〈物品〉

---

261 指定した語は次のとおり。熊野市、熊野灘、熊野川、熊野、渡利、北山道、千穂ヶ峰、丸山千枚田、池阪、紀宝町、逢川、クマノ、大辺路、小辺路、尾鷲市、尾鷲、速玉大社、大馬神社、牡蠣、地鶏、あまご、料理、開創、国有林、ワンコイン、ギャラリートーク、上村眞由、翠舟、東基石、清水千佳子
262 伊勢文彦・伊藤弘・武正憲（2017）：熊野参詣道伊勢路における巡礼空間の装置性：ランドスケープ研究 80 (5)、pp.589-592
263 伊藤弘（2011）：近代の松島における風景地の整備と眺めの関係：ランドスケープ研究 74 (5)、pp.769-772
264 田代江太郎、伊藤弘（2020）：観光における二社一寺と東町の関係：ランドスケープ研究 83 (5)、pp.697-702

〈設置物〉に分類して把握した。

　さらに、事業が参加者に期待する行動については、収集したデータの中で約 9 割を占めた【作る】【食べる】【聞く】【見る】【撮る】【描く】【する】【とる】【学ぶ】【観察する】【乗る】【歩く】と、【その他】に分類した。

　なお、1 つの事業において、事業にかかる空間・対象・行動が複数存在している場合には、各該当項目に 1 を加算して該当数を把握した。その結果、空間・対象・行動のいずれも、その合計数は分析対象事業数を上回っている。

　さらに、熊野古道センターが事業を実施することになった背景を検討するため、センターの運営状況を把握する。まず、地図からセンターの立地を把握する。次いで、運営状況を把握するため、世界遺産登録前に設置に向けて検討され平成 15（2003）年に策定された「三重県熊野古道センター（仮称）基本構想（以下、「基本構想」）[265]、センター設置の法的根拠となった平成 18（2006）年制定の三重県立熊野古道センター条例[266]（以下、「条例」）」、設置後に条例に基づき、指定管理者を決定する際に提示された指定管理者の募集要項[267]（以下、「募集要項」）から、センターの設置目的、期待される機能を把握する。なお、センターの運営は、設置後一貫して「東紀州 5 市町在住の「熊野古道」に関する自然・歴史・文化を守り発展させるさまざまな団体の責任者や構成員で組織され」た「特定非営利活動法人熊野古道自然・歴史・文化ネットワーク」が受託しており[268]変化していない。

　最後に、近世の巡礼者の巡礼旅における情報、空間、対象物、行動と、これら事業が提示する情報、空間、対象物、行動を、内容を考慮して比較し、事業の参加者が、伊勢路が本来有していた役割や意味を見出すことが可能かどうかを検討し、センターの管理運営方法を踏まえて、遺産保護に資する文化遺産の「活用事業」の構築方法を考察する。

265　三重県：三重県熊野古道センター（仮称）基本構想：三重県ホームページ　https://www.pref.mie.lg.jp/kishup/hp/center/concept/index.htm［更新日不明、2020 年 9 月 1 日閲覧］
266　三重県立熊野古道センター条例（平成十八年三月二十八日三重県条例第四号）
267　募集要項は平成 21 年募集時のものと令和元年募集時ものがホームページで閲覧でき、ここでは平成 21 年募集時のファイルを分析対象とした。三重県：三重県立熊野古道センター指定管理者募集情報：三重県ホームページ　https://www.pref.mie.lg.jp/HKISHU/HP/44536016411.htm［更新日不明、2020 年 9 月 1 日閲覧］
268　三重県立熊野古道センター：指定管理者について：三重県立熊野古道センターホームページ　https://kumanokodocenter.com/about/organization/［更新日不明、2020 年 9 月 1 日閲覧］

3. 結果

(1) センターの事業
1) センターの事業が提示する情報

センターの機関紙である「三重県立熊野古道センターからのてがみ」(vol.1～54) に掲載されている主催・共催事業から、明確に重複する分を除外した事業総数は722件となった。

テキストマイニングの結果をクラスター分析した結果、クラスター1は45件、クラスター2には35件、クラスター3には148件、クラスター4には89件、クラスター5には63件、クラスター6には167件、クラスター7には50件、クラスター8には120件が該当した（表71）。ただし、5件が分類不可となったことから、今回の分析対象から除外し、分析対象数は717件となった。

次に各クラスターの特徴的な抽出語からクラスターの意味を解釈した。

まず、クラスター1では、「四季」「味わう」「料理」「東紀州」「教室」等の語が上位に見られたことから、「料理教室」を示すと解釈された。次いで、クラスター1で抽出された特徴語について、共起ネットワーク分析を行ったところ、「渡利牡蠣」「紀和牛」「岩清水豚」「サザエ」「マダイ」「牛乳」といった語を含む語群が見られ、遺産地域の特徴的な食材や料理を紹介する内容をもつと読み取れた。実際の事業の詳細説明においては、「東紀州の特産品を使用した料理教室です。今回は、尾鷲市九鬼町でお正月に開催される鰤祭りにちなんで、旬のブリと、大紀町の大内山牛乳を使用したメニューを予定しています。」（平成20（2008）年12月10日vol.9）や「東紀州の旬の食材や特産品を使った大人気の料理教室です。あなたも東紀州の味覚を味わってみませんか？」（平成23（2011）年6月20日vol.19）といった紹介が見られ、「遺産地域の食材」が強調される様子が看取された。

クラスター2は「自然」「学校」「植物」「学ぶ」等の語が上位に見られたことから「自然学習」を示すと解釈された。また、共起ネットワーク分析の結果、「紀伊半島」「銚子川」「大又川」「七里御浜」といった遺産地域の地名、「川」「滝」「海」「化石」「地質」、動物や植物の名称など、自然を構成するさまざまな要素を含む語群が認められた。実際の事業の詳細説明においては、「横垣峠の登り口近くにある、県指定天然記念物のイヌマキ（樹齢600年）や原地神社の巨木、不動滝まで散策しながら秋の動植物を観察してみませんか？」（平成22（2010）年6月21日vol.15）、「身近に見られるサギ類、ホオジロなどの野鳥を観察します。渡り

表 71　事業タイトルのクラスターごとの特徴語

料理教室 n=45			自然学習 n=35			体験教室 n=148			講座・講演 n=89		
抽出語	出現頻度 (出現数)	Jaccard 係数	抽出語	出現頻度 (出現数)	Jaccard 係数	抽出語	出現頻度 (出現数)	Jaccard 係数	抽出語	出現頻度 (出現数)	Jaccard 係数
四季	45	1.0000	自然	35	0.8333	教室	132	0.6055	講座	86	0.8776
味わう	45	0.9375	学校	34	0.6071	体験	139	0.5966	講演	83	0.7685
料理	45	0.8654	植物	12	0.2927	学習	89	0.4541	連続	23	0.2556
東紀州	45	0.8036	学ぶ	11	0.2683	アート	41	0.2547	解く	12	0.1348
教室	45	0.2228	観察	10	0.2500	場	25	0.1689	比丘尼	9	0.1011
学習	25	0.1592	コケ	5	0.1429	木工	23	0.1523	絵	9	0.1011
体験	31	0.1303	熊野古道	21	0.1329	日曜日	22	0.1486	曼荼羅	9	0.1011
クリスマス	5	0.1087	学習	20	0.1316	毎週	21	0.1419	古文書	9	0.0989
行楽	4	0.0889	体験	29	0.1261	作家	21	0.1419	熊野古道	20	0.0939
弁当	4	0.0889	化石	4	0.1143	事前	19	0.1284	熊野	16	0.0804

鳥のオオヨシキリや翡翠色を帯び「川の宝石」といわれるカワセミなども見られます。」（平成 30（2018）年 3 月 10 日刊行 vol.46）などの紹介が見られ、地形や植物、動物など自然の諸要素が強調されている様子が看取された。

　クラスター 3 は「教室」「体験」「学習」「アート」「木工」等の語が上位に見られ、「体験教室」を示すと解釈された。また、共起ネットワーク分析においては、「ヒノキ」「アラカシ」「木」「木工」を含む語群が見られ、実際の事業の詳細説明においては、「地域の特産品である尾鷲ヒノキを削ってできる魔法の素材、ヒノキシートを使い、2014 年の干支『午』の正月飾りをつくります。」（平成 26（2013）年 12 月 8 日 vol.29）や「地元の特産品である尾鷲ヒノキを使って、玄関やお部屋に飾れる干支の飾物を作ります」（平成 28（2016）年 12 月 10 日 vol.41）といった紹介が見られたことから、遺産地域の特産品が強調されていると考えられた。

　クラスター 4 は、「講座」「講演」が上位にあり、「講座・講演」を示すと解釈された。また、共起ネットワーク分析においては、「旅人」「道中」など巡礼に関連する語や「紀伊山地」「高野山」「信仰」「比丘尼」「絵解き」「古文書」といった広く熊野参詣道の歴史や文化に関わる語を含む語群が認められた。実際の事業の詳細説明においては、「昔の旅日記などを通じて、熊野古道周辺の歴史に親しむ講座。今回は難所・八鬼山を越えた人々の苦労に思いを馳せます。」（平成 19（2007）

新しい古道歩き n=63			展覧会 n=167			交流イベント n=50			世界遺産 n=120		
抽出語	出現頻度(出現数)	Jaccard係数	抽出語	出現頻度(出現数)	Jaccard係数	抽出語	出現頻度(出現数)	Jaccard係数	抽出語	出現頻度(出現数)	Jaccard係数
新しい	63	0.8873	企画	142	0.5820	交流	34	0.6182	熊野古道	75	0.3968
古道	58	0.7532	熊野	70	0.3139	イベント	47	0.6104	記念	48	0.3636
歩き	49	0.7313	特別	53	0.3099	コンサート	13	0.2549	世界遺産	39	0.3023
歩く	23	0.2911	付属	49	0.2526	その他	10	0.1563	写真	37	0.2937
訪ねる	10	0.1493	展示	37	0.2189	熊野古道センター	9	0.1139	登録	31	0.2480
道	12	0.1277	事業	23	0.1299	多彩	5	0.1000	企画	67	0.2463
海	8	0.1013	作品	15	0.0802	描く	5	0.0893	道	23	0.1643
里	6	0.0952	シリーズ	13	0.0739	新宿	4	0.0800	伊勢路	17	0.1382
旅	7	0.0946	熊野灘	12	0.0719	ワンコイン	4	0.0800	作品	18	0.1314
トレッキング	6	0.0938	ギャラリートーク	12	0.0706	ゴールデンウィーク	4	0.0800	開館	16	0.1311

年12月5日vol.5)、「世界遺産「紀伊山地の霊場と参詣道」に関わる山岳信仰と観音信仰の融合をテーマに、熊野参詣道に更なる理解を深めてもらうことを目的として、幅広い分野で活躍中のパネラーを迎え対談形式によるシンポジウムを開催します。」(平成28 (2016) 年12月10日vol.41) 等の内容があり、近世以前の巡礼など文化遺産としての熊野参詣道が強調されていた。クラスター5は「新しい」「古道」「歩き」「歩く」が上位に見られ、「新しい古道歩き」を示すと解釈された。共起ネットワーク分析においては、「始神」「馬越」「横垣」「風伝峠」といった巡礼路の一部を示す名称や「尾鷲」「新宮」といった巡礼路沿道の地名を含む語群が認められる一方で、「赤倉」「古和谷」「矢ノ川」「須賀利」「梶賀」「須野」「育生」「九鬼」「丸山千枚田」「北山道」といった巡礼路からはずれた遺産地域内の地名を含む語群が認められた。実際の事業の詳細説明においては、「民話の世界そのままの風景が今も残る育生町赤倉の里(熊野市)を巡り、民話の舞台や里の歴史・文化を体感するツアーです。」(平成19 (2007) 年9月5日vol.4) や「須賀利町にある国指定天然記念物の海跡湖・須賀利大池を訪れ、沖波堆積物や大池周辺の自然について理解を深めます。」(平成25 (2013) 年6月20日vol.27) 等があって、巡礼路からはずれた遺産地域の暮らしや自然を強調していることが理解される。

クラスター 6 は「企画」「特別」「展示」が上位に見られたことから「展覧会」を示すと解釈された。共起ネットワーク分析においては、「伝統」「職人」「祭り」といった地域の営みに関する語や、「廻船」「船」「海運」「海」「熊野灘」といった海に関連する語、「気象」や「生きもの」など自然に関する語などを含む語群が認められた。実際の事業の詳細説明においては、「熊野では昔から、その風土を象徴する様々な職人による生業が自然の恵みの下に営まれてきました。本企画展ではわっぱ職人、川船大工、大漁旗職人、鍛冶屋などなど熊野の匠（職人）たちとその技を紹介し、熊野人の暮らしを支えてきた質朴かつ精巧な工芸品の数々を一堂に紹介します。匠の素顔と気質、そして彼らの世代を超えた営みが、古今の熊野文化を垣間見せてくれることでしょう。」（平成 20（2008）年 6 月 20 日 vol.7）、「熊野のアーティストを毎年シリーズで紹介します。第 1 回目は、ダイナミックな人物像と熊野との融合を追求する新谷武文氏の世界観あふれる独創的な油絵、熊野灘で釣り上げた魚でリアルさと美しさを表現する山本貴也氏のアート魚拓、使い心地を一番に考える家具職人、竹内健悟氏のシンプルで温かみのある家具や小物作品を展示します。」（平成 27（2015）年 3 月 15 日 vol.34）などが見られ、内容は遺産地域のさまざまな事物やそこで暮らす人々の情報が強調されていることが理解された。

　クラスター 7 は「交流」「イベント」「コンサート」が上位に見られ、「交流イベント」を示すと解釈された。共起ネットワーク分析では、「ジャズ」「クラシック」「四重奏」「ハーモニー」「響き」といった音楽に関するものを含む語群が多く、「スケッチ」などの絵画、陶芸を示唆する「陶」を含む語群、茶道を示唆する「裏千家」を含む語群など、芸術にかかる語が多く認められた。実際の事業の詳細説明においては、「フリーセン弦楽四重奏団＆田中雅樹による演奏会を開催します。新日本フィルハーモニー交響団所属のメンバーが中心の本格的なクラシックです。臨場感溢れる演奏をお楽しみください。」（平成 24（2012）年 9 月 1 日 vol.24）、「ダイナミックな人物像と熊野との融合をテーマに独自の世界観を描く画家新谷武文氏を溝師に迎え、熊野古道や周辺の漁港、町並みの風景を透明水彩画で描くスケッチツアーを開催します。」（平成 29（2017）年 3 月 10 日 vol.42）といったものが見られ、芸術の情報が強調されていた。

　クラスター 8 は「熊野古道」「記念」「世界遺産」「登録」が上位に見られたことから、「世界遺産」を示すと解釈された。共起ネットワーク分析では「絵画」「アーティスト」「彫刻」「フォトコンテスト」といった語や「海上翠舟」「清水重蔵」「竹

内敏信」といった書家、写真家等芸術家の氏名を含む語群が認められた。加えて「伊勢」「大辺路」「サンティアゴ」「コンポステーラ」といった熊野参詣道や類似する他の世界遺産と関連する語も含まれる語群も認められた。実際の事業の詳細説明においては、「熊野古道と同じく、巡礼道の世界遺産に登録されているサンティアゴ・デ・コンポステーラへの道を取り上げます。年間約10万人以上が訪れる巡礼道の魅力に迫ります。」(平成23 (2011) 年12月4日vol.21)、「三重県立熊野古道センター開館10周年を記念し、熊野古道フォトコンテストを開催します。東紀州にある熊野古道伊勢路や世界遺産登録史跡の魅力を表現した自慢の作品をご応募ください！」(平成28 (2016) 年6月10日vol.39)といった内容が認められ、世界遺産に関連する事物が強調されていると考えられる。

　以上の結果、事業のタイトルが示す情報は、「料理教室」(n=45)、「自然学習」(n=35)、「体験教室」(n=148)、「講座・講演」(n=89)、「新しい古道歩き」(n=63)、「展覧会」(n=167)、「交流イベント」(n=50)、「世界遺産」(n=120)に分類された。また、「料理教室」においては遺産地域の食材が、「自然学習」においては自然を構成する諸要素が、「体験教室」では遺産地域の特産品が、「講座・講演」では文化遺産としての熊野参詣道が、「新しい古道歩き」では遺産地域の暮らしや自然が、「展覧会」においては遺産地域の事物や人々が、「交流イベント」では芸術が、「世界遺産」では世界遺産に関連する事物が、それぞれ強調されていることが把握された。

2) 事業にかかる空間、対象物、行動

　次に、事業にかかる空間、対象物、行動を把握する。

　まず、事業を実施する空間については、［巡礼路］45件、［遺産地域］133件、［ガイダンス施設］561件、［遺産地域外］2件、［不明］1件が認められた。また、事業の対象物については、〈環境〉38件、〈営み〉56件、〈道〉46件、〈礼拝施設・見所〉5件、〈動植物〉84件、〈人物〉138件、〈設置物〉181件、〈物品〉174件、〈食物〉74件であり、1つの事業で複数の対象物を設定しているものも多く認められた。さらに、事業で参加者に促す行動については、【見る】226件、【作る】224件、【聞く】143件、【歩く】78件、【食べる】64件、【撮る】21件、【観察する】20件、【学ぶ】13件、【描く】11件、【する】11件、【とる】10件、【乗る】10件、と【その他】49件となった。その他に分類された動詞はいずれも5件以下の少数だった。

3）事業の提示する情報と空間、対象物、行動の関係

　さらに、事業の提示する情報と、空間、対象物、行動の関係を検討する。まず、空間との関係を見ると（**図85**）、「料理教室」「体験教室」「展覧会」の情報を示す事業は、ほとんどすべての事業が［ガイダンス施設］で行われていた。また、「世界遺産」「交流イベント」「講座・講演」の情報を示す事業は、20 〜 30％の事業が［巡礼路］もしくは［遺産地域］で開催されていたものの、その残りのほとんどが［ガイダンス施設］で行われていた。一方、「自然学習」「新しい古道歩き」の情報を示す事業は、15 〜 20％の事業が［巡礼路］で行われ、残りのほとんどが［遺産地域］で行われていた。

　また、対象物との関係を見ると（**図86**）、「料理教室」「体験教室」の情報を示す事業はそれぞれ、〈食物〉〈物品〉がほとんどを占めていた。「展覧会」「世界遺産」の情報を示す事業は、〈設置物〉が最も多く、〈人物〉がこれに次ぐ。「交流イベント」「講座・講演」の情報を示す事業では、逆に〈人物〉が最も多く、〈設置物〉がこれに次ぐ。「自然学習」の情報を示す事業では、ほとんどが動植物対象である一方、「新しい古道歩き」では、〈営み〉〈道〉〈環境〉〈動植物〉の順に多く、近世の巡礼者が注目していた〈礼拝施設・見所〉はほとんど対象となっていなかった。

　さらに行動との関係を見ると（**図87**）、「料理教室」「体験教室」の情報を示す事業では、【作る】【食べる】がほとんどを占めていた。これに対し、「展覧会」「世界遺産」の情報を示す事業では、【見る】が最も多く、【聞く】がこれに次ぐ。逆に、「交流イベント」「講座・講演」では【聞く】が最多となり、【見る】がこれに次ぐ。「自然学習」では【観察する】【歩く】【学ぶ】で過半数を占め、「新しい古道歩き」では【歩く】が半数を占め、【見る】がそれに次ぐ。

　以上の分析から、センターが実施する事業は次のような傾向があることが読み取れた（**表72**）。まず、「料理教室」「体験教室」の情報を示す一群があり、これらは［ガイダンス施設］において〈食物〉や〈物品〉を対象として、【作る】、【食べる】行動を促していた。次いで「展覧会」「世界遺産」「交流イベント」「講座・講演」の情報を示す一群があり、一部［遺産地域］や［巡礼路］を含みながらも［ガイダンス施設］を中心に開催され、〈人物〉や〈設置物〉を対象に、【見る】、【聞く】動作を促していた。さらに、「自然学習」「新しい古道歩き」の情報を示す一群があり、これらは［遺産地域］［巡礼路］において開催され、〈営み〉〈道〉〈動植物〉〈環境〉などを対象として、【歩く】【観察する】【見る】といった行動を促していた。

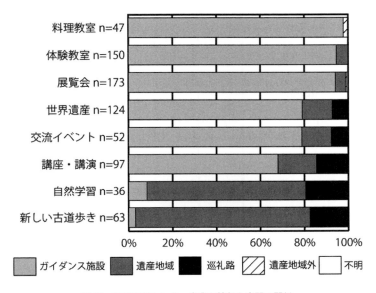

図 85 熊野古道センター事業の情報と空間の関係

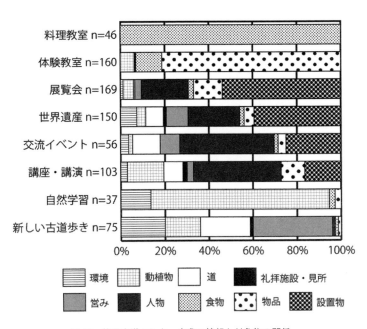

図 86 熊野古道センター事業の情報と対象物の関係

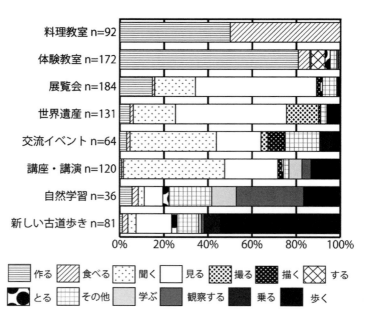

図 87　熊野古道センター事業の情報と行動の関係

表 72　熊野古道センター活用事業の傾向

タイトルが示す情報 （強調される情報）	事業 実施数	事業を実施する 主な空間	事業の主な対象物	事業が参加者に 促す主な行動
料理教室（遺産地域の食材）	45 件	ガイダンス施設	食物	作る、食べる
体験教室（遺産地域の特産品）	148 件	ガイダンス施設	物品	作る
展覧会（遺産地域の事物や人々）	167 件	ガイダンス施設	設置物 人物	見る、聞く
世界遺産（世界遺産関連の事物）	120 件	ガイダンス施設 （＋遺産地域・巡礼路）	人物 設置物	見る、聞く
交流イベント（芸術）	50 件	ガイダンス施設 （＋遺産地域・巡礼路）	人物 設置物	聞く、見る
講座・講演 （文化遺産としての熊野参詣道）	89 件	ガイダンス施設 （＋遺産地域・巡礼路）	人物、設置物、 動植物	聞く、見る
自然学習（自然の諸要素）	35 件	遺産地域、巡礼路	動植物 環境	歩く、観察する、学ぶ
新しい古道歩き （遺産地域の暮らしや自然）	63 件	遺産地域、巡礼路	営み、道、動植物、 環境	歩く、見る

(2) センターの運営状況

　まず、立地についてみると、センターは三重県尾鷲市向井 12-4 に所在している。遺産地域に所在するが、熊野参詣道沿道からは外れており、最も近い世界遺産登録区間の八鬼山道登り口から 1.3 キロメートル、ホテルや飲食店の立地する尾鷲市街の中心にあたる JR 尾鷲駅からは 3.5 キロメートルの距離にある。

　次いで設置目的は、「基本構想」においては、「「熊野古道」を保全し活用していくための中核となる施設」であり、「「紀伊山地の霊場と参詣道」における、東側の玄関口」としての機能をもたせるとされている。また「熊野古道・東紀州の魅力を情報発信」という文言もみえ、情報発信拠点とすることも意図されている。一方「条例」においては、「世界の文化遺産として登録された「紀伊山地の霊場と参詣道」のうち三重県内の指定地に関する歴史、自然、文化等を紹介するとともに、人及び情報の交流を通じて地域の振興に寄与する」としており、世界遺産の情報紹介と、交流による地域振興が謳われているのみで、保全・活用の拠点には触れられていない。また、「募集要項」における設置目的は「条例」と同一である。つまり設置目的については、「基本構想」の段階では「保全・活用」「世界遺産のエントランス」「熊野古道・東紀州の魅力発信」であったのに対し、「条例」の段階においては「保全・活用」が欠落し、「地域振興への寄与」が追加されるように変化している。

　さらに、センターの機能については、「基本計画」においては、「情報発信機能：全ての来訪者・利用者をあたたかく迎え、安らぎ・知り・交流でき、古道や東紀州地域を紹介する総合窓口、管理、運営の本部機能を設定する。」、「研究・保存機能：世界遺産としての周知、古道の研究・学習・研修・展示を行い、古道全域の保全と活用を行う機能を設定する。」、「交流機能：古道に関する様々な活動団体の研修・会議・交流等の場としての機能、東紀州地域の生活文化等を体験できる機能を設定する。」としており、情報発信、研究・保存、交流・体験とされている。「条例」においては、「一　熊野古道の歴史、自然及び文化に関する資料の収集、保管及び展示に関すること。二　熊野古道及びその周辺地域に関する情報の収集及び提供に関すること。三　交流会、体験学習会等人及び情報の交流の促進を図る事業　四　前三号に掲げるもののほか、前条に規定する目的を達成するために必要な事業」となっており、研究・保存、情報発信、交流・体験として、ほぼ「基本構想」を踏襲した内容となっている。一方「募集要項」においては、センターの事業の実施に関する業務として、①情報収集・集積、②交流、③情報発信、④窓口機能、

⑤その他が挙げられ、②交流については、「ア 東紀州地域内外との交流イベントに関する業務　熊野古道及びその周辺地域に関する交流イベントの開催、支援を行うことで東紀州地域内外の人々の交流を促進してください。」とあって、「基本構想」における「古道に関する様々な活動団体の研修・会議・交流等の場としての機能」からは変化している。また、③情報発信については、「カ 集客・広報活動に関する業務（ア）熊野古道やセンターへの集客・広報活動に下記のとおり積極的に取り組んでください。」とあって、「基本構想」や「条例」ではなかった利用者数の増加を図るよう指示されている。なお、このことは、募集要項において、施設稼働率と事業参加者数が数値として成果目標に掲げられ明確化されていた。

　以上のように、センターは熊野参詣道沿道から外れて立地し、その事業は情報発信と地域振興を目的として、世界遺産や遺産地域の情報を提供し、センターの利用者数の増加を意図した事業を展開しているものと考えられる。

4. 考察

　センターの「活用事業」は、遺産地域の人物・事物の情報や、文化遺産の情報、芸術が強調され、主にガイダンス施設において、食物や物品、人物、設置物等を対象に、作る、食べる、見る、聞く、といった行動を促していた。また、遺産地域・巡礼路で行う事業は地域の諸要素を対象に、歩く、観察する、見るといった行動を促していた。これらはいずれも世界遺産としての伊勢路と、それをとりまく遺産地域の「自然・歴史・文化」等の「情報」を伝達するための工夫であると考えられる。また芸術は、芸術の楽しさにより、幅広い人々の参加を促すための工夫であると考えられる。このように、センターの活用事業は、遺産地域や文化遺産の情報を何らか対象物と行動をとおして伝達しようとし、また、より多くの人々を事業に参画させることを意図しているものと考えられる。こうした事業設計の背景には、センターの運営状況があると思われる。指定管理者は、三重県から熊野古道及びその周辺地域に関する情報を提供するとともに、施設の稼働率や事業参加者数の成果目標を達成することを求められていた。このため、広く遺産地域で事業を展開するとともに、情報をより広範な人々に伝達しようとしたと考えられ、こうした募集要項に従った活動は十分に成功していると考えられる。

　一方で、文化遺産としての伊勢路における巡礼体験については、ほとんど考慮されていないと考えられる。江戸時代の巡礼者は、「観音信仰」という情報をもとに、伊勢から熊野までの地形など自然環境に即した［巡礼路］全体の空間を、〈礼

拝施設・見所〉で気分を刷新しながら【歩く】ことで、巡礼空間に対し、信仰という意味的価値、伊勢と熊野を結ぶ機能的価値、巡礼を促す文脈的価値を見出していた（第Ⅱ章第3節）。センターが実施する活用事業は、遺産地域の人物・事物、文化遺産、芸術といった情報を、主にガイダンス施設において、往時の巡礼者とは大きく異なる対象物、行動によって伝達することを意図しており、参加者が見出す価値は「文化遺産の所在地域」という意味的価値と考えられる。すなわち、活用事業の参加者は体験によって伊勢路が本来有していた役割や意味を見出すことに成功しているとは言いがたいといえる。

6 現代の観光者や地域住民、行政が「熊野参詣道伊勢路」に見出した価値

　本章においては、文化遺産「熊野参詣道伊勢路」沿道の行政、地域住民、そこを訪問する観光者と世界遺産センターが、文化遺産「熊野参詣道伊勢路」とみなして、法的保護対象・管理運営対象・観光対象・活用対象として認識している空間と諸要素について把握した。

　まず、第2節では行政（文化財保護部局）が保護の指針としている『世界遺産「紀伊山地の霊場と参詣道」保存管理計画』から、文化遺産「熊野参詣道伊勢路」として保護の対象としている空間と諸要素について解明した。その結果、現状変更の制限の基準に端緒をもつ記念物の保存管理計画においては、考古学的証拠が存する範囲のみが史跡等に指定されて保存管理の方法が示されており、その方法は現状保存と整備を基本としていた。また世界遺産登録後に策定された整備計画は、実質上史跡指定範囲の峠道部分のみを対象としていた。このように、伊勢路が本来構成要素として有していた空間と諸要素のうち、考古学的証拠の存する限定的な部分のみが法的保護の対象となっていることが判明した。

　次いで第3節では、地域住民と行政が協働で策定したとされる『熊野古道AP』を対象に、管理運営計画の変化を明らかにし、管理運営の対象となる遺産を取り巻く状況の変化と計画策定における地域住民の関わり方の関係から考察し、文化遺産「熊野参詣道伊勢路」に対して行政と地域住民が保護と利用の対象とみなす空間と諸要素について解明した。その結果、熊野古道AP1・熊野古道AP2においては、世界遺産に登録される巡礼路というコンセプトをもとに、策定参加者は文化遺産「熊野参詣道伊勢路」の管理運営対象となる空間を、伊勢から

熊野までの全体としてとらえていた。しかし、熊野古道 AP3 以降、その内容は観光者数の増加を図るものへと変化した結果、巡礼路というコンセプトは大きく後退し、策定参加者は文化遺産「熊野参詣道伊勢路」の管理運営対象となる空間を、伊勢から熊野までの道等のうち世界遺産登録区間という極めて限定的な部分としてとらえるように変化していた。

　第4節では、文化遺産「熊野参詣道伊勢路」の観光利用について、ガイドブックが提示する観光の観点からのとらえ方と、観光行動の変遷から把握し、文化遺産「熊野参詣道伊勢路」に対して観光者が見出した観光対象となる空間と諸要素を解明した。その結果、今日の観光体験においては、「徒歩旅行」という情報を示すガイドブックにおいては、空間としては、伊勢神宮から熊野三山までの全域を利用し、その空間に配置されている礼拝施設や見所の多くを対象として認識することができる状況にあり、信仰や巡礼という情報を適切に追加し、起点と終点を明示すれば巡礼路として認識されうることが判明した。これに対し、「聖地・パワースポット」としてのとらえ方においては、文化遺産「熊野参詣道伊勢路」は見る対象物として扱われ、歩行空間としては認識されていなかった。

　さらに第5節では世界遺産のガイダンス施設である熊野古道センターの実施するイベントから、センターが「熊野参詣道伊勢路」とみなした空間と諸要素を解明した。その結果、今日のイベントは、ほとんどがセンターの施設において行われており、対象物も地域の事物とし、行動も見る・聞くが中心となるなど、巡礼路の空間・対象物・行為に即したものはほとんど行われていなかった。

　このように、行政（文化財保護部局・地域振興部局）、地域住民、観光者、世界遺産センターが文化遺産「熊野参詣道伊勢路」とみなしている空間と諸要素が判明した。行政（文化財保護部局）が保護の対象としていたのは、考古学的証拠の残存する部分のみであった。そのため、伊勢から熊野まで全長約160キロメートルの巡礼道のうち、32.9キロメートルの区間が細切れに保護の対象となっており、ほとんどの礼拝施設や見所も保護の対象となっていなかった。このことから、17世紀から19世紀の伊勢路の空間と諸要素に比較して、限定的であった。次に地域住民や行政（地域振興部局）が管理運営の対象としていた空間は、時間とともに変化していた。世界遺産登録10周年以前は、伊勢から熊野までの全体としてとらえ、コンセプトとしての巡礼体験を重視していた。しかし、熊野古道 AP3 以降、世界遺産登録区間という極めて限定的な部分としてとらえるように変化した。このことから、空間と諸要素は世界遺産登録10周年以前は17世紀から19

世紀の伊勢路の空間と諸要素に近かったものが、熊野古道 AP3 以降は限定的なものへと変化していた。一方、観光者が観光の対象とみなす空間と諸要素も時間とともに変化していた。世界遺産登録以前は、「徒歩旅行」の情報をしめすガイドブックが優勢で、これに従えば空間は伊勢から熊野までの区間で、礼拝施設や見所も紹介されていたが、世界遺産登録以降に優勢となる「聖地・パワースポット」の情報を示すガイドブックでは、空間は細切れ・点となり、紹介される礼拝施設は限定的となり、非日常の世界を示す見所が優勢となっていた。このことから、空間と諸要素は、世界遺産登録以前は 17 世紀から 19 世紀の伊勢路の空間と諸要素に近かったものが、世界遺産登録以降は限定的なものへと変化していた。さらに世界遺産センターで行う事業は、センター施設内で行うものが中心で、巡礼路の空間・対象物・行為とは異なるものがほとんどとなっていた。

　以上から伊勢路において巡礼者が認識していた空間と諸要素は、今日の文化遺産「熊野参詣道伊勢路」において、認識しやすい状況にはないと考えられる。

終章

巡礼路に対する価値認識の変遷

1　巡礼路に対する価値の認識モデル

　本節ではここまでの議論をふまえ、巡礼路として盛んに利用され機能していた17世紀から19世紀に、巡礼路に対して見出された価値について整理する。

　まず、巡礼者は西国観音信仰という情報に基づいて、伊勢から熊野に向けて旅を開始していた。その途中の道路空間には、伊勢・熊野・観音信仰に関連づけられた礼拝施設があり、旅人は旅の目的が巡礼であることを確認していた。つまり、観音信仰という情報に巡礼という情報が付加されていた。伊勢から熊野までの道路空間には、さらに、日常から非日常への旅を演出する見所があり、旅人はその度に自分の位置を確認する。つまり、観音信仰・巡礼という情報に、日常から非日常へという情報が付加されていたといえる。こうして、特異な視体験をすることで感情の変化が起こり、巡礼を促されるという一連の体験を繰り返し、最終的に巡礼の目的地である熊野へ到着し、観音信仰に基づく巡礼を実現していた。

　このように、旅人は観音信仰という意味に信仰するという効用を、熊野へ至るという機能に起点と終点を結ぶという効用を、気持ちを高め切り替える装置性に巡礼を促すという効用を見出していた。つまり、その空間において、装置性が「観音信仰」という意味、「伊勢と熊野を結ぶ」という機能、「巡礼を促す」という文脈の価値を見出すことを可能にしていると整理できる。

　以上の状況に基づき、巡礼路に対する価値の認識をモデルとして整理すると、「情報（信仰や位置づけ）」「空間（道路空間）」「物（礼拝施設および見所）」「行為（巡礼）」の4要素が設定される。「情報」は「空間」と「物」に付随し、それに基づいて「物」は「空間」中に配置されている。「情報」は行為にも付随し、評価者は「空間」と「物」を、行為を通して体験する。このとき評価者は、行為を通して新たに生み出され

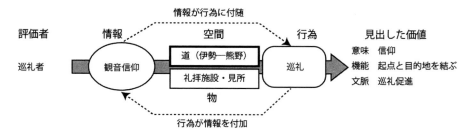

図88　道路空間の装置性と価値の認識モデル

た情報を、当初与えられた情報に追加し、次の一連の体験をする。こうして、評価者は行為をとおして空間と物に価値を見出す、という整理ができ、この一連の流れが成立して初めて装置性が発揮されるといえる（**図 88**）。

2　巡礼路に対する価値認識の変遷

　上記の価値の認識モデルに則して、これまで各章で検討してきた文化遺産「熊野参詣道伊勢路」としてみなされた空間及び諸要素と、それに対して見出された価値について整理する（**図 89、図 90**）。

　まず、巡礼路成立以前においては、巡礼にかかる情報は存在しない。しかし、空間としての道は存在していたと考えられる。巡礼の情報が存在しないことから巡礼に関連する物も存在しない。空間で行われる行為は、徒歩等による移動である。行為者は、道に対して、移動の便に供する機能の価値を見出していたと考えられる。

　巡礼路機能段階においては、巡礼者は「観音信仰」という情報に基づき、伊勢から熊野までの空間において、そこに配置された空間的仕掛けを体験しながら、巡礼を行っていた。このとき、巡礼者は、「観音信仰」という意味、「伊勢と熊野を結ぶ」という機能、「巡礼を促す」という文脈の価値を道路空間に見出していた。一方、地域住民は、そこが「巡礼路」であるという情報に基づき、伊勢から熊野までの空間において、道標を設置していた。このとき地域住民は「功徳・善行」という意味、「巡礼者扶助」という機能、「利益（安全・除災）」という文脈の価値を見出していた。

　近代に入り、巡礼路としての機能を喪失する段階においては、地域住民は信仰の場という情報に基づき、礼拝施設において礼拝対象（仏像等）を維持・整備することで、「愛国心の発露」という意味、「利益（兵士の保護）」という機能の価値を見出していた。

　熊野参詣道伊勢路（以下、伊勢路）が世界遺産に登録される以前の段階においては、地域住民は信仰の場という情報はもちながらも、礼拝施設における礼拝がほとんど行われていない状況になっていた。このとき、地域住民はほとんど価値を見出しておらず、わずかに自分たちの生活につながる機能的価値、たとえば八鬼山荒神堂の「利益（火伏せ）」などを見出すにとどまっていた。

　一方、世界遺産登録直前になると、管理運営計画（熊野古道 AP1）の策定と観

光者による利用が行われていた。管理運営計画（AP1）においては、計画策定者は過去に巡礼が行われた道であるという情報に基づき、計画の策定を進めていた。そのため、空間は伊勢から熊野までの道全体ととらえられ、礼拝施設や見所は体験の対象となっていた。また、道において行われる行為として、巡礼体験が推奨されていた。しかし、巡礼体験の結果、装置性が体験できるかどうかは想定されていなかった。この時、計画策定者は巡礼路に対し、巡礼路という意味、巡礼体験の場という機能の価値を見出していたと考えられる。

また、世界遺産登録前に行われていた観光においては、観光者は「徒歩旅行」という情報を与えられていた。空間は伊勢から熊野までの道全体ととらえられ、礼拝施設や見所は体験の対象となっており、そこで行われる行為は徒歩旅行だった。しかし、情報としての「観音信仰」は強調されず、礼拝施設や見所と「徒歩旅行」の間に明確な関係性は示されていなかった。また、性格の異なる起点と終点を結ぶという機能は強調されず、その途上で行われる「徒歩旅行」に焦点が当てられていた。そのため、観光者は徒歩旅行という意味や徒歩による移動という機能の価値を見出していたものの、その装置性は体験しえなかったと考えられる。

史跡指定段階においては、行政や専門家は歴史上の巡礼路という情報に基づき、不動産でかつ遺構の保存状況の良い部分を歴史的事実を示す証拠として保護しようとした。そのため、道や礼拝施設の一部が文化遺産「熊野参詣道伊勢路」の構成要素としてみなされ、道路空間全体が構成要素としてとらえられることはなかった。このとき、史跡指定を進めた行政や専門家は、巡礼路に対して、歴史上利用された重要な巡礼路[269]という意味の価値を見出していた。

世界遺産として登録される段階においては、行政や専門家は信仰の山における霊場と霊場を結ぶ道として整理した。そこでは、信仰の山の証拠として、道や礼拝施設の一部が文化遺産「熊野参詣道伊勢路」の構成要素としてみなされた。しかし史跡指定時同様、道路空間全体が構成要素としてとらえられることはなかった。このとき、世界遺産登録を進めた行政や専門家は、巡礼路に対して、信仰の山の模範例[270]という意味の価値を見出していたと考えられる。

世界遺産登録後には、地域住民は、そこが「世界遺産」であるという情報に基

269　第Ⅱ章第4節において見たように、国史跡指定において「熊野参詣道」は「我が国の歴史ならびに社会・文化を知る上で欠くことのできない貴重な交通遺跡」としての価値付けが行われていることから、「歴史上重要な巡礼路」と判断される。

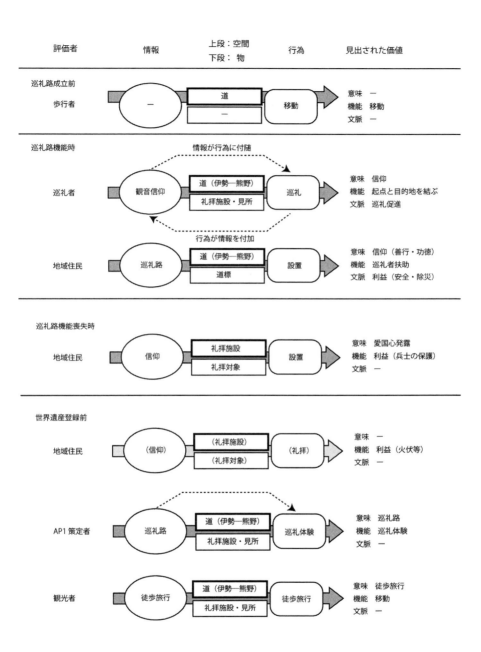

図89　道路空間の装置性と価値認識の変遷①

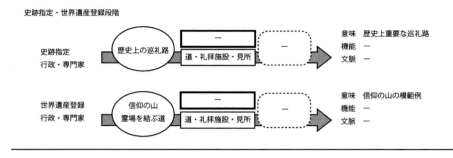
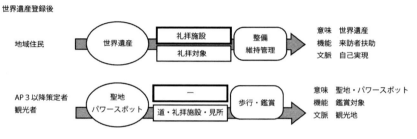

図90　道路空間の装置性と価値認識の変遷②

づき、礼拝施設の空間において、礼拝対象を整備・維持管理していた。このとき地域住民は、「世界遺産」という意味、「来訪者扶助」という機能、「利益（自己実現）」という文脈の価値を再び見出していたといえる。

　管理運営計画 AP3 以降においては、巡礼路というコンセプトは後退した。その結果、世界遺産に登録された範囲の道・礼拝施設・見所が文化遺産「熊野参詣道伊勢路」としてとらえられた。同様に、この時期に大手出版社から発行されたガイドブックでは、聖地・パワースポットという情報に基づき、巡礼路の一部を物として扱い、車観光による立ち寄りや「見る」観光を推奨していた。文化遺産「熊野参詣道伊勢路」の構成要素は、物としての一部の道、一部の礼拝施設、一部の

270　第Ⅱ章第2節においてみたように、世界遺産登録推薦書において「紀伊山地の霊場と参詣道」は「信仰の山の模範例と位置付けることが可能であり、アジア・太平洋地域を代表する信仰の山のひとつとして極めて高い価値を有する」と整理されている。

見所であった。そこで推奨される行為は歩行もしくは鑑賞であった。このとき計画策定者や観光者は、巡礼路に対して、聖地・パワースポットという意味や鑑賞対象としての機能、観光地という文脈の価値を見出していたと考えられる。

3　文化遺産の保護に関する評価

　以上のように、伊勢路から人々が影響を受けていた空間と諸要素、ならびにそれらに対して見出していた価値の内容は、巡礼路機能段階から、世界遺産登録前、世界遺産登録時、世界遺産登録後で、それぞれ変化していたことが明らかになった。

　まず、伊勢路機能時に、巡礼者は観音信仰に基づき、装置性によって巡礼を促されながら、伊勢から熊野までたどり着いていた。これは後世において、巡礼路として評価された。その結果、世界遺産登録前の管理運営計画や観光ガイドブックでは、かつて利用された巡礼路という情報に基づき、伊勢から熊野までの全体の空間とそこに配置された対象物に対し「巡礼体験の場」という価値や、宗教色のうすい「徒歩旅行」という価値が見出されたものと考えられる。

　ところが、史跡指定、世界遺産登録時においては、歴史上重要な巡礼路、信仰の山の模範例という価値が見出された。これは、遺産の顕著性を示すために他の遺産と比較するなかで見出された相対的価値であったと考えられる。そのため、文化遺産「熊野参詣道伊勢路」の構成要素は、遺産が存在する証拠物としての道・礼拝施設・見所の一部に限定され、伊勢から熊野までの空間や巡礼行為そのものは文化遺産の中に含まれなかったと考えられる。

　さらに世界遺産登録後の管理運営計画や観光ガイドブックでは、情報として「聖地・パワースポット」が示されていた。これは、世界遺産登録において示された「信仰の山の模範例」という価値の誇張的読み替えであると考えられる。そのため、世界遺産に登録された道・礼拝施設・見所の一部を点的に対象とし、そこに見出す価値も「聖地・パワースポット」となってしまったと考えられる（**表73**）。

　こうした結果、伊勢路が巡礼路として機能していた段階に巡礼者によって見出されていた「信仰」という意味的価値、「伊勢と熊野を結ぶ」という機能的価値、「巡礼を促す」という文脈的価値のいずれもが、今日の計画策定者や観光者には見出すことができない状態になっていると考えられる。

　巡礼路としての伊勢路は、観音信仰や伊勢と熊野を結ぶ機能だけでなく、その

旅程において気持ちが次第に変化していくことが巡礼旅を特色づけている。今日の遺産の保護・管理運営・観光利用においては、いずれも旅程における気持ちの変化は考慮に入れていない。そのため、文化遺産「熊野参詣道伊勢路」に見出している価値は、巡礼者が伊勢路に対して見出していた価値とずれがあり、当時の人々が価値を見出し、影響を受けていた空間の諸要素に対し、今日においても道を歩く人々が価値を見出し、影響を受けるという状態を保護されているとみなす立場からは、今日の巡礼路の保護の状況は十分とはいえないだろう。

　ただし、地域住民の立場から見た時には状況はまた異なる。巡礼路の機能していた段階においては、地域住民は巡礼者の扶助を行うことで信仰に基づく功徳や、それによる安全・除災を期待していた。巡礼者が減少した近代以降は、信仰の内容に愛国や出征兵士の保護を加え、信仰を継続させていたが、第二次世界大戦後は信仰を失い、地域住民はほとんど価値を見出さなくなっていた。世界遺産登録はこの状況を大きく変え、世界遺産という情報に基づき、来訪者扶助を目的として、地域の人々は整備や維持管理を行い、自己実現の場としての価値を見出していたのである（**表74**）。

　近世の地域住民が伊勢路に対して見出していた価値は、近代、戦後と次第に「ずれ」が生じて大きくなり、ついにほとんど価値を見出さなくなっていった。しかし、世界遺産登録後大きく変化し、来訪者を扶助するということが自身の利益（りやく）につながるという新たな価値の見出し方が行われていた。これは、近世の地域住民と同様のものと見ることができ、当時の人々が価値を見出し、影響を受けていた空間の諸要素に対し、今日においても人々が価値を見出し、影響を受けるという状態を保護されているとみなす立場からは、地域住民にとっての文化遺産の保護は成功しているともいえよう。

表73 外部者の価値認識の変遷の関係

段階	情報	空間	物	道路空間に見出された価値	装置性による心の変化
巡礼路機能段階	観音信仰	伊勢―熊野の道	礼拝施設・見所	観音信仰、経路 巡礼促進	あり
遺産指定・登録段階	巡礼路 信仰の山	なし	一部の道・礼拝施設・見所	重要な歴史性 重要な信仰の山の例	なし
登録後段階	聖地・パワースポット	なし	一部の道・礼拝施設・見所	聖地・パワースポット 鑑賞対象、観光地	なし

※ →は前段階からの影響を示す

表74 地域住民の価値認識の変遷の関係

段階	情報	空間	物	空間に見出された価値	装置性による心の変化
巡礼路機能段階	巡礼路	伊勢―熊野の道	道標	功徳・善行 巡礼者扶助 利益（安全・除災）	なし
近代	愛国・出征兵士	寺院	仏像	愛国 利益（兵士の安全）	なし
戦後	(信仰)	(寺院)	(礼拝対象)	(利益)	なし
世界遺産登録後段階	世界遺産	寺院	仏像 礼拝対象	世界遺産 来訪者扶助 利益（自己実現）	なし

※ →は前段階からの影響を示す

4　主観的価値に基づく活用の構築

　ここまで、本書では伊勢路を事例に、「文化遺産」に対する価値認識が時代（近世、近代、戦後、世界遺産登録前後）や立場（巡礼者、地域住民、研究者等）によって異なっていることを明らかにした。また、そのうえで、当時の人々が価値を見出し、影響を受けていた空間の諸要素に対し、今日においても人々が価値を見出し、影響を受けるという状態を保護されているとみなす立場から、今日において伊勢路が保護されている状態といえるかについて評価した。

　その結果、地域住民にとっての伊勢路は、一定保護されている状態とみなせたが、来訪者にとっての伊勢路は保護されている状態とはみなせないことが判明した。即ち、今日伊勢路において行われている「活用」は、いずれも伊勢路が巡礼路として機能していた段階に巡礼者によって見出されていた「信仰」という意味、「伊勢と熊野を結ぶ」という機能、「巡礼を促す」という文脈のいずれも、活用参加者が実感できない状態になっているとみられた。

　活用事業の参加者が文化遺産の価値を実感するには、文化遺産が本来有していた情報、空間、対象物、行動を参加者が体験できる事業を設計することが望ましいといえる。たとえば、巡礼路での事業実施や、礼拝施設や見所を対象に加え、巡礼者の行動に即した行動を提案すること等が考えられる。つまり、失われた巡礼者の行動を追体験できる工夫といえる（**図 91**）。

　失われた人の行動を復活させることが、つながりが見えにくくなった遺産の構成要素をもう一度つなぎ合わせることに寄与するのであれば[271]、活用事業を近世の巡礼者の情報、空間、対象物、行動に即して設計することは、参加者が、近世の巡礼者と同様の価値を見出すことになるだけでなく、遺産の全体像を顕在化し、遺産の保護を推進することに寄与することになると考えられる。

　今後、文化遺産の活用にあたっては、文化遺産に見出されていた主観的価値を明らかにし、文化遺産本来の情報・空間・対象物・行動に即して活用事業を構築することで、真に文化遺産の保存に資する活用が実現し、かつ、それらは、活用事業参加者に文化遺産に対する深い感動をもたらすものとなると考えられる。

271　伊藤弘（2019）：世界遺産を活かす観光地整備：月刊考古学ジャーナル No.726、pp.35-37

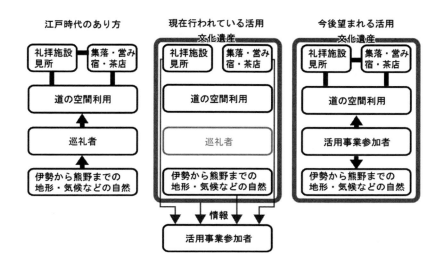

図 91　近世巡礼者と活用事業の比較

5　文化遺産の価値と活用～活用の方法論の深化～

　本書では、近年急速に進展してきた文化遺産の利用が、文化遺産として保護すべき価値や価値の所在をかならずしも意識したものではなく、いかなる利用の方法が、文化遺産の価値の保存に有益なのかについて、議論していくことが必要であるとの認識から、保護すべき文化遺産の価値と、文化遺産を利用して効果を得ようとする活用の関係を構築していく方法論を模索したものであった。そこで最後に、文化遺産の価値と活用の関係についてまとめ、今後の文化遺産活用への展望を示したい。

　まず、文化遺産の「活用」を改めて整理しておこう。文化遺産の「活用」とは、（法的保護下にある）文化遺産という対象を、文化遺産に見出された何らかの価値（この場合は必ずしも文化遺産の価値付けに沿った価値認識とは限らない）に基づき、何らかの方法によって、保存以外の何らかの効果を得るものであると整理することが出来る。すなわち、

　　〔対象文化財（価値）×方法　→　効果〕

という一連の流れを「活用」として整理することができよう。本書で議論してき

た価値と活用の関係性は、

　　　巡礼路（主観的価値）×失われた巡礼者の行動を追体験
　　　　→　①　近世の巡礼者／地域住民と同様の価値を見い出す
　　　　　　②　遺産の全体像を顕在化

として、整理することが出来る。これと対置される従来行われてきた文化遺産の活用は

　　　巡礼路（俯瞰的価値）×講演・展示　→　①　学術的価値の理解
　　　　　　　　　　　　　　　　　　　　　②　認知度の向上

として、整理ができるだろう。一方で近年盛んに議論が行われている文化遺産に経済的価値を見出す論に従えば、たとえば

　　　文化遺産（経済的価値）×　観光　→　金銭的収入

として整理ができる。本書ではここまで経済的価値については触れてきていないが、こうした経済的価値をはじめとした社会経済価値については、文化遺産活用といかなる関係性を切り結ぶのだろうか。

　まず、ここまで議論してきた主観的価値（機能上、意味上、文脈上の価値）は、文化遺産の本来の役割や意義に見出す価値であり、文化遺産として認識される以前にその対象となる事物が創造され、その後機能や意味が次第に変容することはあったとしても、対象に対し所有者や関係者らが見出してきた価値であった。こうした主観的価値の中には、地域における「アイデンティティとしての価値」も含まれる。

　次いで、国会議論において山本勇三が明言していたように（第Ⅰ章）、地域住民や関係者、専門家は、対象に対して「遺すべき」「保護すべき」という認識をもつにいたる、いわば「道徳上の価値」を見出しており、これが文化財を保護する動機となる価値認識となる。

　こうした、文化財を保護すべきという認識（道徳上の価値の認識）が発生し、それを正当化するのが、学術上の価値や芸術上の価値を明らかにする価値付けという行為である。この価値認識は、比較によって見出される俯瞰的価値であり、学術研究によって研究者が見出す価値であり、しばしば文化遺産の本質的価値とも表現される（第Ⅴ章）。

　一方で、近年行われている文化遺産の価値論では、以上の主観的価値、俯瞰的価値以外の、社会経済価値（経済的価値、転用による機能的価値、教育的価値、社会的価値、政治的価値等）が主張されることが多い[272]。これらは、文化遺産を利用し、

そこから得られる社会的経済的効用が文化遺産の保護に対する社会的合意（就中、行政内における予算確保）を正当化するのだ、という立場から、これら社会経済的効果をいかに獲得するかに注目するのである。

　しかし、こうした文化財に新たに見出され、付与された諸価値に基づく施策は、所有者や地域社会に文化財を保護・継承する動機をもたらすものとは言い難い。なぜなら、それらは所有者や地域社会が有する主観的価値から乖離しているからである。むしろ、本来の主観的価値（機能上の価値や意味上の価値、アイデンティティ上の価値）、あるいは道徳上の価値などの価値認識こそ保護・継承の動機をもたらすものであり、行政はこれまで学術上の価値に基づいて特別な措置を講じてきたのであって、これらを軽視して、文化遺産にかかる事業を実施するのは文化財の次世代への継承の観点からは好ましいとは言えない。

　むしろ所有者や地域社会が見出している価値のコンテクストに従って、文化遺産にかかる事業を実施することが望ましい。そうしたコンテクストに従った事業は、文化遺産の保存に資すると考えられるのみならず、それらの中には高い教育上の効果や、社会上の効果、経済上の効果を得られるものも見出され得るだろう。すなわち、文化遺産に対して教育的価値や社会的価値、経済的価値を見出し、教育上の効果や社会上の効果や経済上の効果を得ることを欲する者は、まず所有者等や地域社会が文化遺産に対していかなる価値を見出しているか（主観的価値）、いかなる価値に基づき文化財として保護されているか（俯瞰的価値）を十二分に把握し、そのコンテクストにそった事業計画を立案することが望ましいと言えよう。

　文化遺産の価値と活用の関係が注目されて久しい。しかし、ここまで述べてきたように、主観的価値・俯瞰的価値に基づく活用方法が文化遺産の継承に有効で

272　文化遺産の価値について論じている代表的な論考には以下のものが挙げられる。
　山下信一郎（2020）：史跡等保存活用計画について：平成30年度遺跡整備・活用研究集会報告書
　西村幸夫（2000）：文化遺産の広がりとその価値付けに関する考察――世界遺産を例に：アメニティと歴史・自然遺産、環境経済・政策学会
　垣内恵美子（2011）：文化財の価値を評価する：水曜社、p.203
　松田陽（2018）：保存と活用の二元論を超えて――文化財の価値の体系を考える：文化政策の現在、pp.25-49
　伊藤弘（2019）：世界遺産を活かす観光地整備：月刊考古学ジャーナル No.726、pp.35-37
　Bernard M. Feilden, Jukka Jokilehto 1998: Management guidelines for World Cultural Heritage sites, ICCROM

あり、また、主観的価値に基づく活用方法からは社会経済上の効果が得られるものが見出され得るのである。文化遺産の継承に有効な活用方法の議論はまだ緒についたばかりである。今後、全国での実践と広範な研究によって、文化遺産の価値と活用の関係性についての認識が深まり、文化遺産の次世代への継承がより確実なものとなっていくことを期待する。

おわりに

　本書は、筑波大学大学院人間総合科学研究科世界文化遺産学専攻に博士論文として提出した論文『文化遺産としての「巡礼路」の保存と継承の研究～熊野参詣道伊勢路を事例に～』を中心に、その後発表した複数の論考と本書のために新たに書き下ろした論考を加えて構成した、筆者の過去10年間程度の研究成果を取りまとめたものである。

　筑波大学大学院においては、指導教官の伊藤弘先生、副指導教官の稲葉信子先生、武正憲先生、博士論文・修士論文をご審査くださった下村彰男先生、黒田乃生先生、上北恭史先生はじめ、ご指導を賜った全ての先生方に心より感謝申し上げたい。とくに、論文演習や査読論文執筆に際して、また大学院修了後も含めて、伊藤弘先生からは懇切丁寧なご指導を賜わった。このことに篤く御礼申し上げたい。

　本書の研究は、私が平成22年から24年にかけて三重県教育委員会において世界遺産の保護を担当した際、紀伊半島大水害など遺産の危機的な状況に直面する中で、いかに遺産を保護していくのか、その方途を探すべく始めたものであった。本研究には、平成24年9月のサンティアゴ・デ・コンポステーラの巡礼路の現地踏査、平成24年11月から平成26年11月にかけての熊野参詣道伊勢路の現地踏査の調査成果を含んでいる。熊野参詣道伊勢路の現地踏査には、奥田紘三、奥田眞利子、幸崎夏子、近藤典子（Noriko Ourso）、米盛（佐藤）明美、竹内英昭、井西祥次郎、井西貴子、稲波まり子、大石亜美、竹田憲治、堀正典、丸山香代、武藤敏正、広瀬雅信、奥村隆志、坂口修司、鈴木一司、中田奈緒子、中村千恵、宮原佑治、畑中一宝、梅原陽向、梅原康暢、佐原立人、蘇文淑、西尾信廣、味噌井拓志、山口朝、山﨑るみ、渡辺慶、杉本裕一の各氏に参加いただいた。心より感謝したい。

　研究の過程においては、地元三重県の研究者である榎村寛之氏からは文献史学の観点から、竹内英昭氏からは参詣道の石畳や史跡指定の経過などに関して、竹田憲治氏からは石造物等についてそれぞれご教示を賜った。さらに、大阪の研究会においては、広瀬雅信、井西貴子、西尾信廣、西尾裕子、今井（松尾）奈緒子、丸山香代の各氏からも有益なご意見を賜った。このほか、外崎杏由子、庄子亮平、

山川志典、箆島大悟、大藪（中井）陽子、内田昌太朗、船木大資、原田沙由美、末廣拓人、藤井郁乃、脇園大史、柳澤伊佐男の各位をはじめ、筑波大学で学ぶ先輩、後輩諸氏との活発な議論は私にとって極めて刺激的で示唆に富んでいた。以上の各氏にも心から感謝申し上げたい。

　あわせて、大阪大学において「旅と風土」のセミナーを主催し「学問」と「旅」の接点をお教えくださった浅野遼二先生、考古学の発掘調査の技術と学問の楽しさをお教えくださった藤澤真依さん、伊勢から熊野への旅路をともに踏査してくださった奥田紘三さん、近藤典子さん、三重県にともに入庁し苦楽を共にした小林美沙子さんの霊前に本書を捧げ、心からの感謝の念をお伝えしたい。

　この書籍は、令和4年に春風社の下野歩様からお声がけを頂いたことをきっかけに、書籍化への取組を始めたものである。その後、紆余曲折を経て、永瀬千尋様のご担当のもと、令和5年の末頃から本格的な編集作業を始めた。編集作業は、途中、私が多忙であったりして、なかなか進まない期間もあったものの、永瀬様が最後まで忍耐強くお付き合いくださった。記して感謝したい。

　最後に、父・伊藤宣機、母・千鶴子、兄・久樹、義姉・理絵にも、心から感謝したい。家族の支えなくして、ここまでの研究はできなかった。

　私たち全国の文化財保護担当者は日々、文化財の保護と格闘している。しかし、個々の担当者は孤立無援の中で、手探りで保護に取り組んでいるといっていいだろう。本書が、そうした人々の日々の取り組みの参考となり、文化財保護の進展にわずかでも役立つことを、心から願うものである。

　　　　　　　　　　　2024年7月7日
　　　　　　　　　　　　　　　　　　　　　伊藤　文彦

初出一覧

- 伊藤文彦（2019）「文化遺産としての「巡礼路」の保存と継承の研究〜熊野参詣道伊勢路を事例に〜」（筑波大学学位請求論文）
- 伊藤文彦・伊藤弘・武正憲（2017）「熊野参詣道伊勢路における巡礼空間の装置性」『ランドスケープ研究』第 80 巻第 5 号
- 伊藤文彦・伊藤弘・武正憲（2018）「文化遺産「熊野参詣道伊勢路」の管理運営計画策定における地域住民の関わり方」『ランドスケープ研究』第 81 巻第 5 号
- 伊藤文彦・伊藤弘・武正憲（2019）「巡礼体験との関係からみた文化遺産「熊野参詣道伊勢路」の推奨される観光に関する研究」『ランドスケープ研究』第 82 巻第 5 号
- 伊藤文彦（2020）「熊野参詣道伊勢路における礼拝施設の歴史的変化からみた管理運営方法」『ランドスケープ研究』第 83 巻第 5 号
- 伊藤文彦（2021）「熊野参詣道伊勢路における「活用事業」の実態からみた文化遺産の保存に資する活用方法」『ランドスケープ研究』第 84 巻第 5 号
- 伊藤文彦、箆島大悟（2022）「日本における文化財「活用」概念の成立」『遺跡学研究』第 19 号
- 箆島大悟、伊藤文彦（2023）「第 44 回世界遺産委員会福州拡大会合からみる世界遺産条約の履行上の問題点」『世界遺産学研究』第 9 号
- 伊藤文彦（2024）「文化財の「価値」の再整理」『遺跡学研究』第 20 号

図表一覧

図1	熊野参詣道伊勢路位置図	27
図2	熊野参詣道伊勢路の基本経路	48
図3	選択的経路のある礼拝施設位置図	59
図4	瀧原宮神域森林内部の道	61
図5	瀧原宮への選択的経路	62
図6	『西国三十三所名所図会』「瀧原宮」	63
図7	図6の枠線部分拡大	63
図8	天狗倉山付近地形図	66
図9	天狗岩	67
図10	役行者小祠	67
図11	確認した寛永通宝	69
図12	清水寺付近地形図	70
図13	旧清水寺境内の地蔵	71
図14	大吹峠より清水寺への経路上の石段・石積痕跡	71
図15	『西国三十三所名所図会』「七里濱」	72
図16	清水寺への経路上からの眺め	72
図17	柏野入口の道路遺構	75
図18	不動野橋から間弓区間の道路遺構	75
図19	阿曽－間弓間の基本的経路と選択的経路	76
図20	大日本帝国陸地測量部　大正2（1913）年「五万分の一地形図　尾鷲」（部分）	83
図21	国土地理院　平成27（2015）年「電子地形図25000」	83
図22	国土地理院　昭和22（1947）年撮影「USA-R266-No1-39」（部分）	84
図23	はまぐり石	86
図24	銚子川渡河の基本的経路と選択的経路	87
図25	道引地蔵	92
図26	熊野参詣道伊勢路　詳細位置図（カラー）	95
図27	礼拝施設位置図	113
図28	神宮寺跡を示す石碑	116

図29	岩屋堂外観	118
図30	岩屋堂堂内	118
図31	岩屋堂境内鳥居	119
図32	日輪寺堂内三躰石仏	121
図33	石仏庵石柱「巡礼道引観世音」銘	129
図34	三十三躰観音石仏	130
図35	千福寺の石柱「順礼手引」銘	131
図36	『西国三十三所名所図会』「岩船地蔵堂」	133
図37	岩船地蔵堂跡	134
図38	相賀－三木里区間位置図	137
図39	相賀から三木里の宿休・茶屋・礼拝施設立地状況	138
図40	熊野参詣道伊勢路沿道の礼拝施設立地状況	143
図41	重要な見所位置図	148
図42	『西国三十三所名所図会』「田丸城下」	151
図43	田丸城下付近現況	152
図44	『西国三十三所名所図会』「蚊野松原」	154
図45	蚊野松原付近現況	154
図46	長者屋敷付近現況	156
図47	『西国三十三所名所図会』「荷坂嶺」	157
図48	荷坂峠付近現況	158
図49	『西国三十三所名所図会』「西行松」	160
図50	西行松付近現況	160
図51	鬼が城現況	162
図52	あふま権現二王石現況	163
図53	親しらず子しらず現況（志原川河口付近）	164
図54	南海の眺望現況	168
図55	熊野参詣道伊勢路沿道の見所立地状況	169
図56	熊野参詣道伊勢路沿道の礼拝施設・見所立地状況	170
図57	道中日記に記述される1里ごとの記述内容	180
図58	伊勢山田から熊野までの正の感情・負の感情の変化	184
図59	道標の型式分類	193
図60	道標の分布状況	194

図 61	道標の持つ遠距離の空間情報	196
図 62	道標の持つ近距離の空間情報	197
図 63	20世紀初頭の大阪熱田線航路と熊野参詣道	207
図 64	原大辻観音庵	209
図 65	石仏庵現況建物等配置図	214
図 66	石仏庵現況	214
図 67	19世紀前半（近世段階）の寄進者の分布	216
図 68	19世紀前半（近世段階）の江戸における寄進者の分布	217
図 69	20世紀前半（昭和初期段階）の寄進者の分布	219
図 70	尾鷲から木本へ至る経路の変化	224
図 71	『西国三十三所名所図会』挿絵（左）と令和の修理直前の荒神堂（右）	225
図 72	改修後の荒神堂	227
図 73	鈴原古登興記念碑	231
図 74	聖所に安置された石仏	234
図 75	紀伊山地の霊場と参詣道　構成資産	255
図 76	文化遺産「熊野参詣道伊勢路」所在地の地域人口と入込客数の変化	279
図 77	重要な礼拝施設・見所位置図	293
図 78	クラスター分析結果	294
図 79	空間の記述冊数	297
図 80	物（礼拝施設・見所）平均記述個所数	297
図 81	推奨観光行動記述冊数	297
図 82	発行時期別ガイドブックの特徴	298
図 83	発行主体別ガイドブックの特徴	299
図 84	三重県立熊野古道センター位置図	306
図 85	熊野古道センター事業の情報と空間の関係	315
図 86	熊野古道センター事業の情報と対象物の関係	315
図 87	熊野古道センター事業の情報と行動の関係	316
図 88	道路空間の装置性と価値の認識モデル	324
図 89	道路空間の装置性と価値認識の変遷①	327
図 90	道路空間の装置性と価値認識の変遷②	328
図 91	近世巡礼者と活用事業の比較	333

表1	分析対象の道中案内一覧	43
表2	道中案内記載の伊勢山田から熊野新宮までの地名表	44
表3	検討に使用した近代刊行地図一覧	47
表4	瀧原宮への経路記述状況	62
表5	天狗岩窟への経路記述状況	65
表6	清水寺への経路記述状況	68
表7	阿曽－間弓における大内山川渡河記述状況	74
表8	臨時的な渡し船記述状況	77
表9	道中案内の銚子川渡河記述状況	82
表10	長嶋から木本への海路に関する記述	89
表11	三木里から新鹿への経路に関する記述	90
表12	井田から上野への経路に関する記述	91
表13	分析対象の道中案内一覧	112
表14	礼拝施設の道中案内記載状況	114
表15	天狗岩窟の道中案内記述状況	117
表16	八鬼山日輪寺の道中案内記述状況	122
表17	清水寺の道中案内記述状況	125
表18	花の岩やの道中案内記述状況	127
表19	道中案内に見る日輪寺と茶屋の立地状況	141
表20	元禄年間から天保年間まで記述のある礼拝施設の立地	143
表21	観音庵・千福寺の立地	144
表22	分析対象の道中案内一覧	147
表23	7冊の道中案内のうち4冊以上で紹介されている見所	147
表24	『西国三十三所名所図会』挿絵一覧（伊勢山田から熊野新宮まで）	149
表25	田丸城・田丸城下の道中案内記述状況	150
表26	蚊野松原の道中案内記述状況	153
表27	長者屋敷の道中案内記述状況	155
表28	伊勢紀伊国界の道中案内記述状況	157
表29	西行松の道中案内記述状況	159
表30	鬼が城の道中案内記述状況	161
表31	あふま権現二王石の道中案内記述状況	163
表32	親しらず子しらずの道中案内記述状況	165

表 33	南海の眺望の道中案内記述状況	167
表 34	見所の立地・視対象・情報と性格	170
表 35	分析対象とした道中日記一覧	175
表 36	視対象の分類	175
表 37	感情（評価）に関する語句の分類	177
表 38	視対象・感情数一覧表	178
表 39	距離と視対象数等関係表	179
表 40	各区間における視対象記述数の上位5項目	181
表 41	主成分分析結果（1）	181
表 42	主成分分析結果（2）	183
表 43	区間ごとのタイプ数	183
表 44	巡礼者の眺めの体験と感情	185
表 45	熊野参詣道伊勢路の道標	190
表 46	碑文に見る造立者の名称と性格	198
表 47	道標の設置目的にかかる銘文	199
表 48	西国巡礼道中案内にみる伊勢と汽船の記述の有無	206
表 49	石仏庵の変遷	210
表 50	石仏庵の管理運営の変化	221
表 51	八鬼山峠越えに関わる近代交通網の整備	224
表 52	落書一覧	226
表 53	清水寺跡の近世造立の石造物	229
表 54	近世までの清水寺の展開	230
表 55	近代以降の清水寺の展開	233
表 56	石仏庵・日輪寺・清水寺の展開	238
表 57	近代以降の地域住民が見出した価値	239
表 58	熊野参詣道の経路ごとの特徴	246
表 59	熊野参詣道伊勢路の構成資産	248
表 60	『月刊文化財』における「保存管理計画」関係記事一覧	259
表 61	文化庁による保存管理計画にかかる行政通知等施策	262
表 62	熊野参詣道伊勢路の保存管理方法	264
表 63	『「熊野古道」アクションプログラム』一覧	270
表 64	策定経過の変遷	274

表 65	策定内容の変遷	275
表 66	三重県の施策の変化	283
表 67	熊野古道 AP と取り巻く状況の変化	286
表 68	分析対象のガイドブック一覧	288
表 69	クラスター分析によるガイドブック表紙の抽出語	295
表 70	ガイドブックの傾向と巡礼路の認識	302
表 71	事業タイトルのクラスターごとの特徴語	310
表 72	熊野古道センター活用事業の傾向	316
表 73	外部者の価値認識の変遷の関係	331
表 74	地域住民の価値認識の変遷の関係	331

索引

【あ行】

愛国……232, 235-239, 325, 330, 331

新鹿……34, 45, 88, 90, 105, 134, 135, 159, 191, 198, 248

あふま権現二王石……161, 163, 170, 292

異国情緒……166-170

異国船……166, 170

イコモス……8, 11, 20, 21, 26, 284

遺産地域……307, 309-314, 316-319

石仏庵……32, 114, 120, 128, 129, 204, 207-216, 218-221, 237-239, 292

遺 跡……8, 10, 15, 19-21, 155, 243, 244, 249, 250, 253, 254, 260, 261, 265, 268, 269, 304, 326, 335

伊勢紀伊国界……156, 157, 168-170, 174, 179, 180

伊勢参宮……22, 29, 30, 45, 130, 139, 142, 175, 244

伊勢神宮……26, 29, 31, 32, 35, 45, 108, 115, 145, 167, 169, 171, 172, 204-207, 220, 222, 228, 232, 243-247, 264-267, 292, 293, 295, 320

伊勢山田……26, 27, 30, 44, 46, 47, 93, 109, 111, 112, 136, 142, 145, 146, 148-150, 156, 157, 166, 169, 170, 174, 180, 184, 185, 190

井田……45, 90, 91

一方通行……26, 45, 246, 247

意味的価値……239, 319, 329

意味の風景……167, 168, 171

岩船地蔵堂……64, 113, 114, 128, 132-134, 136, 144, 145, 149, 176, 179, 292

岩屋堂……64, 111, 114, 116-119, 292

鵜殿……91, 94, 234, 248, 278

エコツーリズム……272, 281, 284, 286

エリア観光……294-296, 298, 300-302

役行者……64, 67, 117, 129, 209, 210, 216, 237

笈摺……109, 150

相賀……40, 44, 46, 77, 78, 80-82, 84, 85, 87, 110, 136-138, 248

王子……91, 176, 243, 264
鬼ヶ城……108, 110, 124, 161, 179, 182, 183, 186, 245, 247, 248, 265, 266
鬼が城……147, 161, 162, 170, 176, 292
「鬼」の伝説……161, 170
親しらず子しらず……164-166, 170, 179, 292
尾鷲市……29, 33, 45, 116, 119, 120, 132, 191, 198, 199, 222, 227, 248, 278, 305, 307, 309, 317
音羽山清水寺……124

【か行】
ガイダンス施設……37, 258, 303, 305, 307, 313, 314, 316, 318-320
ガイドブック……13, 35-37, 40, 41, 110, 208, 287, 288, 290-296, 298-302, 320, 321, 328, 329
海浜地帯……180, 184
回復……236, 237
学術的価値……13, 334
かけぬけ道……65, 68, 69, 125
梶が鼻……91
賀田（加田）……45, 88, 90, 94, 191, 198, 199, 231, 248
価値付け……11-13, 254, 326, 333-335
価値認識……15, 25, 37, 254, 304, 323, 325, 327, 328, 331-335
歩行渡り……73, 77, 81, 85, 87, 176, 180
合羽処……150
蚊野の松原……179, 292
環境整備……236, 276
観光客……8, 15, 22, 33, 287, 304
観光行動……286, 287, 290, 293, 295-297, 301, 320
観光資源……8-10, 261, 303, 304
観光振興……8, 9, 269, 280, 281, 283, 284, 303, 304
観光庁……9, 33, 286
感情……159, 173, 174, 177, 179, 180, 182, 184-186, 324
緩衝地帯……33, 34

観音庵……98, 109-111, 113, 114, 120, 128, 129, 136, 144, 145, 149, 179, 204, 207, 209, 215-217, 292
観音信仰……204, 232, 235, 236, 244, 301, 311, 318, 324-326, 329, 331
観音道……190, 199, 229, 232, 233, 236, 248
管理運営……19, 37, 208, 212, 220, 221, 258, 268, 269, 273, 274, 277, 284, 286, 308, 319, 320, 325, 326, 328-330
管理団体……32, 34, 260
紀伊山地の霊場と参詣道……19, 22, 28, 31, 32, 235, 242, 243, 246, 247, 250-252, 254, 255, 258-260, 262-264, 266, 267, 269, 271, 277, 288, 291, 295, 298, 305, 311, 317, 319, 328
祈願……29, 85, 198, 225, 226, 228, 231-233, 235-238
紀州……109, 150, 157, 170, 176, 188, 190, 195, 200, 205, 230, 282
寄進者……110, 208, 212, 213, 215-221, 229, 233
汽船……31, 204-206, 220
記念物……20, 21, 26, 161, 247, 248, 253, 259-263, 266, 267, 304, 309, 311, 319
機能的価値……239, 319, 325, 329, 334
紀宝町……248, 278, 307
紀北町……33, 80, 132, 191, 198, 199, 216, 248, 278
基本的経路……40-42, 46, 47, 59, 68, 73, 76, 77, 85-88, 90, 91, 93, 136, 144, 200
木本……30, 44, 45, 47, 82, 87-89, 94, 125, 149, 161, 166, 174, 204, 222-224, 229-231, 233, 234, 248
境界……120, 126, 156, 167-170, 213, 250, 251, 255, 292, 298
行 政……11, 12, 14, 25, 34-37, 188, 200, 210, 218, 220, 221, 256-258, 260, 262, 263, 267-269, 271-276, 285, 286, 288, 299-303, 319, 320, 326, 335
許可基準……265-267
空間構成……23, 24, 208, 213, 220
空間情報(空間的情報)……188, 195-197
空間的位置……11, 36
空間的仕掛け……145, 171, 172, 207, 215, 222, 228, 325
草木……176, 179-185
国指定等文化財……11
熊野街道歴史の道整備活用計画(改訂版)……263, 264, 266, 267

熊野川……31, 91, 244, 249, 307

熊野古道アクションプログラム(「熊野古道」アクションプログラム、熊野古道AP)
……37, 269-271, 273-280, 283-286, 319-321, 325

熊野古道語り部友の会……31, 226, 271, 278, 284

熊野古道協働会議……35, 270, 273, 274, 277

熊野古道保存会……31, 33, 34, 226

熊野三山……26, 28, 30-32, 35, 108, 120, 121, 128, 139-141, 145, 167, 169, 171, 172, 204, 220, 242-244, 246, 247, 249-265, 272, 288, 291, 293, 295, 296, 307, 320

熊野酸性岩……126, 161

熊野市……29, 30, 33, 88, 123, 126, 191, 198, 216, 222, 228, 229, 232, 234, 235, 248, 278, 307, 311

熊野路……45, 182, 223

熊野新宮……26, 27, 30, 44-47, 93, 107, 109, 111, 112, 142, 145, 148, 149, 166, 169, 179, 185, 190

熊野灘……90, 244, 264, 307, 310, 312

熊野速玉大社……26, 28, 30, 31, 243, 245, 247, 249, 251-253, 291, 295

熊野詣……28-30, 108, 243, 246, 288

暮らし……167-170, 311-313, 316

クラスター分析……37, 181, 182, 290, 291, 293-295, 306, 307, 309

景観……12, 21, 33-35, 148, 167, 245, 251-253, 261, 264, 265, 272, 301

経済……23, 31, 249, 303, 334-336

型式学……120, 188, 192

原位置……69, 110, 195, 210, 214

顕在化……13, 14, 332, 334

現状変更……260-267, 269, 319

建築物……132, 176, 179-185

現地踏査……36, 40-42, 46, 78, 80, 81, 84, 109-112, 115, 117, 208, 210, 214, 229

行為……8, 10, 13, 14, 23, 24, 198, 225, 239, 254, 264, 265, 320, 321, 324-326, 329, 334

効果……8-11, 14, 174, 185, 303, 304, 333, 335, 336

航空写真……36, 42, 82, 84, 85

考古資料……36, 41, 42, 69

構成要素……13, 14, 16, 20-24, 26, 108, 260, 262-267, 319, 326, 328, 329, 332
交通遺跡……250, 254, 326
高野……176, 195, 242, 244, 246, 251-254, 281, 288, 291, 293, 295, 296, 310
交流イベント……280, 310, 312-314, 316, 318
国際記念物遺跡会議……20
古社寺保存法……9
金比羅……129

【さ行】

西行……29, 158, 159, 170
西行松……147, 149, 158-160, 170, 176, 179, 292
西国三十三所巡礼……29, 30, 111, 115, 119, 121, 145, 169, 215
西国三十三所順礼……30
西国三十三所名所図会……30, 60, 63, 64, 69, 72, 85, 115, 123, 126-129, 132, 133, 136, 141, 147-151, 153-158, 160, 161, 166, 196, 208-210, 212, 213, 222, 223, 225, 229
西国巡礼……22, 31, 32, 40, 42, 45, 46, 61, 108, 109, 111, 115, 119, 121, 124, 129, 130, 132, 135, 136, 138-142, 144, 150, 155, 158, 159, 167, 174, 175, 188, 204-207, 212, 213, 215, 220, 222, 223, 225, 228, 230, 236-238, 243, 244, 246, 247
坂上田村麻呂……123, 124, 161, 236
三十三躰観音石仏……129, 130, 209, 237
三十三躰石仏……119
三宝荒神……120, 122, 139, 140, 176
至近景……182, 183, 185, 186
自己実現……236, 238, 239, 287, 328, 330, 331
獅子巖……108, 110, 161, 245, 247, 248, 264-267, 292
寺社……40, 46, 196-200, 204
史蹟……18, 20, 233
史跡……18, 20, 21, 25-27, 32, 34, 69, 233, 235, 242, 247-250, 254, 256, 258, 260, 262, 264-267, 269, 277, 304, 313, 319, 326, 329, 335
史蹟名勝天然紀念物保存法……18
時節……176, 179-183, 185

自然学習⋯⋯ 309, 310, 313, 314, 316

自然環境⋯⋯ 135, 139, 142, 145, 222, 228, 251, 318

自然災害⋯⋯ 26, 34

視対象⋯⋯ 33, 168-170, 173-175, 178-186

自治体⋯⋯ 10, 11, 15, 33, 36, 37, 111, 112, 171, 174, 189, 208, 222

実測図⋯⋯ 188, 190, 192

指定管理者⋯⋯ 308, 318

指定範囲⋯⋯ 26, 69, 258, 263-268, 319

宗教⋯⋯ 40, 115, 124, 162, 167-170, 200, 204, 243, 244, 246, 251, 253, 304, 329

宗教施設⋯⋯ 124, 162, 170

縦断図⋯⋯ 36, 111, 136, 138, 142, 166, 171

集落⋯⋯ 30, 34, 42, 43, 45, 46, 65, 68, 73, 77, 80-82, 84, 85, 87, 88, 91, 93, 135, 146, 149, 156, 180, 185, 213, 229, 259, 276

主観的価値⋯⋯ 12-16, 332, 334-336

宿泊施設⋯⋯ 21, 33, 146, 184, 272, 275, 276, 280, 284-286, 292, 295, 296

修験者⋯⋯ 117, 119, 140, 243, 244, 246, 251, 252

主成分分析⋯⋯ 181, 183

出征兵士⋯⋯ 226, 228, 231-233, 235-238, 330, 331

巡礼体験⋯⋯ 13, 14, 173, 185, 292, 304, 318, 320, 326, 329

情 報 ⋯⋯ 13, 14, 111, 156, 166, 168, 170, 171, 173, 176, 188, 189, 195-197, 200, 204, 239, 274, 276, 278, 280, 282, 283, 287, 288, 290, 291, 293-296, 298-302, 305-309, 312-321, 324-326, 328-332

食物⋯⋯ 123, 141, 175, 179-185, 307, 313, 314, 316, 318

所有者⋯⋯ 10, 12, 33, 34, 227, 238, 261, 262, 265, 334, 335

信仰⋯⋯ 19, 29, 108, 109, 141, 142, 172, 204, 207, 220, 222, 225, 226, 228, 230, 232-239, 244, 245, 249-254, 301, 310, 311, 318-320, 324-326, 328-332

人物⋯⋯ 121, 150, 153, 173, 175, 179-183, 185, 197, 199, 207, 208, 215, 232, 290, 307, 312-314, 316, 318, 319

神仏分離⋯⋯ 31, 237

清水寺⋯⋯ 59, 65, 68, 69, 70, 71, 72, 110, 111, 113, 114, 115, 123, 124, 125, 135, 143, 145, 161, 176, 179, 182, 183, 185, 186, 204, 228, 229, 230, 231, 232, 233, 234, 235, 236, 237, 238, 239, 292

聖地……23, 28, 30, 31, 109, 111, 251, 272, 287, 288, 292-296, 298-302, 304, 320, 321, 328, 329, 331

整備計画……266, 267, 319

世界遺産……8, 11, 12, 18, 19, 22, 23, 25-28, 32, 33-36, 65, 108-110, 211, 221, 226-228, 235-239, 242, 243, 246, 247, 249-251, 253-256, 258-264, 266,-274, 277, 278, 280-288, 291-295, 296, 298, 299-302, 304, 305, 307, 308, 310-314, 316-321, 325, 326, 328-332, 335

──条約……8, 18, 19, 27, 250, 259-263, 266-268, 272, 284

『世界遺産「紀伊山地の霊場と参詣道」保存管理計画』……32, 258, 259, 263, 264, 266, 267, 269, 319

石造物……31, 32, 34, 35, 40, 46, 85, 109-111, 119, 120, 128, 129, 132, 135, 140, 141, 188, 189, 207-209, 215, 217-220, 229-232, 235, 264

絶景……166, 167, 169, 170, 177

選択的経路……41, 59, 61, 62, 73, 76-78, 85-93, 116, 123, 136, 139, 144, 145, 200

千福寺……109-111, 113, 114, 128-132, 135, 144, 145, 149, 179, 196, 197, 292

専門家……11, 14, 15, 256, 269, 271-273, 326, 334

装置性……24, 172-174, 182, 185, 186, 207, 222, 228, 307, 324-329, 331

曽根……33, 40, 45, 88, 90, 105, 110, 248

【た行】

大紀町……33, 115, 156, 191, 198, 199, 248, 278, 309

体験……13-16, 31, 172-174, 182, 185, 186, 222, 226, 276, 280, 282-285, 290, 292, 301, 304, 305, 310, 313, 314, 316-320, 324-326, 329, 332, 334

──教室……310, 313, 314, 316

対象物……9, 11-14, 207, 239, 306-308, 313-316, 318-321, 329, 332

瀧原大神宮……62, 113, 115, 143-145, 179, 186, 292

瀧原宮……30, 59-63, 100, 114, 115, 135, 149, 155, 182, 183, 185, 292

田丸……33, 44-47, 98, 109, 147, 149-153, 170, 179, 180, 190, 199, 247, 264, 266, 267, 292

──城……147, 149-152, 170, 179, 292

地域資源……10, 276, 282, 283

地域社会……237, 335

地域住民…… 12, 14, 15, 25, 31, 33-37, 40, 187, 188, 197-201, 203, 204, 220-222, 227, 228, 234-239, 257, 258, 260, 268, 269, 271-274, 280, 281, 283, 284, 304, 319, 320, 325, 326, 328, 330-332, 334

地域振興…… 8, 9, 33, 239, 268, 270, 271, 279, 281, 288, 303, 304, 317, 318, 320

地形…… 36, 42, 47, 60, 64-66, 70, 82-84, 94, 119, 124, 128, 136, 139, 161, 180, 185, 245, 251, 264, 310, 318

茶屋…… 21, 79, 91, 123, 132, 136, 138-141, 149, 158, 165, 170, 176, 180, 184, 185, 223, 225, 264

町石…… 26, 110, 114, 121, 135, 139, 140, 229, 232, 233, 254, 264, 288

銚子川…… 77-82, 84, 85, 87, 136, 309

長者屋敷…… 147, 155, 156, 170, 174, 179, 182, 183, 185, 186, 292

地理資料…… 36, 41, 42, 46

地割り…… 42, 84, 85

追加登録…… 277, 298

追体験…… 13, 16, 332, 334

ツーリズム…… 31, 261, 271-273, 275-277, 281, 284-287

テキストマイニング…… 37, 290, 293, 306, 309

鉄道…… 46, 204, 224, 296

天狗巌…… 64, 116, 117, 136, 138, 144

天狗岩窟…… 59, 64, 65, 110, 113-117, 119, 135, 136, 138, 139, 143-145, 179, 292

天狗倉山…… 64, 66, 117

伝説…… 124, 161, 167-170

展覧会…… 14, 15, 310, 312-314, 316

道中案内…… 13, 30, 32, 36, 40-45, 59, 60, 64, 65, 68, 69, 73, 80-82, 84, 87, 88, 90, 91, 109-117, 120-130, 132, 134-136, 139, 141, 142, 145-150, 153, 155, 156-159, 161-167, 169, 171, 173, 204-206, 208, 212

道徳…… 10, 334, 335

道標…… 14, 21, 26, 33, 36, 41, 108, 188-190, 192-201, 210, 211, 219-221, 232-244, 264, 325, 331

登録区間…… 32-34, 285, 286, 317, 320

登録推薦書…… 11, 108, 242, 243, 250, 259, 262, 267, 277, 328

渡河…… 46, 73, 74, 78-82, 84, 85, 87, 91, 93, 136, 138, 142, 145, 164

特異な眺め……182, 185, 186
徒 歩……13, 23, 31, 32, 35, 46, 180, 185, 204-206, 220, 221, 223, 225, 228, 237, 291, 292, 294-296, 298-302, 320, 321, 325, 326, 329
──巡礼……23, 32, 35, 204, 228, 237
──旅行……32, 185, 221, 292, 294-296, 298-302, 320, 321, 326, 329
トレイルランニング……33, 258, 286, 287

【な行】

長嶋（長島）……30, 31, 44, 46, 47, 77, 87-89, 94, 102, 134, 135, 156, 191, 198, 199, 204, 205, 216, 248, 278
那智……28, 29, 31, 35, 45, 109, 191, 195, 205, 206, 216, 243, 249, 251-253, 291
──山……29, 35, 45, 109, 191, 195, 205, 206, 216, 243
成川……44, 45, 91, 266, 267
南海の眺望……166-168, 170, 179, 184, 292
賑わい……153, 167-170
日常世界……167-172
日輪寺……110, 111, 113-115, 120-122, 135, 138-145, 176, 179, 182, 183, 185, 186, 204, 223, 225, 237-239, 292
日露戦争……210, 211, 218, 232, 233, 238
日記……13, 30, 40, 41, 60, 80, 81, 108-110, 128, 130, 132, 139, 140, 155, 156, 159, 173-175, 180, 186, 204-206, 208, 222, 223, 249, 310
日清戦争……32, 210, 214, 218, 231
狼煙台……166

【は行】

はせ（長谷寺）……29, 150, 191, 195
発掘石畳……85
花の窟……29, 108, 114, 126, 182, 183, 245, 247-249, 252, 264-267, 292
花の岩や……113-115, 126-128, 135, 143, 145, 176, 179, 185, 186, 292
はまぐり石……85, 86
原大辻観音庵……113, 120, 128, 129, 149, 207, 209
パワースポット……292-296, 298-302, 320, 321, 328, 329, 331

東紀州地域活性化事業推進協議会……280, 281, 283, 288, 300

非日常世界……167-170, 172

火伏……226, 228, 238, 239, 325

碑文……192, 195, 197, 198, 200, 232, 233

表象……286, 287

標柱……149, 153, 170, 215, 235

便ノ山……44, 80, 84, 85, 87

風景……24, 31, 156, 166-168, 171, 173, 174, 177, 184, 185, 259, 290, 307, 311, 312

俯瞰的価値……11-16, 256, 334, 335

扶助……188, 200, 201, 236, 325, 328, 330, 331

札所本尊……64, 115, 119, 129, 213, 232

仏教……28, 43, 126-128, 234, 251-253

舟渡し……29, 73, 77-82, 84-88, 90, 93, 164, 176, 180

文化遺産……7-27, 36, 37, 242, 249, 250, 254, 256, 258, 261, 265-269, 272, 277-279, 284-287, 290-292, 304, 305, 308, 311, 313, 316-321, 325, 326, 328-330, 332-336

文化観光……9, 275, 276, 303

――推進法……9, 303

文化財……8-12, 14, 16, 18, 19, 21, 22, 26, 27, 32, 36, 126, 155, 161, 242, 245, 247, 249, 254, 258-260, 262, 265, 267-269, 272, 275, 276, 303-305, 319, 320, 333-335

――保護法……8-10, 18, 27, 32, 247, 249, 254, 272, 303

文化庁……9, 11, 19, 21, 22, 25, 26, 235, 259-262, 277, 303, 304

文化の道……19-21, 25

――憲章……20, 21

文献史料……23, 36, 41, 42, 80, 81, 208, 212, 220

文献調査……36, 37, 46, 111, 112, 222, 242, 259, 290

文脈的価値……319, 329

法的保護……10, 18, 22, 25, 254, 268, 319, 333

歩行……14, 33, 77, 90, 93, 142, 143, 145, 146, 166, 169, 171, 172, 197, 204, 213, 220, 292, 295, 296, 299-302, 320, 329

保存管理計画……32, 242, 247, 258-267, 269, 272, 277, 319

本宮……26, 28, 29, 243, 245, 247-251, 253, 291
本地仏……120, 139, 140

【ま行】

馬越峠……33, 79, 80, 82, 84, 85, 87, 132, 136, 248, 295
マネジメントプラン（management plan）……259-263, 266, 267
三重県教育委員会……28, 31, 34, 35, 40, 42, 43, 46, 60, 69, 79, 80, 82, 85, 86, 109, 120, 132, 140, 161, 188, 190, 265
三重県立熊野古道センター（熊野古道センター）……37, 270, 280-284, 287, 288, 304-309, 313, 315, 316, 320
三重大学……30, 34, 35
三木里……29, 40, 45, 88, 90, 110, 136-138, 191, 227, 248
見 所 ……13, 36, 108, 110, 111, 146-149, 156, 162, 164, 166-172, 174, 178, 179, 181, 182, 185, 186, 264-266, 290-293, 295-297, 300-302, 307, 313, 314, 319-321, 324, 326, 328, 329, 331, 332
御浜町……248, 278
無形的要素……266
無量山千福寺……113, 128, 129, 149, 292

【や行】

八鬼山荒神堂……120-222, 225-228, 292, 325
八鬼山町石……121, 135, 140
八鬼山道……110, 111, 141, 248, 317
山本勇三……10, 334
吉野……31, 150, 195, 216, 218-220, 231, 234, 235, 242, 251-253, 281, 288, 295, 296

【ら行】

利益……60, 196, 234, 235, 239, 325, 328, 330, 331
料理教室……309, 310, 313, 314, 316
霊場……19, 21-23, 28, 29, 31, 32, 117, 119, 124, 138, 139, 195, 196, 206, 235, 236, 242-244, 246, 247, 250-255, 258-260, 262-264, 266, 267, 269, 271, 277, 287, 288,

291, 293, 295, 298, 304, 305, 311, 317, 319, 326, 328

礼拝施設……13, 36, 59, 92, 93, 108, 110-115, 119, 121, 126-129, 132, 134-136, 138, 139, 141-146, 149, 166, 169-172, 174, 178, 179, 181, 182, 185, 186, 197, 204, 207, 209, 222, 228, 230, 235-237, 264-266, 290-293, 295-297, 300-302, 307, 313, 314, 318, 320, 321, 324-326, 328, 329, 331, 332

歴史の道……18-22, 25, 28, 31, 34, 40, 43, 46, 79, 80, 82, 85, 109, 111, 263, 264, 266, 267

連続川越区間……170, 174, 182, 186

連続峠越区間……170, 174, 182

【わ行】

鷲下……44, 46, 79, 80, 82, 84, 85

渡し船（渡し舟）……77, 78, 81, 82, 86, 149

【著者】伊藤文彦（いとう・ふみひこ）
1976年大阪生まれ。三重県文化財専門職員。大阪大学文学部人文学科考古学専修卒業、筑波大学大学院世界文化遺産学専攻修了、博士（世界遺産学）。国際記念物遺跡会議（ICOMOS）文化の道国際科学委員会委員。専門は世界遺産学・造園学・考古学。
三重県では世界遺産「紀伊山地の霊場と参詣道」の保護等を担当、紀伊半島大水害からの世界遺産復旧等に取り組む。2012年から「伊勢から熊野へ聖地巡礼歩き旅復活プロジェクト」を主宰、スペインのサンティアゴ・デ・コンポステーラへの巡礼路踏査、伊勢神宮から熊野三山までの熊野参詣道伊勢路の完全踏査を実施。調査の成果に基づきガイドブックを出版。
近年の研究の関心は、巡礼路・文化の道をはじめとした文化遺産保護の方法論。文化遺産の価値や地域の人々の文化遺産の管理への参画、望ましい観光利用などについて議論を進めている。また、ICOMOSの文化の道国際科学委員会において道の文化遺産の保護にかかわる議論にも参画するなど、国際的な文化遺産保護の動向にも注目している。
主な著書に、『文化遺産としての「巡礼路」の保存と継承の研究～熊野参詣道伊勢路を事例に～』（筑波大学学位請求論文）、『熊野古道伊勢路を歩く～熊野参詣道伊勢路巡礼～』（単著）、『街道今昔 三重の街道をゆく』（共著）ほか。
好きな文化遺産は「シルクロード」「ストーンヘンジ」「和食」。

文化遺産としての巡礼路
──熊野参詣道伊勢路の価値と活用

2025年3月27日 初版発行

著者	伊藤文彦 いとうふみひこ
発行者	三浦衛
発行所	春風社 Shumpusha Publishing Co.,Ltd. 横浜市西区紅葉ヶ丘53 横浜市教育会館3階 〈電話〉045-261-3168 〈FAX〉045-261-3169 〈振替〉00200-1-37524 http://www.shumpu.com ✉ info@shumpu.com
装丁	矢萩多聞
カバー写真	伊藤文彦
印刷・製本	モリモト印刷株式会社

乱丁・落丁本は送料小社負担でお取り替えいたします。
©Fumihiko Ito. All Rights Reserved. Printed in Japan.
ISBN 978-4-86110-989-8 C0036 ¥5000E